国家社科基金
后期资助项目
GUOJIA SHEKE JIJIN HOUQI ZIZHU XIANGMU

文化产业数字化赋能研究

跃迁与升维

黄蕊 著

社会科学文献出版社
SOCIAL SCIENCES ACADEMIC PRESS (CHINA)

图书在版编目（CIP）数据

文化产业数字化赋能研究：跃迁与升维 / 黄蕊著
. -- 北京：社会科学文献出版社，2024.3（2025.9 重印）
国家社科基金后期资助项目
ISBN 978-7-5228-3381-1

Ⅰ.①文…　Ⅱ.①黄…　Ⅲ.①文化产业-数字化-研
究-中国　Ⅳ.①G124

中国国家版本馆 CIP 数据核字（2024）第 051438 号

国家社科基金后期资助项目

文化产业数字化赋能研究：跃迁与升维

著　　者 / 黄　蕊

出 版 人 / 冀祥德
组稿编辑 / 高　雁
责任编辑 / 贾立平
文稿编辑 / 陈丽丽
责任印制 / 岳　阳

出　　版 / 社会科学文献出版社·经济与管理分社（010）59367226
　　　　　　地址：北京市北三环中路甲 29 号院华龙大厦　邮编：100029
　　　　　　网址：www.ssap.com.cn
发　　行 / 社会科学文献出版社（010）59367028
印　　装 / 河北虎彩印刷有限公司

规　　格 / 开　本：787mm×1092mm　1/16
　　　　　　印　张：16.5　字　数：260 千字
版　　次 / 2024 年 3 月第 1 版　2025 年 9 月第 2 次印刷
书　　号 / ISBN 978-7-5228-3381-1
定　　价 / 138.00 元

读者服务电话：4008918866

国家社科基金后期资助项目
出版说明

　　后期资助项目是国家社科基金设立的一类重要项目，旨在鼓励广大社科研究者潜心治学，支持基础研究多出优秀成果。它是经过严格评审，从接近完成的科研成果中遴选立项的。为扩大后期资助项目的影响，更好地推动学术发展，促进成果转化，全国哲学社会科学工作办公室按照"统一设计、统一标识、统一版式、形成系列"的总体要求，组织出版国家社科基金后期资助项目成果。

全国哲学社会科学工作办公室

前　言

数智时代，以数字技术厚植文化自信，以数字创意加速文化资源整合，以数字化赋能培育文化产业新增长极，正在成为我国文化产业发展的新趋向。在新兴技术势不可当地介入传统产业之时，笔者不禁好奇，数字技术与文化产业之间将发生怎样的协同共振？二者间的自洽、耦合又将怎样造福于不断升级的文化消费市场？

如果我们对中观的文化产业做一个透视，那么数字技术介入文化产业便意味着数字技术入侵了文化产业体系。文化产业既有的产业技术体系与产业空间体系将在数字技术的刺激与加持下，不断进化、更新，从而接纳、吸收并拥抱新兴技术的强大给予。为了给文化产业数字化赋能研究创设一个完美的论证闭环，笔者从基本概念出发，沿袭了"赋能"内涵中的资源赋能与结构赋能理念。资源赋能意味着数字技术对文化产业要素的重组与管理，它将引致文化产业技术体系重塑，进而实现文化产业数字化赋能的能级跃迁；而结构赋能则预示着数字技术对文化产业组织形态、空间结构与作用渠道的革新，它将引致文化产业空间体系更迭，进而实现文化产业数字化赋能的组织升维。由此可见，只有明确文化产业数字化赋能问题，才能厘清数字技术在文化产业中的介入方式，才能捕捉文化产业数字化赋能效果欠佳的归因。因此，本书尝试借助技术轨道理论与系统论思想，洞察文化产业数字化赋能的前提与内外部条件、解析文化产业数字化赋能的跃迁机制、呈现文化产业数字化赋能的现状、解构文化产业数字化赋能的组织升维特征、借鉴国内外文化产业数字化赋能经验，进而给出文化产业数字化赋能的制约因素与对策建议。本书将从跃迁与升维两个维度，为文化产业数字化赋能黑箱的揭示提供全新的研究范式与分析框架，并为未来政府文化产业数字化发展战略的制定与政策设计提供积极的理论指导。

综上，本书聚焦于数字经济背景下文化产业发展的新场景与新实践，具有鲜明的时代特色。笔者期待该成果可以为我国激发文化产业新动能提供积极的实践指引。当然，有关产业数字化赋能领域的理论研究尚处于起步阶段，故本书内容还存在些许瑕疵与不足，也烦请各位专家与读者批评指正。

目　录

第一章　文化产业数字化赋能的研究价值

第一节　问题提出与研究意义

一　问题提出

2021 年 6 月，文化和旅游部印发的《"十四五"文化产业发展规划》明确要求，通过大力培育区块链、云计算、物联网、人工智能等数字技术，推动文化创作、文化生产、文化传播和文化服务数字化转型。因此，以数字技术厚植文化自信，以数字创意加速文化资源整合，以数字营销助力文化消费升级，以数字化赋能培育文化产业新增长极，正在成为新时期我国文化产业发展的重要目标与方向。

当前，文化产业数字化赋能的实践已屡见不鲜。在内容表达方面，从会作诗的微软"小冰"到 Meta 的"DeepFace"，从意大利的弹琴机器人"TeoTronico"到打败柯洁并不断进化的谷歌"AlphaGo"，从登上《最强大脑》舞台的百度 AI"小度"到阿里巴巴的 ET 大脑与"鲁班"，数字技术正在不断激发文化创意，变革文化创作与审美行为，甚至重塑文化产业价值链；在传播营销方面，今日头条、天天快报、UC 浏览器、Netflix 等都是算法与新闻相结合，基于用户画像进行内容推荐与短视频传播路径监测，电影《魔兽》更是借助"百度大脑"的推广方案，成功在华提升了 200% 的票房；在管理方式方面，敦煌研究院、故宫博物院以及挪威国家博物馆均在进行机器学习、深度神经网络和区块链试验，以将其应用于馆内收藏品管理、艺术品展示与文化遗产保护。数字技术强大的存储能力和运算能力正在极大地提升文化机构的信息管理效率及文化资源的传承利用率。

其实，文化产业数字化赋能的图景早已被威廉·麦克高希（2003）预见。他在《世界文明史——观察世界的新视角》一书中以"文化技术"为参考界定世界文明史。每一次文化技术迭代所引致的产业技术轨道跃迁，都带来了产业能级的提升与跨越（Christensen and Bower，1996；姜红等，2011）。从印刷术到数字激光照排、从手绘幻灯片到 VR 视觉成像，文化物品制造技术、文化信息传播技术、文化服务技术、文化创作与表现技术的发展变迁，在不断推升文化产业的能级，这也恰好与量子力学中的能级跃迁过程异曲同工（张立超、刘怡君，2015）。由此可见，数字经济时代的文化产业终将得益于这种改变，完成语义重建、范式转变与产业重塑（解学芳，2019）。

因此，为了更好地巩固文化产业数字化赋能之硕果，有必要深层次揭示其运行机制的黑箱。应用于文化产业的数字技术拥有怎样的迭代规律？它将如何打通文化产业不同层级间的"信息孤岛"与数据壁垒？数字技术迭代将怎样变革文化产业传统的技术创新体系与产业体系？它又将怎样重构文化产业内核？可否构建科学的分析框架对数字技术嵌入文化产业所引致的赋能效应进行逻辑推演与系统还原？文化产业数字化赋能效果的文化价值与经济价值应如何准确测度？同时，数字技术潜含的科技伦理、道德过载、信息茧房、监管盲区等风险，又将怎样通过技术与产业系统耦合得以防范和化解？要解决上述问题，关键是从理论上探明文化产业数字化赋能机制。因此，本书的理论意义与实践意义如下。

二　研究意义

（一）理论意义

数字技术对文化产业的嵌入不是毫无章法、毫无规律的。文化产业数字化赋能的驱动因素、跃迁机制、组织升维、效果高低与矛盾化解，都离不开对其理论黑箱的抽丝剥茧，从而给出回应与解答。因此，本书依托技术轨道理论所构建的分析框架，不仅为文化产业数字化赋能机制研究提供了科学的方法论指引，更拓展了新兴技术与传统产业协同发展研究的理论视域，这是本书的第一个理论意义。

数字技术会通过资源赋能与结构赋能途径，引致文化产业技术体系与空间体系双重变革。与既往研究不同，本书兼顾了技术与空间维度，创新性地从跃迁机制与组织升维两个层面对文化产业数字化赋能效应进行了深入解析。因此，关注数字技术给予传统产业"组织"与"空间"

的重塑影响，不仅拓展了文化产业数字化赋能研究的分析范畴，更在一定程度上对技术经济学与产业经济学理论进行了丰富与补充，这是本书的第二个理论意义。

（二）实践意义

释放文化产业数字化赋能效应，不仅能够为文化产业爆发式增长开拓新的空间、激发文化产业新动能，更能够盘活优秀文化资源、彰显文化自信，这是本书的第一个实践意义。

深化数字技术与文化产业对接，能够有效提高文化产业不同内容、形式之间的融合程度和转换效率。它既有助于提高文化产品的质量，丰富文化产品的内涵，又有利于文化产业供给侧结构性改革的有序推进，这是本书的第二个实践意义。

第二节　研究现状

一　概念解析

赋能的含义是个体或者组织对客观环境以及条件拥有更强的控制能力以此来替代无力感的过程（Perkins and Zimmerman，1995），个体或者组织可以凭借正规或非正规的组织实践活动去提高自身效能（科默，2017）。现有研究大多将赋能过程归纳为三个关键维度，包括结构赋能、心理赋能和资源赋能（Spreitzer，1996；Leong et al.，2015）。结构赋能主要表现为对渠道、政策等方面的变革过程（Thomas and Velthouse，1990）；心理赋能主要聚焦于如何改善社会心理与增强内生动机等主观感受（Christens，2012）；资源赋能则强调资源的获取、控制和管控能力（Lee and Lim，2001），主要体现为资源的整合过程。

数字化赋能是指数字技术在推动商业创新和社会创新过程中体现的消费化效应和变革化影响（Ying et al.，2018），它将促使事物向有利的方面发展。数字化赋能能够在商业运营过程中持续深入，在更多的环节和业务合作伙伴内部创造价值（Heimans and Timms，2014；Du et al.，2016；胡海波等，2017）。数字化赋能代表着三种能力，即连接能力、智能能力以及分析能力。其中，连接能力是指产品以数字化的方式呈现，进而实现线上连接，展示物联网时代的飞速发展；智能能力是指凭借信息化数据处理技术设定智能化措施，智能能力的发挥能够提升资源配置的灵活性；分析能力是指利用大智云移（大数据、人工智能、云计算、移动互联网）等为企业生产加工、产品推广营销等环节提供计算分析支持。

故在"赋能"和"数字化赋能"概念的基础上，本书认为文化产业数字化赋能是指凭借数字技术手段构建创新性的文化生产范式，从而使文化内容获取更多的生命力与延展性，达到文化价值和产业价值协同的良性循环目的，实现赋值的文化延展模式（王汉熙、马原，2018；解学芳、陈思函，2021）。文化产业可以在数字技术的介入与强大助推下，实现产业带式的线上线下交互、产营销组织形态的全面重塑以及文化数字化资源的深度累积，即文化产业数字化赋能是数字技术与传统文化产业的全面整合过程。

二　文献梳理思路

本书的研究对象为文化产业数字化赋能机制，故本章先以"文化产业+数字化"为关键词进行了文献搜索，发现大量学术文献集中于近4年，如图1-1、图1-2所示。

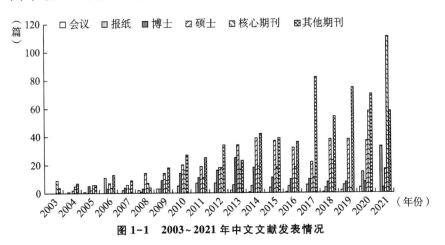

图1-1　2003~2021年中文文献发表情况

为了更全面、系统地对文化产业数字化赋能机制加以解析，本书发现"文化产业数字化赋能机制"本质上是在探究数字技术对文化产业体系的内在影响。应用于文化产业的数字技术是文化技术迭代的结果，它历经技术轨道跃迁过程，并最终引致文化产业技术体系革新与产业能级

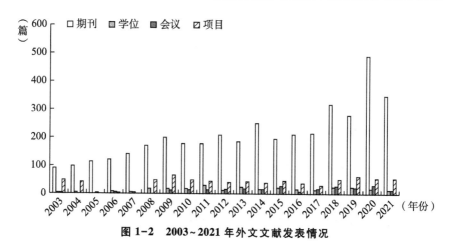

图1-2 2003~2021年外文文献发表情况

跃迁。因此，本书拓展了文献搜索范围，在知网数据库选取共计1083篇文献，包括"文化产业数字化"文献476篇，"数字化赋能"文献127篇，"技术轨道"文献449篇，"企业能级"文献31篇，利用CiteSpace软件进行关键词共现分析。图形中每个节点表示一个关键词，关键词字体越大代表该成果引用频次越高；关键词与关键词之间的线条代表二者之间的关联，进而绘制出本书的文献梳理思维导图，如图1-3所示。

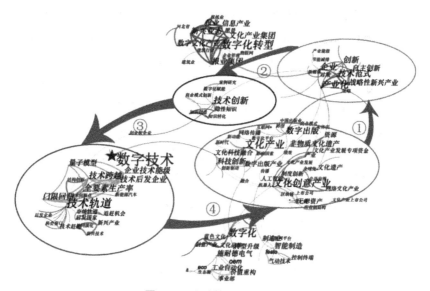

图1-3 文献梳理思维导图

由图1-3所示，本书文献梳理的起点为"文化产业数字化赋能研究"（发现问题），过渡到"文化产业数字化发展的技术归因——技术范式/技术创新"（分析问题），引申出"技术轨道跃迁与技术能级变化"（分析问题），最后经由"数字技术"节点，完成对文化产业数字化赋能机制的科学诠释（解决问题）。

三　文献综述

（一）　文化产业数字化赋能研究

当前，有关文化产业数字化赋能研究的文献主要集中在技术诱因分析、赋能效果测算、新业态洞察与问题风险防范四个领域。

1. 技术诱因分析

Weeds（2012）构建了内生性质量差异化商品的理论模型，探究了数字化对企业分布的影响。他认为，技术变革重新定义了创意媒体产业，数字技术拓宽了传统文化创意内容销售渠道，技术创新创造出了更为丰富的文化产品和服务。余菲菲等（2013）则研究了文化产业可持续发展战略的动力机制，论证了"文化-技术"融合和科技创新对文化产业可持续发展和区域协调两方面的贡献度，强调了积极构建文化科技创新体系的重要性。谈国新和郝挺雷（2015）认为，原创性数字内容技术的创新会促进文化产业结构向高端、高附加值转型升级，提升产品更新换代速度，缩减产品和技术的生命周期，建立新理念、新价值、新商业模式以及新产业组织形式。应抓住国家当前积极发展"互联网+"的政策机遇，凭借我国自贸区的区位优势以及"一带一路"的政策优势，结合旅游产业人文资源，针对新闻媒体、音像及电子出版物、电影、创意文化、娱乐文化、广告，甚至电子玩具和动漫游戏等行业提供相应的政策方案，推动我国文化产业新业态群的显现。综上可见，数字技术逐渐成为文化产业成长与文化创意诞生的动力源和重要载体。一方面，规模化使用者获取、商业模式自动识别、创意内容自动生成等技术为研究文化消费需求提供了关键的工具与手段（范周、周洁，2016；喻国明，2017）；另一方面，数字技术的信息互联、智能感知、数据挖掘、个性定制、广泛推广、创意生成与分享等特性，将极大地满足文化生产交互性需求，促进文化推广和消费领域融合（李炎、胡洪斌，2015；解学芳、臧志彭，2016），推进文化产业数字化融合，进而促使文化产业数据闭环完成（杨毅等，

2018）。黄蕊等（2021b）也指出，较低的数字技术转换成本有利于文化产业选择数字化转型策略。通过上述文献梳理不难发现，当前有越来越多的学者注意到数字技术对文化产业的重塑作用，但有关其数字化赋能技术诱因的分析尚缺乏足够的理论基础，研究侧重点也较为分散，未能形成一个系统且科学的分析框架。

2. 赋能效果测算：产业效率视角

产业效率是体现文化产业技术变革成果的重要指标。在具体测算过程中，成本函数法（Fare et al.，1994）、C-D 生产函数法、非参数法（钟廷勇等，2014）和参数法均被广泛使用。据此，众多学者建立了投入产出评价指标体系，用以衡量技术进步对文化产业的贡献（王家庭、张容，2009；江小涓，2018）。其中，部分学者得出了技术进步显著推动文化产业发展的结论。例如，Lee（2009）测度了数字技术的使用对韩国音乐产业产生的影响，他认为数字化进程彻底改变了韩国音乐产业的传统模式，极大地转变了大众欣赏音乐的方式。Hsueh 等（2012）也构建了文化产业发展成果的多指标评价模型，借助模糊逻辑推理系统运行量化值转换过程来评估各部门对文化产业投入的发展有效性。龙飞等（2013）则采取 DEA-Malmquist 生产率指数和脉冲响应分析，探究了技术进步对文化产业的作用，结果显示，狭义的技术进步决定了文化产业发展。但也有学者发现，我国文化产业发展的技术贡献仍十分有限。例如，吴建军和顾江（2013）采用非参数 Malmquist 生产率指数方法进行相关实证研究，结果表明，技术进步给江苏文化产业带来正向促进效果，但对比要素投入产生的效果来说，其效果相对较小。陶庆先（2013）选取赫芬达尔指数测算法证实，科技创新对文化产业有正向促进作用，但地区差异显著，特别是对青海和新疆的影响较小。究其原因，技术创新应用转化率较低、经济发展与文化体制限制、文化资源配置能力不足等因素在不同程度上制约了我国文化产业技术效率的提高。黄蕊等（2021a）发现，我国文化产业的数字化赋能效果的确具有倒"U"形效应，即数字技术可以在短期提升文化产业的能级，但在长期会受到数字技术成熟度、相关制度与环境建设等因素的制约。总体而言，仅从产业效率层面观测文化产业数字化赋能效果，视角较为单一；而且学者们在测算文化产业效率的过程中，并未剥离出数字技术的具体影响，这也有待后人进一步寻求突破。

3. 新业态洞察

在产业链与资源配置方面，文化产业数字化赋能不但能使文化产品创造者更好地把握用户需求、提高赢利能力、重塑文化产品供应链模式（李泽华，2019）、使融合媒体呈现"去中心化"走向，更能够引导文化产业价值链重塑（李凤亮、宗祖盼，2016；Hervas-Drane and Noam，2017；解学芳、何鸿飞，2022）。数字技术与文化创意融合，可以促进文化产业实现智能科技改革，数字技术中的数据处理、语音与图像识别、机器学习和智能算法等技术可以深入挖掘文化产业蕴含的价值信息（刘雪梅、杨晨熙，2017；高宏存、纪芬叶，2021），带动数字出版、动漫游戏、移动传媒等文化产业新业态智能转型（Comunian，2015），并使文化产业展示出组织柔性化、内容定制化、生产模块化和集聚数字化的全新发展特性（周锦，2018）。数字技术还将引导文化产业结构的改进和价值链的提升，在良性的市场竞争引导下，催生文化产业新业态之余，还会形成崭新的市场格局（李凤亮、谢仁敏，2014）。与此同时，数字技术还将重塑文化产业主流价值的传播渠道（臧志彭、解学芳，2019），构建文化产业消费环节引导、反馈、再生产的自组织机制。

在文化价值与文化体验方面，有关技术发展对文化产业促进作用的探讨可以追溯到法兰克福学派的理性判断。他将技术物化为艺术的形态，提出了"对艺术品进行技术复制，增强艺术品的可展示性"。尽管他还提出了复制技术也会导致"艺术"与"灵韵"的对立，但实际上，他最终肯定了"文化工业"的价值属性。在后续的探讨中，Smith（2002）以中国文化产业发展为研究对象，认为尽管中国文化资源多样，但受传统因素制约，中国文化产业现代化程度和开放程度不足，迫切需要将文化产业与现代科技融合，并使其面向国际市场、参与国际文化产业竞争。胡梅林（2018）指出，数字化的根源是以沟通交流为中心的。数字产业天然具备文化性，文化的形式是形而上学的，数字技术可以作为媒介沟通手段。与此同时，也有众多学者意识到文化产业数字化赋能的文化消费提升作用。以数字出版、数字影音、网游动漫、智慧旅游等模式为代表的数字文化产业满足了用户对文化产品的多样化、个性化需求，除此之外更带来了崭新的文化创意内容体验（李凤亮、赵雪彤，2017）。由此可见，随着数字技术对文化产品表述、文化资源整合、文化信息识别与再加工的深度嵌入，用户群体将得到更加多元化的文化体验（吴承忠，2019；毕秋灵，2019；宋立夫、范周，2021）。

4. 问题风险防范

数字技术赋能文化产业并非轻而易举就能实现。20 世纪 60 年代后期，有学者开始质疑技术进步和科技创新对文化产业的贡献，认为是"鲍莫尔成本病"而非技术进步引致了文化产业生产率提升（Baumol，1967）。而另一些学者则发现，数字化赋能效果主要取决于数字技术与文化产业的协调耦合程度。如果本国文化产业上下游配套不足、缺乏有效的供应链系统（徐勇，2018）、数字创意技术创新基础不够、创新设计单薄、数字内容国际竞争力不强、缺少龙头企业和品牌支撑、相关配套政策落实不到位（孙守迁等，2019），数字化赋能效果也会大打折扣。与此同时，数字技术的成熟度与伦理规范、研发成本、信息茧房、侵权行为和网络版权监管等问题也在不断涌现，加之文化科技人才缺失与文化科技管理制度创新水平滞后（顾江，2022），都在催促文化产业政、产、学、研一体化网络体系完善（臧志彭、胡译文，2021），从而更好地促进文化产业数字化赋能价值的最终实现。

通过上述文献梳理，本书发现当前有关文化产业数字化赋能问题的研究更多集中于文化产业新业态，即文化产业数字化赋能的外在表象层面，缺乏对数字化赋能内在机理与效果测度的科学探讨。因此，我们接下来将遵循文献梳理的逻辑思路，展开技术轨道理论的文献梳理，从而为文化产业数字化赋能机制的理论分析与实证检验提供理论支撑。

（二）技术轨道理论研究

有关技术轨道理论的研究主要集中在三大领域，分别是：①技术轨道的内涵与识别方法；②技术轨道跃迁的前提与内外部条件；③量子隐喻视域下技术轨道跃迁与技术能级变化。

1. 技术轨道的内涵与识别方法

在技术轨道的内涵研究方面，技术轨道概念最早是由 Nelson 和 Winter（1977）提出的，用于描绘和说明产业发展过程中技术积累及其演化特征。此后，Dosi（1982）受美国著名科学哲学家托马斯·库恩（Thomas Kuhn）的"科学范式"理论启发，把技术轨道定义为依据某种技术范式的特定问题的解决活动模式。技术轨道的形成是技术自身演进过程以及社会整体架构制度相互耦合作用的结果。Dierickx 和 Cool（1989）将技术轨道定义为刻画技术演化轨迹的一连串路径依赖的经验组合，且在特定的技术轨道上会呈现技术创新的两种现象，即"动态递增报酬"以及"锁定"。国内学者柳卸林（1997）论述技术轨道是在某一产业技术演进过程中所有可能的方向，或一系列解决某种问题的相关联方法，包含主干轨道以及边缘轨道（杨德林、陈春宝，1997）。与当前主轨道并行的其他轨道，或许由于发展产生了局限而表现出迟滞状态；或许仅停留在技术构想或技术试验的初始阶段；也可能以技术储备的方式处于缓慢成长阶段。产业中存在一个由主轨道和许多子轨道共同构建的集合，即在同一技术轨道中包含着多种技术并存的情况，因此决策者需要在技术范式的指引下对技术集合进行权衡和取舍（张越、赵树宽，2014）。

在技术轨道的识别方法方面，国内外最普遍的技术轨道识别方法是非引文网络方法和引文网络主路径方法。早在 1991 年 Batagelj 便敏锐地察觉到主路径分析的价值与意义，并在 1994 年的欧洲软件科学与技术协会会议上公开了主路径分析方法。随后，众多学者使用深度优化搜索算法并结合穷举搜索算法，以专利引文网络为基础识别出具有连通性的技术轨道（Choi and Park，2009）。例如，Chen 和 Hicks（2004）结合专利引文分析、复杂网络理论和网络可视化技术去探究科学与技术自身以及互相之间的知识扩散转移等现象。Lee 等（2010）采用专利引文分析方法，集合专利引文网络和专利引文图谱等分析手段，以导电聚合物纳米复合材料领域为例进行了技术演化的实证研究。杨中楷和刘佳（2011）运用主路径方法识别技术轨道的原理，并绘制了风力发动机领域和太阳能光伏电池板领域的技术轨道图谱。黄鲁成和蔡爽（2009）用主路径方法对太阳能电池技术领域的技术轨道做出了识别和技术演化分析，划分了技术发展阶段，为技术轨道识别领域带来了新的思路。上述轨道识别方法也为本书的实证分析提供了可行工具。

2. 技术轨道跃迁的前提与内外部条件

Soete（1985）最先提出技术演化过程中的"轨道跨越"理念。他认为在新技术范式刚刚建立时，凭借新的技术范式所提供的"机会窗口"

优势，能实现经济赶超。此后，众多学者分别从技术机会、创新收益、技术积累、知识专有、重大技术突破、其他行业的核心技术应用、消费观念转变和政治经济形势改变等层面总结了技术轨道跃迁的前提与内外部条件（Breschi et al.，2000；柳卸林，1997）。例如，和矛和李飞（2006）将技术轨道的变化概括为两种模式：一种是"刚性"的变化，另一种是"革命性""根本性"的变化。其中，"革命性"的变化源于"反常"的技术途径转变，这是一种对原有产业技术轨道的"突破"，而在产业视角下这种突破性的转变叫作"行业技术轨道转折"。而特定行业发展基础的科研和技术攻关的新突破、市场需求的转变以及主导企业的技术轨道进行了跃迁，都是"行业技术轨道转折"的原因（傅家骥等，2003）。张立超和刘怡君（2015）则阐述了技术轨道跃迁的演进规律，建立了能级跃迁过程模型，刻画了产业系统从"基态"到"激发态"的跃迁过程。他们认为，技术的内生性积累是产业技术轨道跃迁的重要保障，技术创新的出现是跃迁的必需条件，技术创新是产业技术轨道演化的核心推动力。

但学者们同样发现技术轨道跃迁过程并非一蹴而就，Dosi 等（1994）便指出技术创新过程中遭遇的瓶颈、核心投入资金不足或者过量、机械制造成本同人工劳动价格比较以及产业内部结构矛盾，以上技术轨道跃迁过程中产生的路径依赖问题都是阻碍技术提升的重要因素。同样，我国学者杜跃平等（2004）也从技术锁定的角度探讨了技术发展过程中对技术轨道的路径依赖。行业技术轨道的突破点在于轨道"刚性"与创新突破之间的对比，而最终技术轨道是否会发生变化将取决于创新收益是否能超越成本，即当某种技术创新的预期收益超过成本时，这种创新将会被行业广泛接受，从而达成行业技术轨道的跃迁；而当技术创新的预期收益不足以弥补创新成本时，理性的个体将不会采纳该创新方案，这也从侧面反映了技术轨道跃迁的困难（和矛、李飞，2006；刘海运、赵海深，2011）。

3. 量子隐喻视域下技术轨道跃迁与技术能级变化

随着"修辞学转向"运动的兴起，隐喻不再仅仅代表一种修辞手法，而是以一种方法论的形式被科学发展过程中的研究所采纳（郭贵春、王凯宁，2008）。这种"科学隐喻"式思维也给经济领域的问题研究提供了生动的分析视角。

第一，概念引入。每一条技术轨道都对应所属的能级，即技术水平和经济效益转化能力的综合指标。主轨道能级最高，它将获得更丰富的资源投入和更广泛的市场关注（Nelson，1982；Christensen and Bower，1996）。其他平行轨道也具备技术跃升的能力，尽管此时还没有能够比拟现行产业主轨道能级的预期收益，但它们可以通过吸收更多资本、资源与关注，由低能级向高能级跃升，从而代替主轨道。上述技术轨道跃迁过程恰巧与丹麦物理学家 Niels Bohr 在 1913 年提出的"原子结构假说"，即"能级跃迁"概念异曲同工。Bohr 认为在能级转化的过程中，吸收能量的低能级粒子将具备从低能级跃迁至高能级的能力。在理论演化过程中，许多社会科学领域的学者把物理学中的"跃迁"概念引入经济研究领域，用来刻画经济体在演化过程中不断"积聚能量"，实现由低阶层向高阶层转化的过程或现象。总体上，能级的演变过程可以归纳为基态、激发态、暂态和稳态四个阶段，其跃迁的特质、触发条件、内在机制、基本规律、制约因素、耦合协调等均得到了充分解释（张越、赵树宽，2014）。这些成果也为本书文化产业数字化赋能研究提供了重要的工作母机。

第二，理论应用。Dosi（1982）将产业技术轨道技术性、经济性与技术范式之间的离差定义为技术轨道能级。Gatignon 等（2002）、Jenkins and Floyd（2001）重点分析了技术轨道的能级特性、跃迁前提以及跃迁机理。麻帅（2012）从能级跃迁视角诠释了技术迭代引导产业技术轨道变迁的过程，并归纳了产业技术变革中导致错过机会窗口的路径依赖成因。张立超和刘怡君（2015）凭借原子跃迁思想刻画了产业系统在技术创新作用下从"基态"到"激发态"的跃升过程。由此可见，技术的内生性积累是产业技术轨道跃迁的重要基础，新技术的出现是产业技术轨道演化与能级跃迁的必要条件和主导推力，即产业技术轨道的跃升能够促使产业技术体系突破固有瓶颈，跳跃到更高能级，进而使产业获得更多经济效益、得到更多发展动力，甚至可能导致产业结构改变，诱发新兴产业的诞生（张越、赵树宽，2014；可星、吴倩，2019；阮娴静、周利，2019）。与此同时，黄位旺（2011）借鉴能级跃迁理论并吸收复杂系统思想，揭示了产品供应链的非连续创新演化规律。李柏洲等（2013）也结合量子运动特征的隐喻概念对以知识积累、知识跃迁和知识衰减为阶段的能级跃迁机理进行了分析。

第三，能级测算。一种方式是，技术轨道跃迁所引起的能级效应与地震带来的现象类似。创新波会对经济体系的演进产生影响。创新波的传播与地理学中的地震波很相似，即某些创新有更大的强度和能量，释放出来的能量被称为能级效应。而以震源释放能量的程度判断地震的影响正是震级法的贡献。另一种方式是，鉴于技术迭代具有非连续性，利用传统 C-D 生产函数测算得到的全要素生产率并非能级的真实值（郭庆旺、贾俊雪，2005）。因此，学者们基于量子能级的离散化特性获得灵感，对比企业内部结构和原子内部结构的相似性，将最终转化为资本存量而增多的资源定义为存量资本，把在固定资源投入水平下显示出的技术能量离散分布状态定义为技术能级，从而完成量子化的 C-D 生产函数改写，成功完成了能级测度与模型优化（范德成、王瑞，2017）。

四 研究述评

首先，有关文化产业数字化赋能研究的成果主要集中于探讨文化产业数字化赋能的外在表象，缺乏对文化产业数字化赋能机制的理论解析。文化产业数字化赋能因数字技术迭代而诱发，其动因前提、内在机制、传导途径及风险化解环节均缺乏经典理论嵌套，故亟须构架出一套科学可行的分析框架，对其加以系统阐释。其次，现有文献对文化产业数字化赋能效果的洞察仅片面聚焦于产业效率提升维度，缺乏对其文化价值增加、文化消费升级、产业组织空间重塑等内容的考察。最后，根据上述文献梳理，本书发现，面对数字技术这一"变革性"技术创新的嵌入，只有关注文化产业技术体系、空间体系乃至产业体系的重塑，才能够为文化产业数字化赋能机制黑箱的揭示提供科学的分析范式与指引。

综上，鉴于文化产业数字化赋能意味着数字技术对文化产业原有产业体系的全面倾覆与重建，预示着数字技术对文化产业体系的变革化影响。故本书借鉴了赵儒煜和肖茜文（2019）的观点，将产业体系划分为产业技术体系与产业空间体系两部分。这为本书提供了宝贵的研究灵感，即本书将基于技术轨道理论，从数字技术改变文化产业技术体系和数字技术改变文化产业空间体系两个维度，对文化产业数字化赋能问题加以诠释。同时，本书还认为文化产业数字化赋能概念应该沿袭"赋能"表现形式中的资源赋能和结构赋能理念。其中，资源赋能是指数字技术对文化产业要素获取、控制、管理与整合的过程，它将引致文化产业技术能级、产业能级与文化能级实现跃迁；而结构赋能则是指数字技术对文化产业组织形态、空间结构与作用渠道的重塑，它将引致文化产业出现组织升维的结果，且文化产业技术体系变革在先，文化产业空间体系变革在后，具体如图1-4所示。

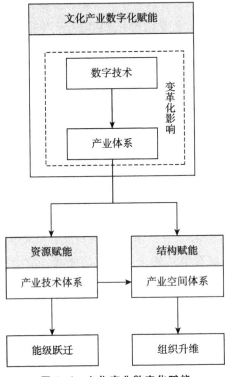

图1-4　文化产业数字化赋能

　　本书将在图1-4文化产业数字化赋能解构图的指引下，确定全书的章节构成与论证逻辑。为了更直观地展示研究内容，笔者绘制了本书的研究路线，如图1-5所示。

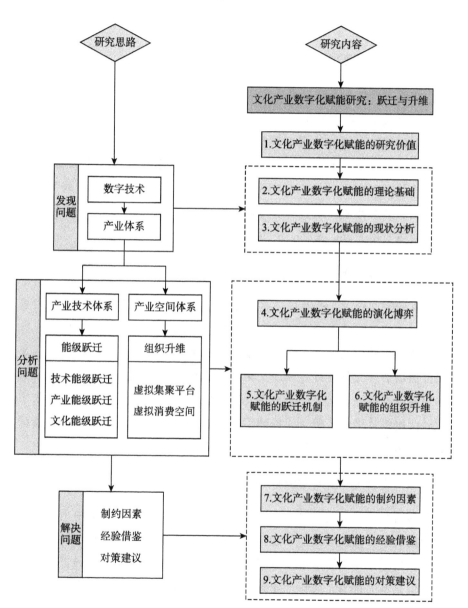

图 1-5　本书研究路线

第三节　研究创新

一　研究视角层面的创新

在研究视角上，既有成果多从发展趋势与发展战略等层面对文化产业数字化赋能问题展开论述，而本书却专注于从新兴数字技术对文化产业体系如何施加影响的层面剖析问题。具体而言，在资源赋能理念下，本书从技术体系变革视角审视了文化产业数字化赋能的跃迁机制黑箱；在结构赋能理念下，本书从空间体系变革视角洞察了文化产业数字化赋能的组织升维特征。故"跃迁与升维"是本书进行文化产业数字化赋能研究的重要切入点，具有一定的视角创新。

二　研究内容层面的创新

在研究内容上，既有成果多停留在对文化产业数字化赋能外在表象的探讨，缺乏对其理论机制的深入解析。同时，既有成果对文化产业数字化赋能效果的洞察仅片面聚焦于文化产业效率提升层面，缺乏对其文化价值增加、文化消费升级、文化产业组织空间重塑等内容的关注。而本书则重点增补了文化产业数字化赋能的文化能级跃迁、文化产业数字化赋能组织升维的消费空间构建等内容，这极大地拓展了传统产业经济学与技术经济学的研究范畴，具有一定的内容创新。

三　研究观点层面的创新

在研究观点方面，以往人们对文化产业数字化赋能过程中出现的种种问题的认识是孤立且浮于表面的。人们习惯于对每一个现存问题就事论事，机械性地去寻求解决方案，进而忽略了众多问题背后的普适性归因。但是本书认为，文化产业数字化赋能过程中出现的矛盾来自文化产业技术体系与技术轨道跃迁的非耦合作用。因此，我们需要从注重数字文化产业技术体系构建、推动文化产业数字技术轨道合作创新、完善文化体制改革和加强文化法规建设等方面，加强二者间的协同自治，从而实现对数字化赋能问题与风险的化解，这具有一定的观点创新。

第二章　文化产业数字化赋能的理论基础

基于第一章的文献梳理，本书确定了利用技术轨道理论对文化产业数字化赋能机制加以解析。故本章将首先介绍技术轨道理论的概念、形成与影响因素；其次，阐释技术轨道跃迁与产业数字化赋能之间的关系，从而为文化产业数字化赋能机制的还原探寻归因；最后，分别从技术与制度视角，梳理产业数字化赋能过程中可能涉及的路径依赖与路径创造理论。

第一节　技术轨道理论

一　技术轨道的概念

Dosi（1982）提出了技术轨道的概念，将其定义为"在技术范式的范围内所进行的常规解题活动，是由技术范式所确定的技术创新模式"。其后，诸多学者拓展了关于技术轨道的研究，产生了许多关于技术轨道内涵的理论探索。技术轨道的内涵意味着"技术的发展过程是在技术范式规定下沿技术轨道方向发展的一种强选择性的进化活动"。Dierickx 和 Cool（1989）将技术轨道定义为反映技术演化轨迹的一系列路径依赖的经验组合。Nelson 和 Winter（1977）首先提出了技术发展的"自然轨道"的概念，即一系列具有共同特征，或者应用相同的原理，或者应用于同一系统，或两者兼而有之的技术进步。这一概念描述了产业技术发展的积累与演进规律，指出技术进步通常沿着必然的轨道。意大利经济学家 Dosi 受到库恩思想的启发，在技术范式的理论基础上发展并完善了自然轨道的思想，提出了技术轨道的概念。Dosi 认为，技术轨道就是在由范式确定的各种技术变量间进行的多维权衡活动，即由技术范式中隐含的对技术变化方向做出明确取舍所决定的技术演进路径，或一组可能的技术方向，其外部边界由技术范式本身的性质决定。

我国学者柳卸林（1997）认为，技术轨道是在某一产业技术发展上所有可能的方向，一组解决某一问题的相关联方法。还有很多学者对技术轨道的概念进行了不同方向的延展，但基本以上述两种经典定义方式为基础。因此，可以对技术轨道的概念进行如下总结：技术轨道是一组解决某一问题的可能的技术方向和相关技术方法，是在技术范式的指导下对技术集合进行的权衡和取舍活动。产业技术轨道是产业创新研究的重要部分，是指以企业为主体的技术创新过程中，基于共同产业链的企业普遍采用的技术选择方法、核心技术路线、主导设计模式、技术整合方式、技术标准以及相应的工艺流程，是研究产业技术发展的重要工具。

二　技术轨道的形成机理

Perez（2003）将社会制度结构与技术轨道理论相结合，认为技术演化与社会演化之间存在相互联系和相互影响。他指出技术自身性质，尤其是累积性是技术范式确立和技术轨道形成的决定性因素。Gatignon 等（2002）认为，技术轨道的形成是由竞争者、联盟集团和政府共同推动的。Jenkins 和 Floyd（2001）认为，技术轨道的形成前提是降低其由不确定性带来的风险，技术轨道自身推动和影响技术进步的能量与动力是其形成的另外两个关键因素。关于技术轨道的内涵及演化规律，国内学者也展开了大量的研究。杨德林和陈春宝（1997）认为，技术轨道不是由单一技术构成的，而是由各门类相关技术组成的技术体系。其中，每一项技术的机会、创新性、累积性等存在差异，致使技术轨道之间具有强弱之分，因此产生了"技术轨道中心"和"技术子轨道"的理论。他们同时指出了技术轨道的形成是技术可能和市场需求的联合作用。

综上，技术轨道是由一系列的技术及其在产业化过程中形成的规范、经验和相关效应所构成的集合。它来源于产业内分散的技术基础元素，这些技术元素的初始状态仅仅是产业的技术储备。产业发展过程中不断吸收人力和物质资本，以此巩固产业自身的技术基础、提升产业自身储备的技术水平。在产业受到市场需求拉动与市场竞争推动的双重作用时，突变性技术创新将会产生。突变性技术创新通常产生于产业内部的技术活动，它激发了产业技术基础并做出相应反馈，即与突变性技术创新相适应的所有技术元素都将发生集聚，从而形成技术轨道。技术轨道的形成受到技术范式的约束，技术范式所代表的技术水平和经济效应呈金字塔形，代表其具有技术和经济极限，且只有少数甚至是唯一的技术轨道可以达到这一极限。产业内可能会存在多条技术轨道相互竞争的局面，其各自以不同的方式和发展轨迹靠近技术范式所规定的极限。在技术轨道发展过程中，来自产业外部的技术元素将通过被产业技术轨道吸收或通过技术创新扩散等活动，促进产业技术轨道的发展和成熟。最终，能够快速达到技术范式所限定极限的即为产业技术主轨道，而一些产业技术轨道也可能在竞争中消亡。从技术轨道形成的机理可以得出，影响技术轨道形成和发展的主要因素有三个。首先，产业技术基础元素的水平决定了技术轨道能否顺利形成；其次，突变性技术创新的激发作用是技术轨道形成的根本动力；最后，产业对外部技术的引进、吸收和消化利用能力会影响技术轨道的发展态势。

在技术轨道的萌芽期，其存在形式通常是技术范式下的技术构想，直至突变性技术创新的产生，催生技术构想，形成技术轨道萌芽；在技术轨道的成长期，持续的技术创新和产业技术基础元素的适应最终构成了技术轨道，使其得以顺利实现产业化；在技术轨道的成熟期，技术轨道之间表现为排他效应，最终胜出的技术轨道将带动产业技术体系的全面转变，竞争失败的技术轨道对产业发展的作用将减小甚至消亡；在技术轨道的衰退期，技术轨道达到技术范式所限定的技术极限，同时边际效益递减。这就是技术轨道形成和发展的全过程。

三　技术轨道的关键属性与影响因素

（一）关键属性

通过文献梳理（杨武等，2022），本书总结技术轨道的关键属性表现为连续性、有限性、系统性、多样性和排他性。

1. 连续性

技术的累积性和继承性影响着技术轨道的连续性。技术的累积性和继承性也从另一个角度定义了技术发展演变在时间上的先后性，这也使得技术轨道在具有连续性的同时也具有时序性和不可逆性。技术轨道的累积性是技术在发展演化中形成路径依赖的基础。

2. 有限性

一种技术不可能无止境地发展下去。因为原始设计、材料等方面都制约着技术的发展，即存在技术极限。一旦接近甚至达到了技术极限，技术轨道将很有可能会终止，并被新出现的技术轨道所取代。旧的技术轨道被颠覆，大量的技术创新往往就在此时涌现。

3. 系统性

技术的系统性构成了技术轨道的系统性。技术轨道就是技术之间的相互依赖和融合而形成的技术体系发展拟合轨迹。此外，技术轨道在演化过程中也会不断吸收和融合新技术，而众多新兴技术往往围绕着已有的主导技术发展方向形成"子轨道"。

4. 多样性

技术轨道的多样性往往与不确定性并存，这是因为在技术发展过程中总会存在技术选择。在新兴技术出现或重大创新涌现的阶段，会出现多个技术轨道并存的情况，这种情况在技术生命周期早期尤其明显。

5. 排他性

优势技术总会随技术的不断发展脱颖而出、不断强化，并形成技术和市场优势，成为主导技术。最初的多样性和不确定性会在很大程度上被削弱，从而产生排他性。Dosi（1988）对技术轨道的诱导机制和因素进行了研究，技术轨道形成和发展的关键因素会因技术性质、各国经济和制度的差别而有所不同。

（二）影响因素

我国学者傅家骥等（2003）指出，有三个决定性因素影响着行业技术轨道的形成和发展，它们是科技的重大进展、行业技术积累和市场需求扩张。总的来说，技术轨道的影响因素可以归结为以下三类。

第一，科学技术因素。技术轨道描述了技术发展演变的进程。一般而言，较强的科学基础可以加快技术进步的速度，反之则会使技术进步放缓。技术轨道理论进一步提出，技术推动包括累积性创新推动和突破性创新推动两种。第二，市场经济因素。市场需求往往构成了技术轨道形成和发展的最重要推动力。除此之外，与经济因素有关的诸如价格、成本、新产品的影像模式等都是对技术轨道产生影响的经济因素。第三，制度环境因素。技术作为技术生态系统的重要组成部分，必然会受到法律法规、政策文件、社会文化和政策环境的约束和影响。

第二节　技术轨道跃迁与产业数字化赋能

根据 Dosi 的认识，技术轨道是由技术范式所限定的技术进步的轨迹，其形成由技术范式本身决定。当产业系统遵循一定的技术范式进行技术选择活动（包括研发路径、设计模式、工艺流程、专利策略、技术标准等）时，特定技术范式的进步轨迹就形成了技术轨道。产业技术轨道可以看作产业运行发展所遵循的技术路线，是不同企业沿着不同的技术路线进行创新投入活动的抽象表达。正如生物物种形成机理所揭示的，两个同质的物种由于不同的选择环境，将会演变成为完全不同的两个物种。由于创新活动的复杂性、技术选择的多样性、企业间能力的差异性，同一类产业可能存在多条并行的技术轨道。这些轨道具有强弱之分，处于最里层的轨道受技术范式的束缚最强，能量级别最低；最外层的轨道受技术范式的束缚最弱，相应的能量级别也最高。

由于不同技术轨道能量程度的不同，故产业发展能级也有所不同。而特定轨道自身的强选择性使得不同的技术轨道之间存在一定的吸引与互斥关系，产业能级跃迁选择活动可以看作轨道之间引力与斥力博弈的结果。随着时间的推移以及技术的改良突破，某条轨道会逐渐成为主导并占据主要地位，减弱其他轨道的影响，驱动产业系统由低能级轨道向高能级轨道进行跃升选择，从而越来越多的企业倾向于沿着技术性能改进的方向进行生产研发投入。因此，产业技术轨道的建立就在于在轨道的变迁过程中探寻产业发展的取向，考察产业格局的发展演变。

一　产业能级跃迁类型

如图 2-1 所示，每一条横线代表一类产业能级。通常情况下，产业能级处在 γ 以下的轨道，这种状态称为基态。产业系统受到技术创新的作用后，会由低能级（处于基态）跃迁到高能级轨道，形成激发态。借鉴量子理论中电子跃迁的思想，关于产业能级跃迁的基本类型主要有以下几种。

$\alpha \rightarrow \alpha^*$ 跃迁：产业系统由 α 轨道的基态跃迁到 α^* 轨道的激发态，这

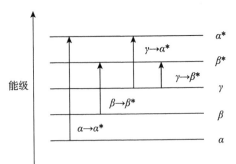

图 2-1　产业能级跃迁模型

资料来源：张立超和刘怡君（2015）。

种类型的跃迁需要的能量最多，往往意味着产业系统的重大技术变革或产业格局的重新洗牌。这也被认为是技术轨道最"根本性"的、"颠覆性"的变化。例如，蒸汽机和电子计算机等发明引发的产业革命、抗生素等发现引发的医学变革，这类跃迁的跨度最大，历经的时间也最长，一般是行业内主流重大技术的变迁。一旦成功将会引起行业结构、经济发展乃至人类社会的飞跃式发展，影响巨大，引领着产业前进的方向。

$\beta \to \beta^*$ 跃迁：$\beta \to \beta^*$ 跃迁的能量级差跨度较 $\alpha \to \alpha^*$ 跃迁要小，这类跃迁主要是发生在产业系统内部或不同行业部门间，往往是核心技术的突破，成功的话将会带来市场规模的扩张，能够创造新的需求。例如，从电子管到晶体管、从机械表到石英表、从铅字排版到激光排版、从胶卷相机到数码相机等，这类跃迁会对现有的行业运作模式造成冲击，带来产品、组织、工艺、过程的一系列连锁反应。

$\gamma \to \alpha^*$ 跃迁：产业系统已处在较高的能级轨道上，由 γ 轨道进一步跃迁到 α^* 轨道，其跃迁能量较小，这种跃迁建立在突破性创新的技术基础上，是在较高能级轨道上基于已有技术体系结构的进一步创新行为。现有研究指出，一类技术在演化过程中其技术突破不仅仅只发生一次，部分技术在经历了较长时间后仍具有随机性的跳跃。因此，$\gamma \to \alpha^*$ 跃迁是一种基于对现有技术的再设计、再创造，驱动当前技术轨道向更高层次级别的技术方向演化。例如，在信息技术领域创新活动日趋频繁的今天，物联网、云计算、大数据等新兴信息技术正深刻地影响着社会发展的模式，而在此基础上的量子通信、量子计算、量子仿真将使信息产业向更深层次发展，为构建下一代的信息技术奠定基础。

$\gamma \to \beta^*$ 跃迁：这类跃迁所需的能量最小，是建立在一些重要改进基础上的创新活动，主要是围绕行业主导技术相配套的关键部件技术的升级与换代。比如，在手机已成功取代传统寻呼机的今天，技术的发展使手机由当初的通信工具向个人助理演进，智能芯片组的突飞猛进功不可没。由此可见，手机的创新史就是建立在主导技术基础之上一系列的动态调整过程，许多手机厂商因未抓住创新的机遇而销声匿迹。因此，这种类型的跃迁一般意味着小规模范围内产业局部调整，影响相对有限。

二 技术轨道跃迁与产业赋能规律

产业系统从一个能量状态跃迁到另一个能量状态需要服从一定的规律，这种规律称为跃迁选择规律。产业技术轨道的选择机制是指影响和决定技术轨道发生跃迁的基本原理。在量子理论中，宏观系统是由大量微观粒子组成的，系统发生能级跃迁主要是由粒子不停地做热运动并通过碰撞的热激发所产生的。企业作为技术创新的主体，是维持国家和地区产业技术竞争力的关键所在。产业是由大小不等的众多企业（可看作海量的微观粒子）构成的一种复杂的运动形式。若放在产业系统这个大环境当中来看，每个企业的决策行为都是紧紧围绕企业所处的行业环境来展开的，整个产业经济活动中企业的活动规律会呈现一定物理意义上的系统演化规律和相互作用关系。在这里可建立产业温度的概念，温度是表示物体冷热程度的物理量，物体在获得能量的作用后，系统的温度将会升高，粒子的热运动加剧，彼此之间发生激烈的碰撞，同时发生结构改变的概率也将相应增大。产业温度主要是表征产业领域投资、生产、研发的热度，引入产业温度将有利于刻画产业内各企业的运动轨迹与活跃程度。因此，通过产业温度的有效模拟，可得到产业技术轨道跃迁的一般规律。当产业温度升高时，大量的企业聚集于该轨道上进行研发生产活动，被激发到高能态的企业数量日益增多。当处于高能态的企业数量达到一定临界阈值（跃迁点）时，就易发生产业系统的能级跃迁现象。

从技术创新发展历程来看，遵循一个技术范式发展的技术轨道是不可能无限延伸的。它必须受到自然规律的限制，当科学发现出现重大突破时，技术往往会呈现飞跃式的发展，形成新的技术范式和新的技术轨道。目前，用于研究产业轨道演化与技术跃迁的核心工具主要依赖的是基于技术性能指标的 S 曲线和技术演化的 A-U 模型。这些方法和工具大多偏重于对技术性能随时间变化的描述性形象阐释，侧重于对技术轨道形成过程的研究，较少涉及对产业技术轨道内在演化机理的揭示。基于此，本书提出了一种对产业技术轨道演化机制进行合理表征的新尝试，即试图运用量子物理中的能级跃迁理论来解释产业技术轨道演化的客观规律。具体而言，文化企业技术轨道模型如图 2-2 所示。

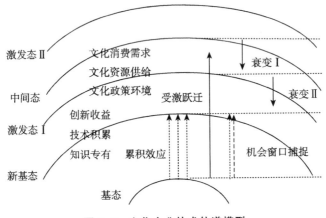

图 2-2 文化企业技术轨道模型

资料来源：范德成和王瑞（2017）。

最初处于基态水平的文化企业已拥有一定的知识、技术与创新积累。在不断的发展与实践中，文化企业积极捕捉机会窗口。其原始积累的资本开始用于新技术的研发与引进。企业通过抓住每一个技术革新与文化消费转向升级的契机，不断蓄能，最终完成受激跃迁，即文化企业由低能级技术轨道迈向高能级技术轨道。然而，能级跃升并非一蹴而就，文化企业是否能够始终维持在高能级水平，还取决于市场文化资源供给、文化政策环境和新兴文化消费需求等因素的叠加影响。倘若文化政策扶持力度不足，知识产权法律法规落实不到位，新技术下文化企业所开展的各项文化经济活动存在政策"真空"，那么其发展前景将极为受限，并最终由高能级水平衰变或跌落至低能级水平；抑或新兴技术对文化产业的重塑并不被市场接纳，其文化市场供给并不匹配当前的文化消费需求，也将引致文化企业由激发态回落至中间态水平。

第三节　产业数字化赋能过程中的路径依赖

产业数字化赋能得益于技术轨道跃迁行为，但技术跃迁、制度转换并非一蹴而就。其转换成本与时滞需要考虑到路径依赖因素的影响。

一　路径依赖理论

保罗·戴维（Paul A. David）在《技术选择、创新和经济增长》中首次提出路径依赖的概念。随后，David 与 Arthur 将路径依赖理论不断发展，并引入技术变迁的研究之中。Arthur（1989）将报酬递增机制引入路径依赖理论中，认为市场主体的偏好与当时技术发展趋势可能会导致技术锁定。同时，技术锁定也可能是由短期内的报酬递增引起的。随后，North（1990）又将路径依赖的研究视角从技术变迁转向了制度变迁。他将路径依赖与"惯性"作比，一旦做出历史的选择，进入某一路径，无论结果如何，都将在这一路径上产生"惯性"。他提出，路径依赖在一定程度上代表着无效率。这是因为在某一偶然事件或突发事件的影响下，历史做出了某一决定，这个决定不一定是最优选择，但是由于转换成本的存在，人们会被锁定在这一决定所选择的路径下。路径依赖强调历史的作用，历史的选择会决定现在的选择。

（一）报酬递增引起路径依赖

古典经济学理论的假设认为，市场是一个信息公开、完全竞争并且参与其中的人都是理性人的市场。由于信息完全以及做出决策的人都是理性人，所以市场上所有的选择都是最优选择。但是，事实往往并非如此。Arthur（1989）提出，当某一市场参与者的某一项决策使其拥有市场优势时，会带来报酬递增的状态，报酬递增会不断地加深这种选择，使其被采用的次数增多，这种由报酬递增的正反馈机制导致的加深原有选择的状况，就是路径依赖。

在由报酬递增所引起的路径依赖中，路径依赖理论指出了小概率事件、偶然事件以及现存制度等因素的重要性。与遗传学中的"初始影响"机制相似，路径依赖理论强调选择的初始状态，即首次选择。在报酬递增的作用下，首次选择会被不断加深。当某一技术选择或者制度选择在历史事件里被首次采用了，在报酬递增的作用下，这项选择会被不断地重复选择，将这一选择逐步锁定于次优的、转换成本很高的路径之中。

（二）自我强化机制引起路径依赖

路径依赖理论认为，路径依赖的产生与相关组织的自我强化机制相关，其中包括五种自我强化机制：协同效应、互补效应、网络外部性、学习效应和适应性预期。

结合组织理论，协同效应作用力最强。组织成员的行为受同一规则影响，其产生的结果是可以预期的。这些规则大大地降低了组织的协同成本，当规则所获得的回报较高，其他组织会自发地引入相同的规则制度。

其次是互补效应。互补效应作用于两个或两个以上的相互独立又关联的资源之上。与协同效应相似，互补效应不是单纯地将资源进行简单的合并，而是要达到"1+1>2"的效果。在互补效应的作用下，资源会变得越来越有吸引力。但是这也可能会导致与组织能力不匹配的结果产生。

网络外部性也是自我强化机制之一。如果某一用户购买的某项产品所带来的效益超过了购买产品所付出的价值，就会有更多的用户购买这一产品，即无论第一个用户是如何进行选择的，只要所获得的回报大于初始价值，就会形成这种更多人进行选择的现象，相关产品与服务需求同时增加，最终导致选择被锁定于这一方向。

学习效应是指因重复进行活动而产生的经验会使单位成本减少，进而使活动更有效率地进行。企业人员在长期活动中，操作变得更加熟练，使得单位时间内所需人力减少，这必然会导致单位成本的下降，从而使企业人员不愿意改变原有的选择而进行新的学习。即使这一选择不是最优选择，但是企业人员仍然会坚持初始的选择，最终导致技术或管理制度被锁定在原有选择上。

适应性预期是活动主体根据已经发生过的经济活动而进行选择，这种选择会建立在他人的期望之上，比如建立在成为赢家的愿望之上（Leibenstein，1950）。由于活动主体的选择建立在成为赢家的愿望之上，所以在进行选择之时，他们会自然地加入成功者的阵营之中（Pierson，

2000）。一旦某一选择会带来成功，未来的活动主体会为了避免失败而加入这一选择之中。

由此可见，如图 2-3 所示，路径依赖所产生的效应类似于物理学中的"惯性"作用。而与物理学中的惯性不同，路径依赖可能带来好的或者坏的结果。当路径朝着好的方向发展时就会发挥路径依赖的正锁定效用；当路径朝着坏的方向发展时就会产生负锁定效用。路径依赖理论的概念刚提出时多用于经济学的技术变迁研究中，后来被逐渐引入制度变迁研究之中，所以部分学者将路径依赖理论分为技术变迁中的路径依赖与制度变迁中的路径依赖两个部分进行研究分析。

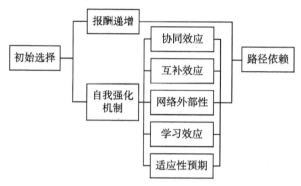

图 2-3 路径依赖形成原因

二 技术路径依赖

David（1985）提出，技术的选择往往是因为偶然性事件的存在以及报酬递增机制而导致的流行。David 认为，一些历史的非系统力量引发的偶然事件会对最终结果产生重要影响，类似这样的随机过程具有非遍历性。随后，Arthur（1989）在对路径依赖的研究中指出，历史事件对市场的影响受到历史事件发生的时间因素影响。同一历史事件发生于不同时间段，对市场的作用不完全一致。他认为，某一项技术的市场占有率不是由市场偏好或技术本身所决定的，而是在偶然的历史选择下，在正反馈机制以及报酬递增的过程中被锁定的，从而导致了这项技术被市场偏好，以至于在市场中占据了主导地位。技术的报酬递增通常是在"干中学"以及网络外部性的作用下实现的。Schmidt 和 Spindler（2002）提出，已选定的技术路径难以改变，可能是因为受到高昂的转换成本限制。

同时，技术进步存在一种"近视"情况，处于选定技术中的参与者，难以看清技术之间的优劣区别。由此可见，技术变迁的路径依赖存在报酬递增和自我强化机制。一旦制度变迁进入某一路径，它将沿着既定的路径发展下去，这一路径可能是低效率甚至是无效率的。历史偶然事件对技术、组织和系统具有长期的影响，而历史偶然事件不仅仅是路径依赖形成的原因，技术关联性、规模经济以及投资的不可逆性也是路径依赖形成的原因，详见图2-4。

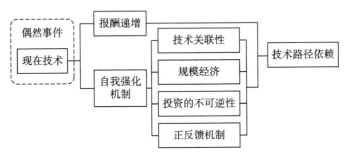

图 2-4　技术路径依赖形成原因

三　制度路径依赖

道格拉斯·诺思（1994）将路径依赖理论由技术变迁引入制度变迁的研究领域。他认为制度的发展过程中也存在路径依赖现象，同样是由自我强化机制以及报酬递增引起的。在制度变迁过程中，一旦某种制度被选择之后，即使这一选择并不是最优选择，甚至存在低效率或是无效率的情况，人们仍然会沿着这一选择的道路不断地进行下去。诺思的研究主要集中于"历史的初始选择"与"历史为何没有淘汰低效率路径"等问题。通过比较研究不同地区不同国家的不同制度变迁中路径依赖的形成过程与结果，诺思认为，历史的偶然选择或者小概率事件只是制度变迁中路径依赖的部分成因。而决策者的有限理性以及制度形成后过高的转换成本才是路径依赖的关键成因。同时，诺思认为，由于社会变迁中各种内外部影响因素本身的复杂性，制度变迁中的路径依赖会比技术变迁中的路径依赖更加复杂。他根据其不同的影响因素，将制度变迁中的路径依赖分成了两种类型。第一种路径依赖是一种良性的路径依赖，即某种制度在被选择之后，由于网络外部性、学习效应等机制的存在，被不断地强化。同时，由于适应性预期的存在，初始选择的制度会在社会利益最大化的长期目标引导下，选择较优的路径，并且在市场正反馈机制的影响下，减少或避免低效或无效的制度选择，从而形成良性的路径依赖。而第二种路径依赖是一种恶性的路径依赖，是指某种制度是在利益集团为谋取自己利益最大化的前提下进行选择的，会造成社会经济发展停滞不前的路径依赖。由于现存制度的低效或无效，社会经济发展减速或停滞，但是在相关利益集团的保护下，这种社会制度不会被改变，会被一直沿用发展下去，同时在自我强化机制的作用下，即使这一制度对社会生产不存在积极的影响，但是这一制度选择会被不断地强化，从而形成一种恶性的路径依赖，如图2-5所示。总体而言，制度变迁比技术变迁更为复杂。

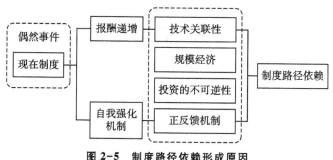

图 2-5　制度路径依赖形成原因

第四节　产业数字化赋能过程中的路径创造

一　路径创造理论

熊彼特是最早提出"路径创造"概念的经济学家，他所提出的"创造性破坏"对路径依赖理论进行了延伸发展，并衍生出了后来的路径创造理论。路径创造是为了实现既定目标而进行新的路径选择或是创造新的路径的过程。从路径创造的概论分析中可以看出，路径创造大致分为两种。一种是不具有原有路径基础的完全从无到有的新的路径创造过程；另一种是具有原有路径基础的，对原有路径进行偏离、重整或是重新进行路径选择的路径创造过程。但是，无论何种路径创造过程，实现路径创造都需要遵循其一般规律。

（一）路径创造需要创造基础

路径创造的过程不是凭空想象的过程，它需要建立在一定的客观条件之下。首先，活动参与者的活动受到所处的历史、社会、经济、政治、技术环境的约束，同时参与者的决策会受到所接受的社会背景以及文化环境的影响。所以活动参与者进行路径初始选择必然是在有限的条件下做出的有限选择。其次，为了使参与者选择的路径具有意义以及可实现，所选择的路径一定是与参与者的切身利益、自身能力相匹配的路径。所以，路径创造是建立在参与者所处的外在条件以及参与者自身内在条件基础上的活动。

（二）路径创造是有前景的创造

路径创造虽然建立在一定的客观条件下，但是所创造的新的路径不是由客观条件所决定的不可变动的路径。路径创造需要具有灵活性，在未来路径发展中能够让参与者根据变化的客观条件对路径发展也做出相应的变动。所以，路径创造不能是在既定范式下被限制的创造过程，而是一个有前景、有未来、有巨大发展空间的路径创造过程。

（三）路径创造是动态的创造过程

由于决策者与参与者的活动具有历史局限性，所以路径创造不能仅仅是对现有信息的反馈过程。路径发展具有多样性，与环境变化的复杂性以及信息不完全公开等因素相关，活动主体不会立即掌握所有信息，即使活动主体具有前瞻意识，其对未来的预测也不会建立在足够的信息之上。所以，路径创造不可能在单个时间段内完成，而是一个阶段性发展的动态过程，根据不同历史阶段的具体情况，路径变化的具体方向可以做出相应的变化。

（四）路径创造需要推动力

要保持路径顺着既定的方向发展，需要外界的推动力。如企业家制定的发展路径必然是以实现企业利益最大化为目标的，而这一目标可能会与社会利益相背离。这时为了使产业发展的整体方向不偏离全社会的整体目标，就需要政府的力量。政府需要站在宏观层面上对整体产业发展做出统筹调度，制约企业以及利益集团的力量，使得企业制定的路径既能够实现自身利益，也能够维护社会公平。

二　技术路径创造

由于做出技术初始选择的决策主体本身的历史局限性，无论做出决定时的技术选择是不是最优选择，一旦技术变迁进入路径依赖状态，就会导致技术创新的低效率，从而使产业变迁变得低效。为了打破这一状态，需要实现路径创造，从而实现技术的持续创新。技术变迁中的路径创造是活动主体在一定的外部条件下对创新资源进行重新改造，最终实现技术创新，从而实现产品创新、市场创新的活动过程。这个过程中的活动主体与外部条件以及其他要素之间存在交互关系，这一交互关系存在非线性、整体性以及层次性等特征，会形成一个复杂适应系统。在复杂适应系统中，微观主体的活动是基础。在微观主体的创造性活动的基础上，宏观组织会发生突变，这种突变就是路径创造产生的动力（王周焰、王浣尘，2000）。而创新活动的主体、外部条件以及其他要素之间的交互关系也会给宏观组织的路径创造提供动力，这一动力可以被称为技术创新体系的涌现性（姜劲、徐学军，2006）。

技术创新体系的涌现性也会在产业升级之中得到体现。产业本身是一个由内部企业与外部条件以及各种要素组成的复杂系统，企业的创新活动会促进产业组织的升级发展，同时产业升级会不断扩大内部企业对技术创新的需求，这样的双向交互作用会促进技术不断突破。同时，产业所形成的内部企业网络以及技术溢出等会增加新技术的流动速度，刺激创新活动的发展。简单来说，企业的创新促进了产业的创新，而产业的创新会反作用于企业的创新，即会形成一个创新创造创新的良性循环。这种技术创新体系的涌现性同时会促进内部企业新技术的市场实现过程，从而提高内部企业的自主创新能力以及核心竞争力。所以，一个产业内部的涌现性强弱与内部企业的自主创新力、核心竞争力的强弱呈现正相关关系。也正是得益于这种涌现性机制的自我强化作用，产业内的技术创新动力被不断激活，引致产业升级发展，进而解决了产业升级中的技术路径依赖问题，完成了技术变迁中的路径创造。

三　制度路径创造

创造性破坏的理念是在路径依赖理论基础上提出的。熊彼特认为，路径依赖最终会带来两种结果，即正锁定以及负锁定。要么经济体进入良性循环的路径中，要么经济体会被锁定在低效率或者无效率的路径中。而通常我们需要解决的路径依赖锁定效应指的是低效率或无效率的负锁定效应。路径创造是创造新路径即进行一种突破式的创造新路径的运动，以及通过有意识的偏离，在原有路径的基础上进行渐进式的改造过程。而在制度变迁的过程之中，往往由于历史、经济、社会等环境的复杂性，会出现路径偏离的情况。当发生错误的路径偏离情况时，如果顺着错误的路径不断发展下去，就会出现路径依赖的负锁定效应。这时就需要决策者进行有意识的纠正行为，即有意识的制度路径创造活动。而当路径向正确的方向偏离时，决策者只需维持这一路径，即无意识的制度路径创造过程。

第三章　文化产业数字化赋能的现状分析

从技术的广义概念出发，文化技术不仅是社会技术在文化领域中的应用，更是文化建设的重要手段和方法。在现代社会中，正是得益于数字技术的不断加持，才引致文化产业数字化赋能效应的实现。因此，本章将基于文化产业价值链的各环节——产业链上游文化产品策划创作、产业链中游文化产品生产制作和产业链下游文化产品营销等环节，依次展示我国文化产业数字化赋能的具体表现，以呈现文化产业数字化赋能的全貌。

第一节　文化产品策划创作的数字化赋能概况

创新能力是人类特有的一种综合性本领，策划创作是文化产品的灵魂，也是最能体现文化产品精神内涵的重要环节。它是由人类独立思考和完成的部分，这种由人类控制的思维活动长期以来被认为是人工智能无法企及的。但事实上，随着算法、大数据、存储技术、计算能力、系统管理的快速发展，人工智能触及的领域越来越广，能力越来越强，已经逐渐影响到文化产品的创作。其立意、设计也能够独当一面，为文化产品的策划创作提供建议和构思。目前，人工智能等数字技术甚至能够独立创作艺术作品，如创作音乐、撰写新闻、绘制画作等。

一　数字技术指导文化产品选题策划

选题策划是文化产品生产中至关重要的环节，目的在于选择和规划合适的文化课题与知识课题。从其本质来讲，这是一种文化开发或文化创设，也是一项文化导引，是文化产品创作所要面临的首要任务。人工智能的预测功能在文化产品的策划方面已有成效，能够对舆论热点、媒体热点、时事热点进行分析，并且根据分析结果进行选题策划，推荐热点话题和制作方向，辅助撰写策划文案等。

随着时代的发展，信息的传播途径也越来越多，为了吸引图书和期刊读者的目光，就要从读者的喜好出发，满足读者的需求。而人工智能等数字技术通过对阅读数据的甄别、预测，以及对读者的阅读习惯、喜好进行分析，能够为图书与期刊的选题策划提供相关领域的题材，再对所推荐的选题进行综合评价。数字技术通过多重因素共同衡量，确定最终的选题，并基于这些选题带来的市场效应不断优化模型，使选题预测更加准确。数字技术还可以为期刊策划出更加符合读者阅读习惯的格式，对期刊内容进行智能化排版，还可以加入图片、视频等多种素材使阅读内容更加生动，从而吸引读者。在图书的策划方面，可以通过人工智能等数字技术策划图书的封面与插画，以增强读者的购买欲，其在少儿图书里的应用尤为广泛。

同时，数字技术在影视行业的应用也越来越多。由于传统影视作品的选角工作市场需求不精准、演员信息过多，选角工作出现工作量大、时间周期长、效率低下等现象。但是，数字技术能够通过预测帮助节目策划出迎合大众喜好的看点，使其更加满足观众需求。例如，"艺汇"便是以数万明星的视频资料为数据，由爱奇艺利用语言处理、影像处理和大数据分析自主研发的选角应用。它能够精准计算出剧本角色与参演艺人之间的匹配程度，为剧本挑选出更具角色特质的演员。在《最好的我们》剧本中，男主角余淮是一个性格开朗、朝气蓬勃、阳光帅气的人物形象。在选角过程中，爱奇艺利用"艺汇选角系统"进行人物分析和角色配对，最终选定最符合余淮气质的刘昊然作为男主。这部剧播出之后，市场效果良好，观众也非常喜欢这个角色，刘昊然更因为这个角色收获了很高的人气。"艺汇"还曾综合艺人的历史影片、角色口碑、形象设定等因素，为《泡沫之夏》计算匹配了适合出演女主角夏沫的演员张雪迎。"鱼脑"对《长安十二时辰》编剧内容的人工智能解析结果以及待定主角多层次内容对照，最后将演员雷佳音认定为最佳的男主角候选人。目前，"艺汇选角系统"和"鱼脑选角平台"被广泛用于爱奇艺和优酷自制剧本角色的选取，已成为导演和制作方选角的决策支撑。它们不仅能够提高选角效率和质量，还能实现演员信息的智能化，极大地推动了影视产业的效率升级。除此之外，人工智能还可以通过预测提供绘画及音乐作品的选题策划，通过对数据进行分析，了解消费者喜好、市场需求、市场供给等相关信息，决策出最好的方案，为制作者提供选题指导。

二　数字技术辅助文化产品创作

利用数字技术收集信息，给创作者带来启发，同样是文化产品策划写作的重要环节。创作者在艺术创作的过程中，常常会出现缺少素材信息、创作灵感枯竭等情形，从而陷入创作瓶颈。而数字技术的出现则极大地开拓了创作者的想象力与创造力。当前，辅助软件的开发已由最初的格式化、模板化向多样化、智能化转变。其不仅可以提供规范的格式和丰富的模板，还可以根据创作者的实际需求提供必要的辅助参考。

作为典型，数字技术辅助艺术创作主要应用在小说和戏剧项目开发领域。对于小说和戏剧来说，最重要的创作是对其中的人物形象和故事情节进行设计。数字技术能够收集素材信息，提供人物形象、故事情节的辅助，同时数字技术还具备辅助写作的功能，可以让作家、导演、设计师等创作者拥有更多的思路。在音乐领域，数字技术的助力也不容小觑。例如，AI机器人小芝是一款帮助音乐人快速创作歌词的软件。它拥有两个新功能模块——AI智能写歌词和AI智能填。小芝不仅拥有传统的写歌词押韵功能，还引入了大量人工智能算法来辅助创作。它能够以输入的关键词作为创作指引，不断写出原创的歌词、句子以给创作人提供参考。这不仅降低了创作歌词的难度，还提高了创作歌词的乐趣和效率。对于想要进一步改善歌词效果和写歌词没有灵感思路的音乐人来说，小芝提供了很大的帮助。①

与此同时，百家号也是一个可以协助创作者提高创作品质、节省写作时间的开放写作平台，如图3-1所示。它的宗旨就是"更懂内容""更懂作者""更懂未来"。百家号通过引入视觉处理技术，可以对长影片中的场景、角色动态、声音强弱等信息进行多维度整合，并从中获得更精彩的画面，辅助作者的创作。我们也可通过识别作者文字的内容，从知识图谱中引入与关键词相关的资料信息，供用户参考。百家号通过开放AR& 全景素材开放平台，在搜索素材的同时，还可以分享自己的素材，各领域的创作者甚至可以协同创作。

---

① 　https://baijiahao.baidu.com/s? id=1733611451212693863&wfr=spider&for=pc.

图 3-1　百家号平台

资料来源：https://baijiahao.baidu.com/builder/author/register/index。

央视网于 2019 年 12 月 25 日开展了"人工智能编辑部"宣发行动，其与企业百度智能云协作发布了"AI 帮你找""领袖素材数据库"等智慧编写软件。资讯工作人员在查询历史信息时，往往会出现视频稿件、图文稿件数量不足的现象。而借助这些智能化的辅助工具，则可以高效解决时事资讯制作流程中资讯收集困难、内容撰写空洞等难题，从而打造出更加充实、更具鲜明特色的文化内容。"领袖素材数据库"可以对材料实行系统归档和储存，便于编排人员查询。它还可以通过视觉智能识别技术、内容图谱技术和智能审核方法，比较直接客观地总结音频和视频材料的关键点，多视角地连续搜寻撰写讯息，警示素材中的风险点，启发编辑写稿思路，让编辑快速获得相关信息，从而提高创作效率。而"AI 帮你找"则融入了视频辨识、自然语言处理、人脸识别、生物信息图谱等核心技术，可以自主分析和提取视频中的角色标签和事件标签。在此基础上，百度又缔造了"视频数据分析智能化经营网络平台"。它能够最大限度地利用人工智能等数字手段满足业务需求，大大地缩减了工作时长。

最后，数字技术还给影视资源的开发带来了极大的便利。例如，凌云光开发的 LuStage 光场重建系统，采用多光谱变光照照明、高速同步的相机阵列采集数据，自动智能计算毛孔级的高精度人体模型等，在提升制作精度的同时也大幅缩减了数字资产的制作时长。此外，为了节约制作的时间成本，LuStage 还被应用于超写实数字人的动态扫描重建。①

三　数字技术独立创作文化产品

（一）智能创作文章

在新闻领域，数字技术应用已经可以根据新闻事件独立撰写新闻稿。从世界范围来看，美国很早就在该领域有所突破。美国联合通讯社使用了名为 WordSmith 的写作机器人，进行了经济与体育新闻的发布；2014年，洛杉矶遭遇地震，而《洛杉矶时报》编辑部的机器人从撰写新闻稿件到发布，仅用时 3 分钟，也因此成为此次突发事件报道最快的新闻媒体；在俄罗斯，政府已将网络搜索引擎 Yandex 机器人运用到撰写气象和交通报告中；在法国，《世界报》和 Syllabs 公司用机器人来宣发每个地方的选举状况；在中国，腾讯公司研发团队开发了 Dreamwriter，其新闻创作流程是在大数据分析收集和梳理的基础上，通过强大的算法平台实现写作；而根据气象大数据平台开发的人工智能写稿助手，则采用了先进的 AI 技术，能够把第一手官方气象数据在第一时间转化成简单可阅读的气象资讯②。除此之外，蓝色光标集团旗下的 XiaoBote 是一款基于云端聚焦 AI 营销场景的多人协创平台。它的 AI 易稿功能可以帮助新闻营销人士轻松创作，客户仅需要填写企业、品牌、区域、标题四类核心信息，就能够一键制作新闻文稿，还可以轻松制作虚拟人声音的可 "聆听" 的新闻稿件音频。③ 易车也成立了 "智能编辑部"，作为中国业界第一家完全使用人工智能创作新闻的汽车网络公司，智能写作丰富了易车的信息内容生态，有效解决了消费者对汽车资讯内容 "快" "准" "全" 的多重要求，并大幅增加了点击率，实现了交互数据分析、转化等功能，为汽车服务企业精准的汽车市场营销服务创造了更丰富的想象空间。"智能编辑部" 的智慧生产内容功能不但显著提高了企业生产率，更提升了易车自身车型覆盖面广、信息时效高、数据真实精准的优势。④

---

① http://stock.10jqka.com.cn/20221114/c642901857.shtml.

② http://www.weatherdt.com/airobot.html.

③ https://baijiahao.baidu.com/s? id=1718559072665306605&wfr=spider&for=pc.

④ https://baijiahao.baidu.com/s? id=1641933034406803248&wfr=spider&for=pc.

在著作方面，一名《权力的游戏》的铁杆粉丝将已出版著作的相关信息输入机器，对小说的后续情节做出了预测，尽管没有作者的工笔，但和正版图书相比，却有不少相同的情节。程序员兼作家 Darius Kazemi 用他制作的 AI 机器人编写了一部长篇小说《绕着房子走的孩子们》。①海伦·普里查德（Helen Pritchard）是一位有代表性的生物艺术家，她创建的生物编译器使用生物学家发现的在某些类型的藻类中进行的"对话"，从而为一种算法提供信息。该算法再从一个奇特的文学数据库中提取文本来编译新的中篇小说。事实上，她的文学作品，是其与有机体、机器合作的产物。②专业学术出版商 Springer Nature 公布，该公司已经出版了第一本用机器学习技术制成的专业研究性专著——《锂离子电池：机器生成的当前研究摘要》。在中国，李彦宏推出的《智能革命》一书中，同样也利用人工智能撰写了一则序言。

此外，人工智能也在诗歌创作领域有着重要的作用，因此受到了社会各界的广泛重视。如 2017 年，微软小冰就发表了现代诗作《阳光失了玻璃窗》；由清华大学自然语言处理与社会人文计算实验室开发的中文诗词自主创作平台——"九歌"，也是目前最具影响力的智能创作诗词机器人之一。华为研发的人工智能诗人"乐府"，是中国第一个根据 GPT（Generative Pre-Training）建立的作诗模式。其关键思想是：首先使用无标记的文字去练习生成模板，之后针对详尽的目标使用有标记的文字对模板进行训练调整。wangjiezju1988 是软件 GitHub 的用户，他研发的"诗三百·人工智能在线诗歌写作平台"可以借助语言材料收集、材料内容管理和内容分析处理模块，在作诗、对联和加词的同时，掌握机器习得作诗与规则写诗的技能。③ 2019 年，世界人工智能大会召开期间，大会联手达观公司联合发布了 AI 新闻助理。该助理将自然语言处理和光学字符识别技术相结合，在文字的内容收集、内容编辑和信息分析等领域极大地提高了工作效率。同时，AI 新闻助理还可以迅速创造出符合规范的五言绝句和七言绝句，且诗词形式灵活自由，声调平仄相对。

①　https://www.shuzix.com/12918.html.

②　https://www.shuzix.com/12918.html.

③　https://baijiahao.baidu.com/s? id = 1743276132076088807&wfr = spider&for = pc.

（二）智能绘制画作

人工智能已逐步投入艺术创作中，通过研究相关的绘画算法，使用艺术作品的样本集来推导出各种模型，并创建新的画作。例如，DeepDream 由 Google 于 2015 年发布，是一项运用卷积神经网络算法的艺术性图像修改技术。这种算法在识别图像时通常层数越多越细致。第一层的神经网络主要在于辨别轮廓，而中心层在于辨别花纹、笔触等细节。DeepDream 跳过了人工指导的步骤，直接凭借图片的识别，经过多次重复，最终形成图片。Google 甚至还为 DeepDream 举办了一次展览。Stability AI 公司开发的 DreamStudio——一款人工智能文本-图像扩散（CLIP）模型，能根据给出的文本提示词生成高质量且匹配非常精准的图像，且生成速度最快只需要几秒。[①]

2019 年，AI 微软小冰拟名为"夏语冰"于中央美院毕业展上第一次展列。不久后，微软小冰又举办了首个"个人"画展《或然世界》。目前，微软公司完成了"少女画家小冰·无限创作 1.0 公测版"H5 程序的正式推出。小冰通过强化学习可以让人工智能像画家一样，对画作进行特定的画风转换，勾勒出美妙绝伦的轮廓，同时能够独立完成原创的绘画。用户只需将想要创作的作品原型输入系统中，系统便会根据自身具备的绘画技巧和能力进行创作。而且由于其制作过程是在云端完成的，所以只需要三分钟时间就可以完成创作。2022 年，国外的一名游戏设计师杰森·艾伦使用了一款名为"Midjourney"的 AI 图像生成器，只要通过输入文本便可完成创作。他去参加了在科罗拉多州博览会举办的美术比赛，并凭借一幅 AI 绘制的画作 *Theatre Dopera Spatial* 拿到了一等奖。

（三）智能创作音乐作品

音乐能够很好地传达人类的情感，随着人的情感变化而变化。虽然这种情感难以量化，但是音乐会随之改变，或开心，或压抑，或恐惧。随着科技的发展，人工智能等数字技术在音乐领域的应用与实践也越来越多。目前，数字技术通过识别乐谱和乐音进行整合，已经可以实现独立创作。经历了多次更新的微软小冰，不仅能够写诗，还能够作词作曲，

---

① 　https://zhuanlan.zhihu.com/p/557665226.

并可以自主生成音律和编曲的框架。小冰现已进驻 QQ 音乐、网易云音乐等多个国内外主要歌曲网络平台，并且有十几首原创歌曲。2019 年 8 月 15 日，微软小冰产品由微软（亚洲）互联网工程院发布升级至第七代。目前，微软旗下已有小冰、何畅、陈水若、陈子渝等众多超新星虚拟歌手。

在《中国好声音》的节目中，来自清华大学的博士生带领他的团队，用人工智能改编《止战之殇》；《青春记忆》是由人工智能独立创作的一部作品，它是基于数万首歌曲的数据，建立模型，优化音律而成，因此具备独特的风格和辨识度，在 2018 年获奖之后，在 2019 年再创辉煌，获得了"全球 AI 艺术大赛"一等奖，这也是 AI 科技在该适用范畴内的关键进展；2019 年，世界上第一首人工智能交响变奏曲《我和我的祖国》由深圳交响乐团奏响；全世界第一首 AI 创作的古琴曲《烛》同样于 2021 年末成功举办首演①。2021 年，贝多芬管弦乐团在德国波恩开演了自己编写的贝多芬遗留下的未完成作品《第十交响乐》，不少听众都以"震惊""贝多芬复活"等描述形容现场的盛况。"不知道哪一部分是贝多芬，哪一部分是人工智能添加的"成为不少听众的共鸣。为了续写贝多芬的《第十交响曲》，研究小组专门开发了一款"贝多芬 AI"。在进行写作时，AI 大量练习贝多芬的音乐作品，包括交响乐、钢琴协奏曲、弦乐四重奏，以及遗存下的 40 多篇《第十交响曲》草稿。通过这样的方式，对贝多芬的音乐风格进行分析。经过两年多的"学习与创作"，计算机最终产出了大概 200 万个音符。随后，团队中多位音乐家根据 AI 提供的音乐建议进行挑选、重组与拆解，反馈给计算机继续"创作"。经过无数次修正，最终一首完整的交响音乐作品诞生了②。

（四）智能创作视频

剪辑是指在制作影片中，把制作的大量素材加以筛选、分析、衔接，最后组成一条连贯通畅、较为完整的作品。用户只需要输入一个关键词，系统就能够自动生成一段原创视频，也可以通过采集文章和相关视频进行创作。系统通过关键词搜索文章和视频，将其中被广泛应用和观看的

---

① https://www.huain.com/news/guqin/2022/0112/1352.html.

② https://baijiahao.baidu.com/s? id = 1717388797028589071&wfr = spider&for = pc.

片段应用到视频中，分割其中的视频，同时将文案转化为语音和字幕，从中进行随机抓取和组合，形成一段原创的视频。例如，MAGIC 智能生成平台是业内第一个新媒体人工智能平台。2018 年俄罗斯世界杯期间，MAGIC 平台首次证明了机器能够在较短的时间里制造出海量的短视频新闻。在短短的 31 天里，由机器制造的世界杯短视频新闻达 37581 条，并在全网同步进行了 116604975 次观看。其中，影响最大的一段视频是《俄罗斯 2∶0 领先埃及》，只费时约 6 秒钟。如图 3-2 所示，未来 MAGIC 平台将从更多角度来帮助制作者获取更多的新闻资源，并带来更大的新闻影响力。除此之外，Meta（原 Facebook）和 Google 接连发布了音频、文字转化为视频的算法。Meta 的 Make-A-Video 可以将用户输入的叙述一个情景的文字数据作为蓝本，转化为与之相匹配的短片；而 Google 提出的 Imagen Video 则比 Make-A-Video 有更高的分辨率，它可以生成每秒 24 帧、1280×760 分辨率的视频。与此同时，Google 提出的另一个算法 Phenaki，可以依照 200 个单词的指引词语制作出超过 2 分钟的长视频，并叙述一个较为完整的情节。①

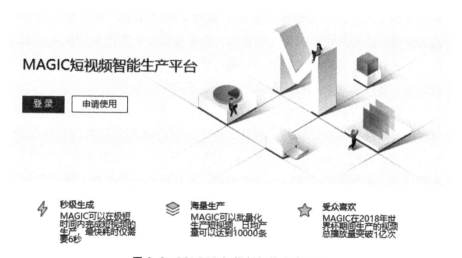

图 3-2　MAGIC 短视频智能生产平台
资料来源：https://magic.shuwen.com/。

---

①　https://new.qq.com/rain/a/20221111A0781C00.html.

第二节　文化产品生产制作的数字化赋能概况

一　智能语音输出辅助创作

写作是传递信息、反映现实、沟通交流的过程。而数字技术的辅助能够让作品变得更加完善，让创作变得更加简捷，同时能够进一步优化文本写作方式。在写作之前，数字技术可以通过当前的时事热点推荐写作的主题；在写作的过程中，数字技术可以为作者提供符合主题的素材、内容等信息，同时具备自动形成摘要、检查文章中的错误、为文本进行配图、进行格式的自动排版等功能。数字技术还可将语言转换为文本形式，不仅能够在写作过程中提供便捷，还可以在生活中给予更多方便。例如，智能生成摘要可以让读者快速了解一篇文章的中心思想，也可为作者撰写摘要提供参考。形成摘要的过程，首先是对文章进行预处理，进行局部分析，筛查不符合的部分，选择适合的语句，综合句子的复杂程度与匹配度，从而对这些句子进行处理、融合整理，最终形成摘要。智能生成摘要的方式跟人类思维很像，是依靠深度神经网络辅助实现的，是建立在对整体的理解之上的。它可以通过构建模型筛选句子的内部结构信息，巧妙地建立文章、词组和句子之间的对应关系。

与此同时，利用人工智能等数字技术修正写作错误，还可以帮助作者找到文章细微之处的拼写、语法、语序错误，从而保证文章段落结构的合理与流畅性。例如，WriteSmoke 写作助理引入人工智能和自然语言处理技术，根据独有的算法来分析文章，在提供高效的检查功能的同时，还具备改善语句、词汇以及写作风格等功能。与此同时，由语音直接输出文本，也在很大程度上提高了写作的效率。科大讯飞是中国最大的语音科技供应商之一，其在智能语音科技领域发展很快，有着卓越的成绩。2019 年 11 月 1 日，科大讯飞推出了两款鼠标产品，即讯飞智能鼠标 Lite（见图 3-3）与讯飞智能鼠标 Pro。在鼠标 Lite 的按键区增加了一枚语音键，可以直接进行语音输入，快速将语音转换为文字，每分钟转化的文字数量高达 400 字，效率非常高。凭借着成熟的语音识别技术，科大讯飞智能鼠标的文字转化准确率达到 98%。在支持 23 种方言识别的基础上，还能够在28种语言之间进行实时翻译。2020年，科大讯飞还生产了讯飞智能键盘K710，其与智能鼠标具有相同的功能。2022年，第三届金芦苇工业设计奖项的智能设计金奖由科大讯飞的智能办公本Air荣获。讯飞智能办公本Air将麦克风置于顶部实现精准收音，并且将语音实时转写成文本呈现在屏幕上方。用户在屏幕下方可同步手写重点，这样一来就可以实现语音、文字和书写材料的全方位记载。在会议过后进行复盘总结的时候仅仅需要选择手写关键点，即可转写文字、放映录音音频，以防止用户遗漏任何一个细枝末节。与此同时，讯飞智能办公本Air还具备识别划分不一样的发言人、实时音频转换成文字翻译、手写转换成文本等功能。① 目前，可以实现声音输出文本功能的应用还有很多，例如闪电文字声音切换软件、迅捷文本声音转换器、录音转文本助手等。同时，百度AI开放平台的"人机交互技术"也融入了声音功能，可以实现声音纠错、静默和信息挖掘、内容处理等功能。该技术只需导入文档，即可自动构建出模型，且具备持续学习的能力。

图3-3 科大讯飞智能鼠标Lite

资料来源：https://diy.zol.com.cn/731/7313667_all.html。

今后，人工智能等数字科技在文章撰写方面的运用还将不断突破，以便使技术更为规范化，使文章更为标准化，同时更符合读者的阅读习惯。

---

① http://caijing.chinadaily.com.cn/a/202211/15/WS63735c04a3109bd995a50265.html? from = singlemessage.

二　智能图像处理

图像处理技术主要分为图像复原、图像数字化和图像识别等。其中，基于数字技术的图像识别有着较大的现实意义。无论是在卫星图像处理、医疗图像处理还是在通信工程、文化艺术方面，图像识别技术均得到了普遍使用。人工智能与图片处置科技的深度交融，使得图像处理技术实现了升级与拓展。未来，人们也将更深切地了解到人工智能对图像识别技术的贡献和价值。具体而言，人工智能系统会根据图像处理的复杂程度进行一定的深入学习。用户只需要在系统中输入需要的创作原型，系统便会进行自动创作。当利用 Photoshop 处理一张风景图片时，从照片的原型到成片，至少需要几十个步骤。但在人工智能系统中处理则会很快完成。纵然 Photoshop 应用拥有处理图片、平面设计、网页编辑、后期修饰等诸多功能，不过用户必须进行深入的学习和大量的训练才可熟练掌握使用，而且具体操作也会相当复杂。但是，计算机和图像处理技术的结合，将使图像识别、信息匹配、分离性能得到很大改善，从而有助于用户把某些固定的、复杂性较高的运算简便化和智能化。在传统的操作中，使用者要将人物的轮廓一点一点描绘出来，包括人物的眼睛、眉毛、发丝等细节，需要花费大量的时间，而人工智能等数字技术则可以对物体的不同范围进行自动识别。使用者只需要一键选中就可以针对不同的范围进行编辑处理。人工智能给图像处理技术带来的诸如智能修补画面、自动上色、局部替换等新功能，不仅提高了制作图像的质量和效率，更满足了不同领域对图像处理的高要求。

与此同时，图像处理技术在剪辑、灯光、后期等制作流程中也有着非常广泛的应用，在很大程度上提高了人们的工作效率。多家公司在探索利用人工智能等数字技术创作出更加深入人心的艺术作品。比如，迪士尼和皮克斯创造的人工智能模型能够把由光照过少而造成的瑕疵自动修正为光照充沛且自然的图像。2020 年底，蔡司同 Vivo 展开了全球影像战略合作。2022 年，Vivo 宣布与蔡司开展深度战略合作，包括共建联合影像实验室、联合研发旗舰级影像产品、深耕影像内容生态等。2022 年X80 新品发布会上，全新的蔡司自然颜色升级进阶版本由 Vivo 展列推出。其主要支撑技术为智能 AWB 和智能白加黑减。它不仅能够提升白平衡准确性和大面积"白""黑"场景的曝光准确性，还可以将 Vivo 的色彩表现和影调观感优化到极致。① 由此可见，人工智能与图像处理的融合是一个量变到质变的过程。运用人工智能进行处理分析需要大量的图像数据进行支撑。一旦满足量上的条件，人工智能等数字技术就能够通过不断学习，将传统手段无法发现的信息挖掘出来，或是完成传统手段无法批量处理的任务。

三 智能语音制作

人类早已在音频模拟领域探索许久。虽然传统的音频采录技术已经应用于商业领域，但由于其技术并不完备，所以模拟出的音色往往比较生硬，无法直接用于文化产品制作。而人工智能等数字技术和语音技术的融合却给声音模拟带来了较大突破。如曾为《再说长江》《美好中国》《迁徙的鸟》等多部大型纪录片及电影创作配音的配音演员李易，这位优秀的配音员在 2013 年因病去世。但在 2018 年的《创新中国》中，通过人工智能技术模拟，再现了他熟悉的人声。他深沉雄厚的歌声是许多人记忆中的一部分，让不少听众惊叹流泪。纪录片节目让已逝人的声音在信息的加持下得以重现。曾有人将李易生前的音乐作品和《创新中国》中人工智能模仿的人声进行了比较，但听众纷纷表示听不出区别。而《创新中国》也成了全球第一个完全使用人工智能模仿人声进行配乐和旁白的大型纪录片节目。2022 年，以数码国粹声音为题材的电视节目《三声万物》，通过口技表演的方式仿真了自然情景，同时运用由苹果公司空间音频技术带来的 3D 沉浸式音场，精确还原了口技中各种音色和位置之间的关系。《三声万物》不但展示了最新数字音频科技的魅力，而且重新呈现了口技当场展演的奇特经历，让欣赏者通过网络随着声音空间"伸颈""侧目""微笑""默叹"。《三声万物》在上传到苹果音乐以后，有来自超过 165 个国家和地区的体验者。他们可以直观地通过耳机，体会到富有"视觉环境感"的口技展演。② 除此之外，人工智能语言在生活中也并不稀奇，像汽车引擎、语音助手等，我们可以很轻易地听出

---

① https://news.sina.com.cn/sx/2022-11-09/detail-imqqsmrp5536069.shtml.

② http://k.sina.com.cn/article_1642720480_61e9ece002000z7pf.html.

其"机器味"。但微软最新的人工智能语音已然能够模仿真人的演唱声音，在唱腔变化、气质等方面达到真假难辨的程度。例如，2019 年，在微软小冰 AI 创造媒体发布会上，微软公司推出了小冰歌唱模型的第五个版本。该新版本的歌唱模型已经具有十多种高质量音色，并增强了人工智能语音在音乐表演中的预期参数能力。具体来说，一是提高了新一代人工智能表演音乐时的中气水准；二是提高了演员歌声唱腔过渡的自然程度；三是第一次呈现了戏腔训练结果。而此番展示也实现了一种全新的声音特性，让小冰从一个唱腔转换到了另一个唱腔，同时观众在现场基本感受不到人工智能合成声音的生硬感。①

四　智能影像处理

随着国民经济的高速发展，人们对文化娱乐类产品的消费需求也迅速增加，这便对传统影视制作工作提出了很大挑战。影视作品中的每一帧画面都是不一样的，在传统制作中需要依靠人工生产，往往一部作品需要一年到两年的时间才能完成。如今，AI 等智能科技和视频处理技术的交融为影视制作提供了巨大便利。利用人工智能等数字科技能够快速实现专业应用中的视频剪辑、特效制作等操作。同时，人工智能等数字技术还能够通过学习大量影片的声音、画面等构成元素，总结出一定的规律和认识，实现作品剪辑。如北京 2022 年冬奥会比赛期间，央视利用人工智能技术高效生成并发送了冬奥冰雪项目的短视频内容。央视的人工智能信息内容生成编辑系统能够在短时间内把海量的赛事信息自行浓缩为几分钟的集锦，并定向发布。这不仅可以快捷、高效地给广大观众带来高品质的体育赛事，还可以为我国深入挖掘运动传媒版权的内涵价值创造更多可能。例如，谷爱凌在自由式滑雪大跳台的终极竞赛单元，表现出色，一举夺冠，为中国赢得了第三枚金牌。人工智能剪接工具便即时播放了谷爱凌出色动态的录像合集，对弹跳三个回合的放慢姿态、整套动态、公布分数等一系列重要集锦进行了非手动编撰剪接整合，第一时间为观众带来了精彩视频回看。由此可见，人工智能的编辑能力使

①　https://www.163.com/dy/article/EC8BLR9A0518WOUT.html.

中央电视台在冬奥新闻的刊发速度和媒体竞争中夺得了先机。[①] 除此之外，人工智能以及各类数码科技还能够有效加强观众对视觉图像的掌控。消费者甚至不能准确辨别实景部分和由计算机模拟出来的部分所存在的差异。如在《僵尸世界大战》中，有很多成群结队的僵尸是通过人工智能技术实现的。在后期特效中，人工智能等数字技术还可以通过对场景的深度学习，快速生成全局光照，局部重新打光，或生成精细的火焰、烟雾等效果。最烦琐的 2D 向 3D 转制也可以利用人工智能编程快速完成。由此可见，人工智能等数字技术在影像处理领域的开发，会创造出无限可能。它不仅带给了制作者更多的灵感与便捷，还提高了影视作品创作的效率，为整个媒体行业提供了很大的助力。

五　智能游戏开发

人工智能等数字技术也为游戏产业带来了新的机遇与挑战，它促进了游戏产业不断升级与创新。其一，人工智能辅助图片处理。人工智能能够降低图像处理的复杂性，提高效率，降低生产成本。只需要上传一张平面图片，就可以生成立体模型、立体布景等画面素材。其二，人工智能等数字技术使角色的动画效果更加逼真。非玩家角色已摆脱原本抽象笨拙的模式。人工智能的加入，丰富了角色的动作和行为。游戏中会出现巡逻的士兵、奔跑的小孩等一系列非玩家角色，使画面更加丰富。人工智能与游戏的结合使整个游戏世界更加真实，同时能够提升玩家的体验感。其三，丰富非玩家角色内容。人工智能等数字技术通过训练与不断的尝试，使角色变得更有策略性。如《逆水寒》中的非玩家角色会根据天气的不同被赋予不同的行为。在下雨时，角色会为自己打伞避雨，天气晴朗时又会自动收起雨伞，每个角色都有各自的活动路线和生活区域。维尔福软件公司开发的《求生之路》狙击网游，通过人工智能完美地把控了整个网游的步调。通过分析参与者的慌乱紧迫效果，在玩家视野盲区添加妖魔，在参与者处于放松状态之时打其个措手不及。当判断玩家水平较低时，智能减少怪物的数量和难度。第九代小冰在 2021 年 9 月被发布。以小冰模型为基础所推衍制造的 AI being 完全能够掌握自己

---

① https://www.yangshipin.cn/.

的脾气、态度、情感和回忆，甚至具备了写诗、作画、演唱等开创功能。2022 年，AI 小冰对外宣称将建立 ICEGamer 游戏工作室，并同时公布了该游戏工作室的新项目规划——一个由 AI being 担纲所有 NPC 的全新世界手游。小冰所发布的是一个非封闭式全球手机游戏，NPC 完全交给 AI being 负责，不再依赖脚本。而游戏最大的看点也将是 AI being 的 NPC。小冰开发创造了 AI being 的意义构想，代指拥有自我感情、独立思考技能的人工智能生物体。而这些 AI being 的 NPC 也和真人类似。他的行为与语言均以自我个性为依据，不会刻意去迎合玩家，或者为了玩家改变自己。①

第三节　文化产品营销的数字化赋能概况

随着人工智能等数字技术的逐步成熟，复杂的数据信息也关系着文化产品的发展，影响着文化产品的成长规模以及营销规划。人工智能可以通过分析消费者的行为及时调整营销方式，通过市场信息反馈，优化营销规划，还可以引导消费者获得关注的信息，推动文化产品销售。

一　文化产品智能化市场调研

市场调研是营销中必不可少的环节，其中人工智能等数字技术应用最多的便是消费者市场调研和产品市场调研。通过总结调研结果，精准了解消费者需求，能够为文化产品营销决策提供重要参考。

（一）消费者市场调研

文化产品市场变幻莫测，一些产品的兴起伴随另一些产品的衰落，激烈的竞争会为市场营销带来诸多难题，但同时也会出现不可多得的机遇。通过市场调研，了解消费者的消费倾向与购买倾向，挖掘潜在的市场需求与客户群体，从而确定文化产品的营销方向与方法。人工智能等数字技术的介入，可以捕捉到实体店的人流量、消费行为等信息，也可以实时整理线上平台销售的相关数据，通过代言宣传、广告营销等一系列方式实施文化产品的精准营销。综合产品优势与消费者需求，制定不

---

① 　https://baijiahao.baidu.com/s? id＝1734271063497650407&wfr＝spider&for＝pc.

同的市场营销策略。当然，在获取消费者数据信息的过程中，不可避免会出现数据不全或存在误差的现象，不同企业对数据的收集也存在不同的侧重点。因此，实现消费者信息的共享不仅能消除信息的差异化，也可以为市场调研的智能化提供有利条件。

通过智能识别消费者，可以对产品存在的问题进行归纳整理，并进行迅速回复，将产品的相关知识介绍给消费者，提高服务效率，满足消费者的需求。当前，文化企业运营销售已经由单一投放市场的方式蜕变成互相反馈跟踪推进的模式。产品与市场双向沟通，能够认识到投放到市场中的产品存在的不足。通过人工智能即时更新产品数据，同时收集从买方和交易场景反馈回来的消息，可以及时修正文化产品设计与规划上的不足。即便有商品定位差错的现象显现，也能够及时调整，减少损失。通过人工智能寻找文化产品的优势所在，同时匹配相对应的消费群体，可以为特定群体的消费者提供个性化服务，从而充分发挥文化产品的价值。

（二）产品市场调研

随着科技的持续发展，商品领域的角逐也日趋猛烈。通过产品调研，能够推测出产品的生命周期和竞争优势，以便及时调整营销规模与策略。例如，小红书便是一个高效的智能品牌推广平台。它提出了"四象限法"，借助商标目前的"调性"和"市场方位"，同小红书的信息剖析技术、消费者群像刻画相联结，明确目前营销状况，精准确定自我所在的方位，以为品牌清晰定位。具体而言，首先，了解现今商标名字抑或是商品名称的积淀状况，对商标名字或商品关键词查询浏览，查找得到的文章发布数量就是目前的有关搜索积淀。想要判断品牌在平台内的占位情况，就要看其是否有一定的内容占位。其次，确认商标类别词语在类似商品里面的位次现状，关键是确认该商标在不在相同类别词语的查询前十名里面。最后，研判商标关键词（商标/种类/要求）在查询里面是不是处于靠前的方位。结合以上三点，商标具有相当的商品积淀而且在种类以及商品词查询上均排名靠前，这便能够研判这个商标在小红书App里面的经营宣传有足够的获胜力。

二　文化产品智能化营销预测

营销预测是推断未来营销方式的过程，而人工智能等数字技术与文化产品营销预测的结合可以使营销方案的制定更加合理化，同时使文化企业拥有更高的效益。传统文化产品的营销预测过程较为复杂，需要考虑消费者的需求、文化产业的市场、企业间的竞争等多方面因素。在收集资料和数据时，大多根据预测者的经验和收集到的数据进行整合。据此进行营销方案的制定，可能会产生偏离，致使营销效果不佳。但是，智能化营销预测的存在则可以提升营销预测的水平和效用。企业能够通过智能化营销实现预测，掌握文化市场的发展动态，从而更加合理地组织经营活动。

智能化营销预测还能够帮助文化企业更加有针对性地进行内容宣传。目前已有的智能化营销预测案例大多集中于影视产业。"鱼脑"便是优酷技术研究团队于2017年自主研发的大数据智能预测体系。它能够综合投资方、制作方、运营部门、市场需求等要求辅助角色的选取。其通过对《长安十二时辰》的情节编排以及对用户的观影数据进行剖析，并结合演员的标签，最终确定演员雷佳音为角色张小敬的扮演者。此外，"鱼脑"还能够在精确预报以及舆情能力发挥方面提供助力。例如，"鱼脑"只需半小时就可以预测下一年的流量、明星、话题和热门事件，这些都体现出人工智能等数字技术在文化营销预测方面的能力。

三　文化产品智能化广告投放

随着社会信息化的加深，人工智能在文化领域不断创新，文化产品的智能化投放也在不断升级。人工智能不仅能够精准地捕捉目标用户，同时还能够降低企业的广告投放成本。例如，腾讯、阿里巴巴、百度三大互联网巨头利用大数据和用户优势进行了精准的广告投放，并从中获得了巨大的收益。当有影视、综艺节目、音乐等作品进行广告营销时，企业会选择在微博、网页等媒体平台进行大量的广告投放。阿里文娱智能营销平台借助用户的行为记录系统，能够精准掌握市场信息，把握消费者需求，援助企业摆脱"交流阻碍""消费者无处找寻""诉求不明晰"的困境，合理地解决了文化产品营销资源的浪费，实现了文化产品的智能营销和投放。①

又比如，超级跨屏广告可以利用 PC 端和移动端的优势投放广告，让品牌方与用户的沟通更加有效。2014 年的 STORM 电子音乐节，百威将"玩字造乐"活动作为电子音乐节的突破口，选择"超级跨屏"的广告形式联手优酷，开展了一次造势活动。用户在参与"玩字造乐"活动时，在 PC 端填写歌词，通过扫描二维码，实时地传输到移动端。移动端作为互动平台让用户收听自己的作品，并结合移动端的转发功能，号召更多的朋友参与。此外，2020 年的国庆档，阿里影视利用旗下的数字化宣发平台"灯塔"展现了有效、精准的宣传能力，为激活提振影视互联网市场提供了重要助力。比如，"灯塔"在服务电影《我在时间尽头等你》的过程中，连续多次开展内部放映会，并依此重新调整了该片的部分情节，实现了提早认准核心人群、音乐推广和档期确定等关键策略的部署。②

四　文化产品智能化信息推荐

数字技术在文化产品中的应用越来越广泛，已成为文化产品创作、传播、营销过程中的重要支柱。各个平台可以通过不同的营销方式向用户提供信息，并从中赚取利润，平台也可以通过不断调整营销方案来刺激用户的消费。用户的需求越来越复杂，平台工作量也将越来越大。因此，数字技术在文化产品推荐过程中的发展空间也将越来越大。

（一）智能化推荐信息

目前，不少平台已实现信息的智能分析、归类和推送。今日头条便是一个以信息开发为基础的推荐推送网站。通过大数据分析、挖掘，大规模的、差异化的内容都可以由今日头条推送给消费者。今日头条的产品模式和搜索引擎类似，都是获取全网的信息内容，进行分类排重。如一篇新闻在多数平台都有的情况下，系统会自动地分析这些内容，分配到一个组中，使用户看到其中最有代表性的一篇。系统会通过技术手段将用户浏览的信息内容进行特征提取，使用户拥有自己的阅读特征，并

①　https://baijiahao.baidu.com/s? id=1620725556468975191&wfr=spider&for=pc.

②　https://news.hexun.com/2020-01-02/199858990.html.

推荐最合适的内容。其核心特点是使用算法对资讯进行个性化细分。今日头条通过个性化推送体系，建立了自身独特的技术逻辑，已经在中国国内资讯客户端市场中崭露头角。

此外，2021年2月，"正观新闻"客户端2.2.1版上线。其智慧信息推送功能可按照使用者阅读文章的偏好，推送其感兴趣的信息。此项技术在内容规划与设计过程中能够使用不同的信息推送策略与形式，给读者以更为丰富的阅读感受，进而为内容导流。[①] 与此同时，浙江广电集团在中国蓝新闻客户端率先引入了"新蓝算法"。"新蓝算法"以量子启发推荐的混合算法推荐模型为基础，从消费者思维入手，颠覆了传统广播音乐的固定场景、单向性的被动内容收听模型，将其迭代为音乐产品的全过程消费体验，并重建了全新的人、声、场关联。"新蓝算法"会通过不同时段智能识别消费者所处情境以及兴趣点的梯度变动，了解用户需要，并对接适配的音乐内容服务，从而调节市场推广权重。例如，早晨听众常常更喜欢播放清晨新闻。那么，"新蓝算法"便建立了实时可视化网络平台，由主持人担任导播。这样，客户不但可以看到新闻报道，也可以即时查看、播放新闻的有关影片部分。在傍晚，"新蓝算法"还会推送交通安全栏目，提供路况资讯。在星期六，"新蓝算法"则偏向于推送较多娱乐文化类栏目。由此可见，智能化信息推荐使得消费者在各种场合下都实现了乐享放松与身心满足（吴生华、胡孛崙，2021）。

（二）深度挖掘潜在信息

随着社会的飞速发展，文化产品的传播手段和途径也越来越多样化，人们对内容的需求逐渐呈现多样化、多元化。因此，文化产品的内容不能浮于表面，要了解和掌握受众群体的心理需求和实际需要，把握时代的脉搏，优化信息挖掘的过程，使文化产品脱颖而出，获得人们更多的喜爱和支持。例如，搜狐新闻便通过两种方式挖掘优质内容：第一种是通过用户的历史行为精准挖掘潜在信息，利用优质信息源寻找优质信息，根据产品美誉度、话题上榜频次、订阅量等对优质用户进行评分考核；第二种是根据优质粉丝的阅读习惯来发掘优秀文章，用户的点击、分享、收藏、评论都会影响文章的传播量和传播范围。通过新一代人工智能技

[①]　https://mp.weixin.qq.com/.

术可以有效地为有价值、有意义的信息寻找到推送对象，将优质的信息激发出更多经济效益。而 Google 的搜索引擎技术不但能保存用户查询结果中出现的大量网络连接，而且能记录用户查找内容的过程，还可以有效地记录用户进行搜寻活动的时机、信息和途径。这些数据可以帮助 Google 调整广告排序，从而把搜索流量转换为盈利。Google 不但可以跟踪人们的搜寻活动，也可以预测出搜寻用户下一步准备做什么。任何活动都可能在网络中产生痕迹路径，因此 Google 就占领了一个极好的位置，以捕获并识别这些路径。[1]

（三）引导用户获取信息

新闻聊天机器人颠覆了传统的新闻报道形式，建立了丰富的新闻报道场景，并融合了各种资讯传递技术，使用了大量的超链接文本，把新闻阅读的选择权留给了使用者。通过新闻摘要，使用者能够根据感兴趣的新闻内容加以扩展，从而实现更高效的查阅。而新闻聊天机器人则通过语音、影像、图片等多种途径的沟通互动方式，使用户能够利用多种方式感受并接触消息，拥有多种参与式的阅览体验。例如，2017 年 5 月，新媒体门户网站封面新闻展示了其自主研发的"小封"新闻机器人系统。"小封"在封面新闻网站中有两个写作账号，分别是"封面号"和"小封观天下"。2018 年俄罗斯世界杯时期，"小封"大显身手，共产出了 6000 多篇新闻报道。除此之外，Quartz 资讯人工智能公司于 2018 年为 Facebook Messenger 定制了一个全新的视频聊天机器人。这个畅聊人工智能机器人不仅可以推送播报讯息，还可以传递给客户有关类别的新闻，并且给用户推送诸如新菜系做法等类别的讯息。在我国，北京龙泉寺内部人员与志愿者队伍以及 AI 专业学者协同开发的 AI 智慧机器人——"贤二"，可以通过听从指挥命令给到与之相匹配的回应，比如朗诵文书、讲解寺院历史、放映寺院乐曲、用佛法与观众交谈沟通等。通过与人们对话，将佛学中的哲理以独特的形式表述出来，体现了佛教与人工智能的深度融合，让佛法文化被更多人了解，也带动了龙泉寺周边市场的开发。同时，AI 机器人在北京冬奥会上的表现也十分亮眼。"小净"是由新华社与腾讯互娱旗下 NExT Studios 工作室合作，共同打造的数字

---

[1]　http://www.cnrmg.cn/xwzx1/hyzx/20220729/t20220729_525937908.html.

记者，它对新闻事件具有极高的敏锐度。

综上，人工智能等数字技术的研发已经渗透到文化产品设计、生产、营销等产业链和价值链的诸多方面。其发展不仅改变了人们的文化生活方式，为文化领域注入了创新力量，更为其传播提供了更多渠道与可能。

第四章　文化产业数字化赋能的演化博弈

文化和旅游部印发的《"十四五"文化产业发展规划》明确指出，通过大力发展区块链、云计算、物联网、人工智能等数字技术，推动文化创作、文化生产、文化传播和文化服务数字化转型。但是，文化产业怎样接受数字化赋能？需要满足怎样的条件，文化产业才能获得数字化赋能的好处？为回答上述问题，本章将通过演化博弈模型探析文化产业为什么会最终接纳数字化赋能策略。本章还将通过对最优动态均衡的求解，阐释文化产业数字化赋能策略背后的深层逻辑。

目前，有关文化产业数字化赋能研究的文献主要集中在以下两个领域。第一个领域是文化产业数字化发展的新业态洞察。Weeds（2012）认为，技术变革重新定义了创意媒体产业，数字技术拓宽了传统文化创意内容销售渠道，技术创新创造出了更为丰富的文化产品和服务。余菲菲等（2013）在理论方面论证了文化产业关于可持续发展方面的动力机制，在实证方面验证了"文化-技术"融合和技术创新对文化产业可持续发展以及区域协调两方面的贡献程度，强调了积极构建文化科技创新体系的重要性。谈国新和郝挺雷（2015）则认为，原创性的数字内容技术的创新提升有助于推动文化产业结构向高附加值方向转型，提升文化产品更新迭代速度，缩减产品和技术的生命周期，建立文化产业的新理念、新价值、新商业模式以及新产业组织形式。企业可以通过数据处理、语音与图像识别、智能算法以及机器学习等数字技术促进文化产业价值的数字化（刘雪梅、杨晨熙，2017），带动数字出版、动漫游戏、移动传媒等文化产业新业态智能转型，并使文化产业展示出组织柔性化、内容定制化、生产模块化和集聚数字化的全新发展特性（周锦，2018）。可见，数字技术正在逐渐成为文化产业成长与文化创意诞生的动力源和重要载体。一方面，规模化使用者获取、商业模式自动识别、创意内容自动生成等技术为研究文化消费需求提供了关键的工具与手段；另一方面，数字技术的信息互联、智能感知、数据挖掘、个性定制、广泛推广、创意生成与分享等特性，将极大地满足文化生产交互性需求，促进文化推广和消费领域融合。

文化产业数字化赋能研究的第二个领域是文化产业数字化赋能的风险防控。20 世纪，有部分学者开始对技术进步以及科技创新是否会促进文化产业发展抱有质疑态度。这部分学者认为，"鲍莫尔成本病"而非技术创新引致了文化产业生产率提升。而另一些学者则发现，数字化赋能效果主要取决于数字技术与文化产业的耦合协调程度。如果本国文化产业上下游配套不足、缺乏有效的供应链系统（徐勇，2018）、数字创意技术创新基础不够、创新设计单薄、数字内容国际竞争力不强、缺少龙头企业和品牌支撑、相关配套政策落实不到位，也将使数字化赋能效果大打折扣（孙守迁等，2019）。与此同时，数字技术的成熟度与伦理规范、研发成本、信息茧房、侵权行为和网络版权监管等问题也在不断涌现（解学芳，2019），加之文化科技人才缺失与文化科技管理制度创新水平滞后，都在催促文化产业政、产、学、研一体化网络体系完善，从而更好地促进文化产业数字化赋能价值的最终实现（Chung，2008）。

综上，虽然国内外已对文化产业数字化赋能问题进行了广泛研究，但更多是集中于文化产业数字化赋能的外在表象分析，缺乏对数字化赋能内在动因与决定因素的深入探讨。而演化博弈方法恰恰是一种将传统博弈论分析方法与动态演化研究相结合，并在非完全理性条件下细致刻画文化产业数字化赋能动力机制的有力工具。同时，鉴于文化企业是文化产业的基本构成元素，文化企业的群体行为决定了文化产业的最终选择。故本章首先进行文化产业数字化赋能内外部条件的分析；其次运用雅可比矩阵稳定分析法，绘制文化企业数字化赋能的演化博弈均衡点和演化博弈相位图，并运用数值仿真模拟法分析文化产业数字化赋能的影响因素，进而为文化产业数字化赋能研究提供理论基础与实践指导。

第一节　文化产业数字化赋能的内部条件

一　技术机会

胡隆基和马庆国（2008）指出，在新技术轨道形成初期，外来技术进入壁垒较低。此时如果出现新技术，则该技术就会较容易进入产业技术体系。由于创新的不稳定性，外来先进技术与产业内固有技术的融合常常会带来突破式技术发展，表现为技术轨道呈现跃迁式发展。技术创新主体在选择创新对象时需要考虑很多因素，其中较为重要的就是进入时间和当时的技术水平。对于进入时间的选择只能是正向选择，即只能在当时到未来的某一时间点进行选择；而对于某一既定时刻，进入时技术水平的选择只能是逆向选择，即只能在当时技术水平及以下进行选择，这里可以借助产业技术轨道生命周期的 S 曲线进行分析。

通常，一个完整的产业技术轨道发展通常要经历四个阶段，这里用生命周期曲线来刻画产业的发展阶段。在产业技术轨道处在成长期和成熟期阶段时，一般不会出现革命性的技术创新，因为此时技术范式所提供的动能足以保证产业生存发展的需要，所以创造性的"机会窗口"通常会出现在产业技术轨道的萌芽期或衰退期。在这两个阶段下，技术发展迟缓，技术范式尚未形成或达到瓶颈。市场需求和社会环境的压迫及产业自身发展的要求，容易给新技术的产生和先进技术的引入创造条件。并且在新技术范式萌芽或停滞阶段，产业技术主轨道的强度越低，对其他平行轨道的排斥作用越小。这里可以用 S 曲线斜率 k 的倒数来表示，设其为 $g = 1/k$。结合以上分析我们可以得出，技术轨道跃迁通常会产生于斜率绝对值较小的区间。在产业技术轨道发展的萌芽期，技术创新者可以选择在此时进入，可以通过创造性地改变原有技术范式或引入先进技术范式来达到收益最大化的目的；同样，在产业技术轨道发展的衰退期，技术发展迟缓，技术创新者也可选择在此时进入，进行大力创新，达到将创新收益最大化、建立新技术范式和技术轨道的目的。

在我国现实文化产业发展过程中，先发技术创新者在引领产业技术轨道跃迁、促进文化与科技融合以及发展新型文化业态等方面起到了重要的领导作用。但还应当看到，仍有众多小企业由于技术水平、资金支撑远不如大企业，面临退出壁垒高而无法很好地抓住红利效应来进行进一步发展的现象。另外，我国文化产业与数字技术融合发展中还存在较多问题，诸如文化传播方式创新不足、文化产业未来发展方向不明确等。因此，文化产业创新者应抓住科技发展进步的有利机遇，对数字文化产业新业态发展形成清晰展望，促进数字技术与文化产业进一步融合，使文化产业成为我国国民经济支柱性产业的重要一员。

二　技术积累

与电子运动类似，电子只有在原子核与其他粒子的约束下，才会沿着轨道进行圆周运动（Nelson，1982）。技术在演化过程中，沿着技术轨道进行累积。文化产业技术体系发展也是在技术积累的背景下逐步实现的。因此，技术积累程度决定了文化产业技术轨道的演化与发展。这些技术要素的积累为产业系统演变提供了技术基础。在技术发展的萌芽期，技术需要一段时间的累积效应才能为产业技术轨道跃迁提供力量。当技术积累高于轨道跃迁预期，产业系统内外部条件适宜，技术范式与技术积累方向相同，就会形成新的产业技术轨道，实现从低能级到高能级的跃迁。正如本书所言，技术轨道通常表现为顺轨式和越轨式两种跃升形式，无论是哪种跃升形式，都离不开技术的积累。顺轨式的技术发展表现为技术沿技术轨道的连续性发展，文化企业在原技术轨道基础上，进行研发路径的创新、设计模式的改变、工艺流程的改进等，并且技术积累是由开始的无序性、非组织性的随意积累上升到有组织性的有序积累的有机过程，这和古典经济学中"干中学"的理论有些类似。文化企业在技术积累的过程中沉淀了大量经验与技术标准，这一方面给企业快速发展提供了有力保障，另一方面随着技术的发展并非所有积累的技术标准与经验都能一直有效，这时就需要确定技术积累的最佳途径，也就是能够随着技术发展不断调整或从始至终都有效的方法。还有一种是越轨式技术发展，它通常出现在产业内原有技术无法助力技术轨道完成向更高能级转化时，产业就会在外部搜寻新的技术与知识以改进产品性能。当外部先进技术进入已经陷入停滞的产业内部，往往会出现新技术红利以带动产业重启。因此，我们说技术积累决定了产业技术轨道的技术范式。技术范式又在技术演进时发挥了关键作用，所以只要产业内外部环境适宜，良好的技术积累就会快速形成新的技术轨道。综上，技术积累是文化产业技术轨道跃迁的基础动力，也是文化产业数字化赋能的重要前提。

长期以来，我国文化产业都面临着发展时间短、技术积累少等突出劣势。旧技术没有完成良好的改型换代，新技术也尚未进行深度融合。因此，要使我国文化产业成为国民经济的重要组成部分，加强文化产业技术积累刻不容缓。

三　创新绩效

作为原子核的技术范式外存在多条技术轨道。这些技术轨道由于具有相同的属性而彼此排斥。在排斥力的作用下，它们分属于不同的轨道，且具有不同能量。只有保证知识专有才能促进技术轨道独立。在文化产业系统中，数字技术的先进性远远高于文化产业的其他技术，其进入壁垒高，知识专有性强，可以为企业带来更高的经济价值。具有该专利技术的企业有可能成为该行业的垄断者，从而占有超额利润，进而诱发文化产业技术轨道跃迁。因此，只有在保证技术专有的条件下，技术先发企业才会进行持续的技术创新，实现产业技术轨道的持续性发展。但是，技术创新能在多大程度上对技术轨道的向前发展起到推动作用，则要看技术创新的收益。我们可以将技术创新能在多大程度上作用于技术轨道的发展称作创新绩效。如果创新绩效大于创新投入，则经济行为主体获利，可以使产业占据主导地位、扩大盈利空间以进行下一步的创新活动。因此，创新绩效也在较大程度上决定了经济行为主体的行为选择，成为产业技术轨道发展的根本动力。

现阶段，我国文化产业在创新绩效方面存在许多不足。首先，新兴数字技术装备给予的创新支撑不够，企业无法扩大产业创新收益；其次，我国当前文化内容创新的整体质量不高，应当看到已经有较多先进的文化科技企业走上了高质量内容制作的道路，但余下的很多企业仍停留在粗糙内容的制造阶段，整体产业创新收益无法得到保证；最后，创新设计的总体水平不高，难以切实支撑起文化产业快速发展的需要。在文化产业的众多领域，需要融合各领域的知识与技术，对 AI、大数据、云计算、数字感知交互、VR 等前沿技术进行系统集成、创新应用，以实现高层次的人机协同。而国内在相关方面尚处于起步阶段，与先进水平、现实需求也有较大差距，这些都制约了文化产业的数字化发展，自然创新效益也就无法进一步提高。

第二节　文化产业数字化赋能的外部条件

一　文化消费需求

能否满足不断变化的市场需求是检验文化产业数字化赋能成功与否

的基本条件。在大数据背景下，文化市场需求从单一的纸质形式转变为线上线下多方面多层次的需求。只有数字技术带来的产业的变化符合文化市场需求，文化产业技术轨道表现出与市场需求自洽的发展路径，文化产业技术轨道才能实现能级跃迁。相反，如果新的技术轨道无法满足快速变化的市场需求，文化产业技术轨道将很难进入发展期。

因此，消费者需求对技术的发展具有重要影响，它是创新主体进行创新活动的风向标。企业需要通过将生产出来的产品卖给消费者来达到资金周转与赢利的目的，并且企业可以从产品的销售情况中得到反馈，从而更好地指导下一轮生产。现代信息技术的广泛应用，使得人们获知竞品信息的成本降低，人们可以找到任何符合自己需要的产品。因此，满足不断变化的市场需求也就成为技术发展活动的目标。再从技术轨道角度看待这个问题，现行技术轨道总是运行在符合与不符合市场需求的轨道之间。也就是说，当现有产品能够满足消费者需求时，企业从消费者那里获得的反馈就是正向的；反之，当市场对当下产品不够满意时，企业就需要调整自身产品调性以满足消费者需求，这就是管理学中常说的"客户导向"。例如，我国的通信产业历经短短十几年就完成了 3G 到 5G 的升级，这与消费者要求越来越快的传输速度不无关系。综上，市场需求通过反馈机制对技术轨道前进路径提出要求、指明方向，对产业技术轨道的跃迁及数字化赋能的实现起到重要作用，故市场需求是技术轨道跃迁的重要外部条件。

迪士尼、漫威、DC 文化等之所以能够在世界各地如此风靡，与美国抓住了技术发展的风口有很大关系。当前，人工智能（AI）、云计算、物联网、第五代移动通信（5G）、虚拟现实（VR）、区块链、元宇宙等数字技术飞速发展，不断推动文化产业变革和壮大，也使得产业发展达到了新的高度。可以说，我国文化产业也迎来了属于自己的"风口"。抓住机会，进行产业结构与增长方式的转变，对我国文化产业快速发展与文化软实力的增强具有十分重要的意义。

二　文化资源禀赋

资源禀赋本意是指一国所拥有的各种生产要素，引申到产业资源禀赋是指大自然赋予、历史传承、人文资源以及技术提供的机会对产业技术轨道跃迁的实现所产生的重大影响。产业的发展方式是多种多样的，有的是依靠纯自然资源，比如农林牧渔业；有的是依靠特殊的地理位置，比如依托港口城市、铁路枢纽的运输业；有的是由于历史传承，比如陶瓷、丝绸等手工业；有的是由于人文资源的溢出效应，比如毗邻著名高校、研究机构等，如美国硅谷、中关村的 IT 业；有的是由于政策吸引，比如税收优惠，像霍尔果斯影视业。某一特定产业的资源禀赋不是由产业自身决定的，而是以产业出现的时间点、起源的地点、从事产业的人及产业所面临的政策等作为主体发展形成的。产业自身禀赋决定了产业适合发展的领域，也就决定了新技术轨道的方向与内涵。

文化产业所具有的资源类型、数量以及资源在发展中如何进行配置与利用，都将对文化产业技术轨道跃迁产生重大影响。新技术轨道的产生依赖文化产业所具备的资源禀赋情况。持续不断的资源投入与高效的资源利用是文化产业实现技术轨道跃迁的重要保障。文化产业的核心要素是创意，但创意源于知识积累。因此，知识资源禀赋可以为文化产业的发展与技术轨道的形成提供"土壤"。在"数智+"时代，文化产业知识禀赋的积累呈级数倍增长，从而为技术轨道跃迁提供重要支撑和保障。同时，我国地域辽阔、历史悠久，各地文化资源风格差异较大，这些因素也深刻地影响着我国文化产品与服务的形成、文化消费偏好以及文化产业布局。例如，我国北京、南京、西安等这些具有丰富历史文化资源的地区可以有意识地将资源产业化，而文化资源相对匮乏的地区则可以在原有基础上加入数字创新元素，因地制宜实现文化产业技术轨道的成功跃升。

三　文化政策支持

产业政策是由政府制定，为实现一定经济与社会目标，引导国家产业发展与产业结构升级而形成的对产业发展进行干预的政策总和。政府所给予的政策支持是产业稳健发展必不可少的条件。如果对产业政策进行细分，可以分为产业发展政策、产业组织政策与产业结构政策。顾名思义，产业发展政策对特定产业主体提出的发展要求都是以一定时期的产业发展目标为出发点的；产业组织政策是指通过政策制定来保持产业内部企业间的适度竞争，进而提高产业内部资源利用效率的政策类型；产业结构政策则是国家通过制定并实施产业内部各部门之间与不同产业间的比例关系，从而对产业结构进行合理调整的政策总称。产业政策对于产业发展的各个方面都能起到调整促进作用。因此，产业为获得更大的发展空间以及更多的资源投入，就会自发地顺应产业政策所要求的方向，这样也更容易激发产业内部的创新活动，从而更好地为产业技术轨道跃迁积蓄能量。由此可见，政府政策为产业实现技术轨道跃迁提供了良好的外部环境。政府加大扶持力度可以有效促进文化产业发展。政策扶持主要表现为法律法规政策的制定、财政扶持政策措施的实施。其中，法律法规有助于文化产业市场的规范化，财政扶持政策有助于降低企业的生产成本。综上，政府政策降低了文化企业的交易成本与时间成本，使之可以将更多的时间与资金投入技术研发和创新领域。

现阶段，我国已经出台了多样的文化产业相关政策，涉及文化产业融合、文化消费等多个方面。在文化产业转型升级的关键时期，面对人们对文化产品日益丰富的需求，文化产品供给端承受了很大压力。长久以来，我国文化产业都处在缓慢发展的过程中，产出的文化产品不足以满足人们的现实需求，形成了落后产能过剩与先进产能不足的窘境。此外，我国文化产业对于崛起的数字技术的融合仍不够完善。数字技术在降低文化生产传播门槛的同时，也暴露出数字文化人才不足，文化产业规模化、集约化水平不高等缺陷。为此，国家亟须在数字技术与文化产业融合等方面，从技术发展规划、技术结构政策、技术引进及人力资源开发等层面制定战略性指导文件，从而不断提升我国文化产业的自主创新能力。

第三节　文化产业数字化赋能的演化博弈分析

一　演化博弈理论

随着博弈论的发展，其逐渐成为研究主流经济学的核心方法。最初，博弈论以"完全理性"作为前提假设，由于人并不是完全理性的而是以"社会人"形式存在，故传统博弈论的研究成果受到现实情况的制约，发展缓慢。而在"有限理性"的前提假设下，演化博弈论一经提出就被广泛应用于各种社会现象的科学分析、预测以及对现实的解释中，这在很大程度上促进了演化博弈理论的完善和发展。演化博弈理论的思想来自传统的生物进化理论。当面临复杂的社会选择情景时，人类往往依靠自身的直觉或以往积累的社会经验进行决策。人类这种进行抉择的方式与动物的行为模式类似，动物会根据以往的策略选择经验以及学习行为进行选择。事实上，在进行个体决策与群体策略选择时，人类通常会犯愚蠢的或目光短浅的错误。因此，基于达尔文生物进化理论的演进观点是对现实世界运行规律的重要解释方式。纳什最早将演进思想引入博弈论，并对纳什均衡里的"群体行为"进行解释。此后，"演化稳定策略"和"模仿者动态"等概念相继提出，不仅丰富了演化博弈理论，也促进了演化博弈理论的应用与发展。

具体而言，演化博弈理论的基本假设前提为"有限理性"。关于有限理性主要包含三层含义。首先，进行博弈的双方未必能够找到纳什均衡点。因此，纳什均衡对参与的双方并不重要，双方会因为"有限理性"的前提而可能接受任何博弈策略。其次，博弈双方会在不断的博弈中总结经验，进行学习与试错，逐渐接近纳什均衡。所以，博弈双方一开始并没有能力找到纳什均衡点。最后，由于参与博弈的主体很难实现完全理性博弈，因此，博弈双方并不能实现最优策略的选择。因此，有限理性博弈并不是一次选择的结果，而是要通过不断的修正与调整。即便某次博弈结果达到了纳什均衡，其也会随着博弈的进行而逐渐偏离。在"有限理性"的基本前提假设下，博弈参与主体的目光是短浅的，双方仅对彼此初次相遇所选择的决策策略进行研究，双方会根据初次博弈时的选择策略进行行为准则评价，该评价的主要依据是博弈参与中的起始状态与相应的支付分布情况，当然也取决于目标的不确定性，即博弈双方的进入点、取样点以及支付点；参与博弈的双方更关注不断修改行为规则而获得更高的收益。故参与博弈的个体会对比前后两个行为规则，在充分了解博弈参与者的进入点以及支付情况的背景下，博弈参与者会选择比初始状态具有更高收益的支付规则。故基于完全理性，存在两个推测——当前行为的未来结果以及未来结果的主要表现。但在现实生活中，这两种推测是难以预知的。有限理性可以对第一个推测进行修正，但现实生活中有关第二个推测的修正，却很少被考虑。博弈参与双方进行抉择规则制定时，双方既是博弈中的信息处理者也是决策问题的参与者，但由于博弈参与者自身记忆能力、计算能力以及信息处理与利用能力有限，在决策时间的限制下，参与者进行决策都是依据有限理性进行选择。因此，博弈参与者只能制定满意的而不是最优的决策。

二　文化产业数字化赋能演化博弈的影响因素

当前，文化产业数字化赋能的实践已屡见不鲜。在文化产品内容表达方面，从会写作的微软"小冰"到 Meta 研发的"DeepFace"，从意大利会弹钢琴的机器人"TeoTronico"到打败围棋天才柯洁并不断进步的"AlphaGo"，从百度智能机器人"小度"到阿里巴巴的 ET 大脑与"鲁班"，数字技术的发展正不断丰富文化产品内容，变革文化创作与审美行为，甚至重塑文化产业价值链。在文化产品营销方面，今日头条、网易新闻、搜狐、新浪等媒体通过将关联算法与新闻相融合，基于用户行为进行画像，实现内容的精准推荐与短视频内容传播途径的精准监控。电影《魔兽》更是借助"百度大脑"的推广方案，成功在华提升了 200%的票房。在管理方式方面，敦煌研究院以及故宫博物院通过将机器学习算法中的深度神经网络与区块链技术进行融合试验，实现馆内收藏品的智能化管理、艺术品展示与文化遗产保护。数字技术强大的存储能力和运算能力正在极大地提升文化机构的信息管理效率及文化资源的传承利用率。但是，文化产业的数字化赋能过程并非一蹴而就，传统文化产业面对新兴数字技术的介入，仍需要从文化产业的利润水平、数字技术与制度转换成本、数字技术与文化产业协同度等多个方面加以权衡。

首先，在文化产业的利润水平方面。截至 2018 年 12 月，我国网民保有数量已达 8.29 亿人，网络的普及率超过 59%，相较于 2017 年同期提升了 3.8%。[①] 这意味着我国数字文化产业的市场在不断拓宽，消费者对于数字文化产品的潜在需求也在不断扩大。以我国的短视频行业为例，以抖音、快手等为代表的短视频 App 正在不断地影响并改善着我们的日常生活。据统计，我国抖音、快手等短视频 App 用户规模达 6.48 亿人，占我国总网民数量的 78.2%[②]，数字文化产品的用户黏性正在日益增强。但是，鉴于文化产品的数字化观感与体验仍有待市场逐步接纳与检验，

---

① 　https://www.cqcb.com/headline/2019-02-28/1466386_pc.html.

② 　https://www.51cto.com/article/592642.html.

这便使得文化产品生产者对于数字化赋能后的利润水平心存疑虑。《2019中国网络视频精品报告》指出，虽然我国网络视频用户众多，但真实的付费用户规模还不足四成，即消费者依然对免费式的文娱体验存在路径依赖。与此同时，文化产业的数字化赋能涉及越发严重的网络版权侵权现象。盗版猖獗以及相关政策法规存在监管真空与纰漏，这些都严重影响了文化产业的数字化赋能实践（黄蕊等，2021b）。由此可见，虽然目前我国文化产业数字化赋能存在巨大的潜在市场，但是否能够通过数字化赋能获得确实的盈利，仍然需要考量。

其次，在数字技术与制度转换成本方面。我国数字技术发展尚处于初级阶段，高昂的技术研发费用及与之配套的人才和设备支持均是不容小觑的转型要素。对于中小文化企业而言，转型能力不够、"不会转"、"不敢转"等问题是困扰其选择数字化策略的重要影响因素。纵然，当前腾讯公司通过"数字方舟"计划，以设立专项资金、提供技术支持、建设数字平台等方式，为部分中小文化企业提供了数字升级服务、在线教育与人才培训；即便教育部针对此类问题提出了《教育信息化2.0行动计划》，在数字经济背景下努力构建出完善的人才培养新模式、打造出以互联网技术为基础的新型教育服务模式，以期探索出数字经济时代背景下新的教育治理模式与运营模式，进而对文化产业数字化赋能提供政策引导。但巨大的数字文化人才缺口、相关支持政策时滞较长、大型数字文化企业开展的对口援助规模有限等因素，都使得我国文化产业数字化赋能的成功率不容乐观。虽然为了获得数字化赋能后的行业颠覆性、创新性以及可获得的市场份额和增长潜力，中国文化企业已经普遍拥有建立数字化赋能战略的理念，但是2018年仅有7%的企业初步获得了数字化赋能成功，而截至2019年，此数据仅仅上升到9%（黄蕊等，2021b）。

最后，在数字技术与文化产业协同度方面。相较于普通企业，拥有信息化平台的文化规模企业具有更快的生产速度与更高的企业运营效率，但数字技术的介入仍需要文化产业具有极高的平台协同度。所以数字化赋能后是否能够在文化产业内部形成良好的规模经济与范围经济，也是文化产业从业者的担忧所在。以阿里巴巴为例，其通过研发智能营销平台分析工具——牵星，通过使用专业的营销分析产品，可以帮助广告商了解当下用户的旅行消费偏好，针对用户偏好实现精准营销，从而将开发新用户的营销成本降低两成，营销效果提高近三倍；其与钉钉合作建立的客户关系管理（CRM）平台亦可以通过赋能客户管理运营，构建系统、高效的营销漏斗，以助力中小企业提高获客效率。但阿里大文娱企图将内容生产、IP衍生以及宣发平台进行整合，获得一个良性的平台循环系统的预期，在短期内的实施效果却不尽如人意。自2016年阿里大文娱建立至今，其常年处于亏损状态，这也让更多实力薄弱的企业在数字技术与文化产业的协同度方面心生畏忌。

通过上述分析本书发现，文化产业是否采取数字化赋能策略本质上是一个动态博弈过程，即由数字化赋能所引致的文化产业利润问题、转换成本问题和技术与产业协同度问题是把"双刃剑"。正是上述影响因素的不确定性，增加了文化产业选择数字化赋能策略的难度和复杂性。数字化赋能意味着文化产业首先需要通过巨大的成本实现文化产品的设计、生产、管理以及服务的全生命周期的文化生产过程的数字化升级；其次，文化产业可以借助数字技术便捷地获取到消费者偏好数据、设备物联情况数据、生产经营销售数据和其他相关产业的外部数据，进而降低制造工艺、部门管理、市场选择以及人工选择的成本；最后，依托智能分析平台，文化产业可以充分利用协同资源，提升运营效率，满足客户需求，确保产品质量，实现用户的私人定制，扩大产品营销范围，从而最终促进文化产业数字化进程。因此，文化产业数字化赋能的动态演化博弈过程可以概括为：如果文化产业最初采用数字化赋能策略，在第一轮博弈结束后，高昂的转换成本和偏低的技术与产业协同度将引致文化产业赋能后的总体收益小于数字化赋能前的收益，那么在新一轮博弈中，文化产业将选择不采用数字化赋能策略。反之，如果文化产业最初采取数字化赋能策略，在第一轮博弈结束后，偏低的转换成本和较高的技术与产业协同度将引致文化产业的全部收益高于数字化赋能前的收益，那么在新一轮博弈中，文化产业会选择坚持数字化赋能策略。

第四节　文化产业数字化赋能的演化博弈模型构建与解析

为了更好地阐释文化产业数字化赋能的演化博弈过程，本节将通过演化博弈模型的构建，对文化产业数字化赋能过程进行梳理分析。鉴于文化产业是由众多文化企业构成的，故文化企业的群体行为决定了文化产业最终的数字化走向。因此，本节将从微观文化企业入手对文化产业数字化赋能问题加以研究，即在博弈过程中，如果文化企业在第一次博弈过程中发现采取数字化赋能策略的企业利润高于未采取数字化赋能策略的企业，那么该文化企业将会在新一轮博弈中采取数字化赋能策略。相反，如果采取数字化赋能策略的文化企业利润低于未采取数字化赋能策略的文化企业，那么该企业在新一轮博弈中会选择不继续进行数字化赋能。在动态变化的环境中，文化企业的选择不断变化，最终达到纳什均衡状态。基于此，本节提出了如下假设。

一　基本假设

假设 1：将传统文化产业看作一个完整的系统，在"自然"的情景下，将系统中的企业划分为群体 1 和群体 2，参与的双方都是"有限理性"，即双方进行决策的出发点都是自身利益，即选择最有利于企业发展的战略。分别从群体 1 和群体 2 中随机选择一个企业进行配对演化博弈，将参与文化产业数字化赋能的双方分别标记为企业 A、企业 B，参与博弈的双方有两种博弈策略可以选择，即采取数字化赋能策略和不采取数字化赋能策略。两者的策略集合为｛采取数字化赋能策略，不采取数字化赋能策略｝。

假设 2：在进行博弈时，企业 A 采取数字化赋能策略的概率为 x，相应地，企业 A 不采取数字化赋能策略的概率为 $1-x$；企业 B 采取数字化赋能策略的概率为 y，相应地，企业 B 不采取数字化赋能策略的概率则为 $1-y$。其中 x 和 y 处于（0，1）区间。

假设 3：若在博弈中，企业 A 与企业 B 均选择"不采取数字化赋能策略"，系统则按照以往的运行模式继续运作，即企业 A 获得的收益依然为 R_a，企业 B 获得的收益仍旧为 R_b。

假设 4：随着大数据、云计算以及机器学习等数字技术的发展与广泛应用，文化企业的用户（购买商）在同等条件下会更倾向于选择数字化产品。因此，若用户具有选择数字化产品的偏好，当一个企业选择采取数字化赋能策略，而另一个企业选择不采取数字化赋能策略，则企业的利润变化为 L_i（$i=a$，b），即采取数字化赋能策略的企业利润增长 L_i，未采取数字化赋能策略的企业利润相应减少 L_i。

假设 5：参与博弈的双方企业 A 和企业 B 仅有一个企业选择"采取数字化赋能策略"，而另外一个企业选择不采取，则选择采取的企业所需投入的成本为 C_i（$i=a, b$）。同时，由于企业选择了数字化赋能策略，实现了文化产品质量以及生产效率的提升，其为企业带来的直接收益系数为 α。

假设 6：若企业 A 和企业 B 均采取数字化赋能策略，则两个企业间会形成协同效应，能够减少一定的成本，此时成本为 C'_i（$C'_i < C_i$）。同时，由协同效应（如平台的共同建设）所带来的收益系数为 β。

二　演化博弈模型的构建

基于上述假设条件，以数字化赋能为分析的起点，对文化企业 A、文化企业 B 的收益进行测算，构建出文化企业数字化赋能的演化博弈收益支付矩阵，如表 4-1 所示。

表 4-1　演化博弈收益支付矩阵

		文化企业 B	
		采取数字化赋能策略（y）	不采取数字化赋能策略（$1-y$）
文化企业 A	采取数字化赋能策略（x）	$R_a + \alpha R_a + \beta R_a - C'_a$ $R_b + \alpha R_b + \beta R_b - C'_b$	$R_a + \alpha R_a + L_a - C_a$ $R_b - L_b$
	不采取数字化赋能策略（$1-x$）	$R_a - L_a$ $R_b + \alpha R_b + L_b - C_b$	R_a R_b

三　演化博弈模型的稳定性分析

根据演化博弈理论和所求出的文化产业收益支付矩阵，可以得到以下结果。

文化企业 A 在进行博弈时采取数字化赋能策略的收益为：

$$E_{a1} = y(R_a + \alpha R_a + \beta R_a - C'_a) + (1-y)(R_a + \alpha R_a + L_a - C_a) \tag{4-1}$$

文化企业 A 在进行博弈时不采取数字化赋能策略的收益为：

$$E_{a2} = y(R_a - L_a) + (1-y)R_a \tag{4-2}$$

则文化企业 A 的平均收益为：

$$\bar{E}_a = xE_{a1} + (1-x)E_{a2} \tag{4-3}$$

文化企业 B 在进行博弈时采取数字化赋能策略的收益为：

$$E_{b1} = x(R_b + \alpha R_b + \beta R_b - C'_b) + (1 - x)(R_b + \alpha R_b + L_b - C_b) \tag{4-4}$$

文化企业 B 在进行博弈时不采取数字化赋能策略的收益为：

$$E_{b2} = x(R_b - L_b) + (1 - x)R_b \tag{4-5}$$

则文化企业 B 的平均收益为：

$$\bar{E_b} = yE_{b1} + (1 - y)E_{b2} \tag{4-6}$$

文化产业内企业是否采取数字化赋能策略的演化博弈可以用如下的复制动态方程组表示：

$$\begin{cases} F(x) = x(E_{a1} - \bar{E_a}) = x(1 - x)[y(\beta R_a + C_a - C'_a) + \alpha R_a + L_a - C_a] \\ F(y) = y(E_{b1} - \bar{E_b}) = y(1 - y)[x(\beta R_b + C_b - C'_b) + \alpha R_b + L_b - C_b] \end{cases} \tag{4-7}$$

根据上述演化博弈的动态关系与复制动态方程组，可以通过雅可比矩阵对演化博弈模型进行渐近稳定性分析。其中，雅可比矩阵如下：

$$J = \begin{bmatrix} \dfrac{dF(x)}{dx} & \dfrac{dF(x)}{dy} \\ \dfrac{dF(y)}{dx} & \dfrac{dF(y)}{dy} \end{bmatrix}$$

$$= \begin{bmatrix} (1 - 2x)[y(\beta R_a + C_a - C'_a) + \alpha R_a + L_a - C_a] & x(1 - x)(\beta R_a + C_a - C'_a) \\ y(1 - y)(\beta R_b + C_b - C'_b) & (1 - 2y)[x(\beta R_b + C_b - C'_b) + \alpha R_b + L_b - C_b] \end{bmatrix}$$

$$\tag{4-8}$$

得到雅可比矩阵的行列式为：

$$Det. J = (1 - 2x)[y(\beta R_a + C_a - C'_a) + \alpha R_a + L_a - C_a] \times (1 - 2y)[x(\beta R_b + C_b - C'_b) + \alpha R_b + L_b - C_b] - x(1 - x)(\beta R_a + C_a - C'_a) \times y(1 - y)(\beta R_b + C_b - C'_b) \tag{4-9}$$

雅可比矩阵的迹为：

$$Tr. J = (1 - 2x)[y(\beta R_a + C_a - C'_a) + \alpha R_a + L_a - C_a] + (1 - 2y)[x(\beta R_b + C_b - C'_b) + \alpha R_b + L_b - C_b] \tag{4-10}$$

由假设可知，$C_i > C'_i$，α，$\beta > 0$，可以推导出 $\beta R_a + C_a - C'_a > 0$，由 $F(x) = F(y) = 0$，可以得出演化博弈均衡动态过程中的 5 个均衡点，

分别为 O （0，0）、M （0，1）、N （1，0）、P （1，1） 和 Q （x^*，y^*），

其中，$x^* = \dfrac{C_b - \alpha R_b - L_b}{\beta R_b + C_b - C'_b}$，$y^* = \dfrac{C_a - \alpha R_a - L_a}{\beta R_a + C_a - C'_a}$。根据矩阵局部分析法，

对 5 个均衡点进行稳定性分析，其判断依据为是否满足 $Det.\,J > 0$ 以及 $Tr.\,J < 0$，据此来判断均衡点是否为演化博弈的局部稳定状态，结果如表 4-2 所示。

表 4-2　演化博弈的均衡点及稳定性

均衡点	$Det.\,J$ 符号	$Tr.\,J$ 符号	结果
O （0，0）	+	−	稳定
M （0，1）	+	+	不稳定
N （1，0）	+	+	不稳定
P （1，1）	+	−	稳定
Q （x^*，y^*）	−	0	鞍点

从表 4-2 中可以看出，在 5 个均衡点中，有 2 个点满足 $Det.\,J > 0$ 以及 $Tr.\,J < 0$ 的条件，分别为 O 和 P，这两个点分别代表两个文化企业均采取数字化赋能策略以及均不采取数字化赋能策略。而 M、N 为不稳定点，Q 为鞍点，该点即为演化博弈的临界点。由这三点所画的折线收敛于演化博弈的稳定点 O、P。基于此，绘制其演化博弈相位图，以展现文化产业中企业采取数字化赋能策略的动态演化过程，如图 4-1 所示。

对于文化企业而言，是否采取数字化赋能策略主要取决于实施赋能后所获得的全部收益能否高于赋能所需付出的总成本。基于此，参与博弈的文化企业间采取数字化赋能策略的收益支付矩阵以及涉及的各项参数变化将直接影响文化企业的博弈选择，这就使得文化企业之间采取数字化赋能策略的均衡点收敛不同。根据演化博弈相位图中 M、Q、N 三点所连接成的折线是文化企业采取数字化赋能策略的动态临界线，当文化企业 A 和文化企业 B 的初始状态位于 $ONQM$ 区域时，文化企业采取数字化赋能策略的演化博弈均衡点最终将收敛于 O 点，即双方均不采取数字化赋能策略。此时，文化企业 A 与文化企业 B 均无法获得数字化带来的收益增长。当文化企业 A 和文化企业 B 的初始状态位于 $MQNP$ 区域时，

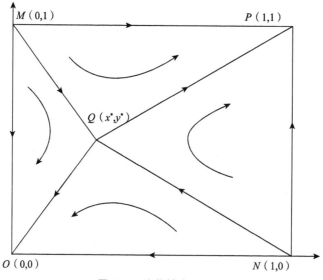

图4-1　演化博弈相位图

文化企业间是否采取数字化赋能策略的演化结果最终将收敛于 P 点，即博弈双方均会选择数字化赋能策略，此时双方都将获得数字化赋能所带来的直接收益与间接收益的总和。

综上所述，文化企业动态演化博弈过程最终会依条件收敛于博弈双方均不采取数字化赋能策略或者均采取数字化赋能策略。而至于最终收敛于哪个点，则取决于双方的初始状态、数字化赋能所带来的市场收益、生产力上升所带来的直接收益、协同效应和转型成本等因素的共同作用。

四　文化企业数字化赋能的影响因素

基于上述演化博弈模型分析，文化企业进行博弈的最终结果既可能是都采取数字化赋能策略也可能是都不采取数字化赋能策略，这主要取决于收益支付矩阵中相关参数的取值。因此，本节将对文化企业数字化赋能的影响因素进行分析。

第一，由市场中的消费者决定的直接利润 L。市场对数字文化产品的需求越大，则由消费者决定的直接利润 L 就越大。当 L 增大时，鞍点 $Q(x^*, y^*)$ 的值便会变小。由图4-1可知，此时四边形 MQNP 的面积增大，则系统收敛于 P(1, 1) 的概率便会增加，即文化企业 A 和文化企业 B 采取数字化赋能策略的概率会增加。因此，市场需求越大对文化企业数字化赋能的促进作用越大。

　　第二，由数字化带来的生产效率提升所决定的利润系数 α。数字化赋能能够促进文化资源的整合、文化产业生产经营效率的提升、文化产品质量的提高以及文化产业管理效率的提升等，这将给企业带来直接利润。通过上述模型，当 α 增加时，鞍点 $Q(x^*, y^*)$ 的值便会变小。由图 4-1 可知，此时四边形 $MQNP$ 的面积增大，则系统收敛于 $P(1, 1)$ 的概率便会增加，即文化企业 A 和文化企业 B 采取数字化赋能策略的概率会增加。

　　第三，转型成本 C 和 C'。当转型成本提高时，鞍点 $Q(x^*, y^*)$ 的值也会增加。根据图 4-1 可知，此时四边形 $OMQN$ 的面积将增加，则文化产业系统收敛于 $O(0, 0)$ 的概率也会随之增大，即文化企业 A 和文化企业 B 采取数字化赋能策略的概率会减小。因此，文化企业进行数字化赋能的成本越高，则企业不采取数字化赋能策略的概率就越大。

　　第四，由共同转型决定的协同系数 β。由于大数据、人工智能等技术对文化产业内的资源联动以及流通方式等的改变，在一定程度上是基于平台化水平，而平台的联动往往能够带来更多的利益。当协同系数 β 增加时，鞍点 $Q(x^*, y^*)$ 的值便会变小。由图 4-1 可知，此时四边形 $MQNP$ 的面积增大，则系统收敛于 $P(1, 1)$ 的概率便会增加，即文化企业 A 和文化企业 B 采取数字化赋能策略的概率会增加。

第五节　文化产业数字化赋能演化博弈的数值仿真分析

　　为了进一步说明直接利润、利润系数、转型成本以及协同系数在文化产业数字化赋能中的作用，本节通过 MATLAB 2018a 软件对文化产业系统各参数进行数值仿真分析。通过使用 ode45 指令求解出文化产业系统的复制动态方程组，再结合已有文献中对仿真数值的设置规律（黄蕊等，2021b），本节设定的各参数初始值如表 4-3 所示。其中，文化企业不采取数字化赋能策略时，文化企业初始利润 R_i 的初始值设定参考兰娟丽和雷宏振（2016）的研究；文化企业采取数字化赋能策略时，由数字化赋能所带来的利润变化 L_i、数字化赋能所需要的投入成本 C_i、利润系数 α 的初始值设定参考孟凡生等（2019）的研究；企业同时采取数字化赋能策略而产生的成本 C_i 以及协同系数 β 的初始值设定参考邢海龙等（2020）的研究。

表 4-3　各参数初始值

参数	R_a	R_b	L_a	L_b	C_a	C_b	C'_a	C'_b	α	β
初始值	3	3	1	1	6	6	4	4	1	0.8

一　直接利润 L 对文化企业数字化赋能的影响

在其他影响因素不变的前提下，仿真参数 L 的变化对文化企业 A 和文化企业 B 是否采取数字化赋能策略的影响如图 4-2 和图 4-3 所示。当 L 分别取值 1.0、1.2、1.4、1.6 时，由图可知，上述数值均能起到促使企业 A 和企业 B 采取数字化赋能策略的作用，其概率逐渐趋向于 1。随着 L 取值的逐渐增加，文化企业 A 和文化企业 B 采取数字化赋能策略的概率上升得越来越快，即文化企业 A 和文化企业 B 采取数字化赋能策略的可能性越来越高。曲线变化均为先缓慢上升，再迅速上升，逐渐向概率 1 演化。由此可知，L 取值对文化企业 A 和文化企业 B 的影响方向相同，均具有促使其采取数字化赋能策略的作用。

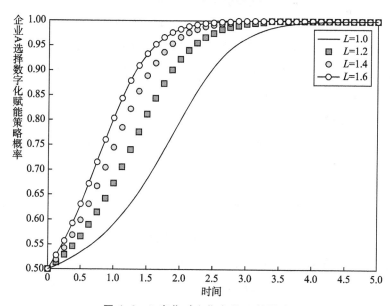

图 4-2　L 变化对文化企业 A 的影响

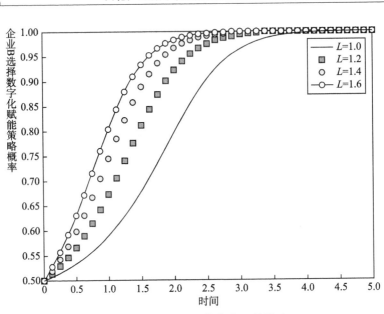

图 4-3　*L* 变化对文化企业 B 的影响

二　利润系数 α 对文化企业数字化赋能的影响

在其他影响因素不变的前提下，仿真参数 α 的变化对文化企业 A 和文化企业 B 是否采取数字化赋能策略的影响如图 4-4 和图 4-5 所示。当 α 分别取值 1.0、1.2、1.4、1.6 时，由图可知，上述数值均能起到促使文化企业 A 和文化企业 B 采取数字化赋能策略的作用。随着 α 取值逐渐增大，文化企业 A 和文化企业 B 采取数字化赋能策略的概率上升的速度变快，文化企业 A 和文化企业 B 采取数字化赋能策略的概率越来越大。如图所示，两幅图中的曲线变化均为先缓慢上升，再迅速上升，并最终向概率 1 的方向演化。由此可见，利润系数 α 取值对文化企业 A 和文化企业 B 的影响方向相同，均具有促使企业采取数字化赋能策略的作用。

三　转型成本 *C′* 对文化企业数字化赋能的影响

由于转型成本 *C* 与 *C′* 的演化博弈趋势相似，故本节只针对 *C′* 对文化企业数字化赋能的作用进行讨论。在其他影响因素不变的前提下，参数 *C′* 的变化对文化企业 A 和文化企业 B 采取数字化赋能策略的影响如图 4-6 和图 4-7 所示。将 *C′* 的取值分别设置为 4、5、6、7。当 *C′* 取值为 4 时，

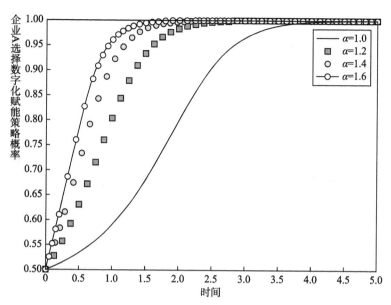

图 4-4　α 变化对文化企业 A 的影响

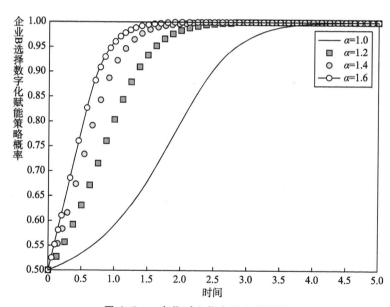

图 4-5　α 变化对文化企业 B 的影响

企业 A 的选择向概率 1 的方向演化；但当 C' 取值变为 5、6、7 时，随着 C' 取值的逐渐增加，曲线开始向 0 收敛，且收敛速度逐渐变快。因此，当文化企业转型成本较低时，文化企业 A 和文化企业 B 采取数字化赋能

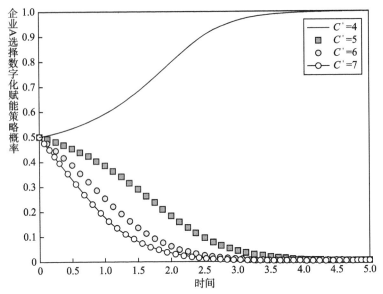

图4-6　*C′*变化对文化企业 A 的影响

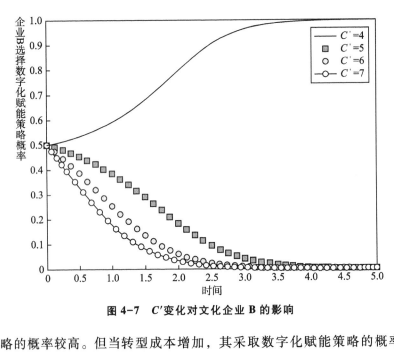

图4-7　*C′*变化对文化企业 B 的影响

策略的概率较高。但当转型成本增加，其采取数字化赋能策略的概率便越来越低。这也意味着，高额的转型成本将致使文化企业更愿意维持现状。

四 协同系数 β 对文化企业数字化赋能的影响

在其他影响因素不变的前提下，协同系数 β 的变化对文化企业 A 和文化企业 B 是否采取数字化赋能策略的影响如图 4-8 和图 4-9 所示。当

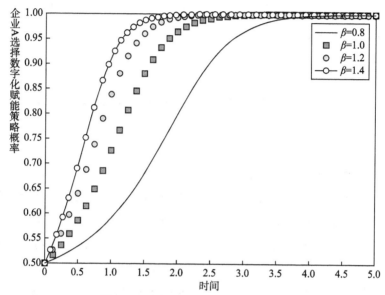

图 4-8 β 变化对文化企业 A 的影响

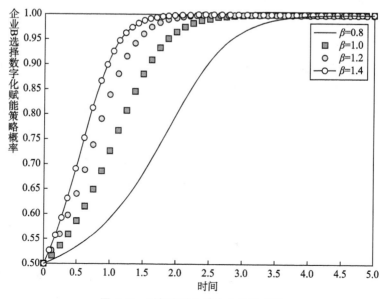

图 4-9 β 变化对文化企业 B 的影响

参数 β 分别取值 0.8、1.0、1.2、1.4 时，可以发现，上述 β 数值均能起到促使文化企业 A 和文化企业 B 采取数字化赋能策略的作用。随着参数 β 取值的逐渐增大，文化企业 A 和文化企业 B 采取数字化赋能策略的概率上升的速度加快。与此同时，两图中曲线变化速度先缓慢增加后迅速上升，最终向概率 1 的方向演化。由此可知，参数 β 取值对文化企业 A 和文化企业 B 的影响方向相同，且均具有促使企业采取数字化赋能策略的作用。

第六节　演化博弈视角下文化产业数字化赋能效果的提升方略

本章选择演化博弈模型，将文化企业划分为 A 和 B 两类。根据利润水平、技术与制度转换成本、技术与产业协同度等因素提出研究假设，构建了文化企业数字化赋能的收益支付矩阵。本章通过雅可比矩阵进行稳定性分析，得到了数字化赋能背景下文化企业演化博弈的均衡点和演化博弈相位图。随后，本章采用数值仿真分析，对文化企业数字化赋能的影响因素进行了细致刻画，研究发现：直接利润提升、利润系数变大、协同系数增加均有助于文化企业最终采取数字化赋能策略，即数字技术为文化产业带来的收入与利润增长水平和文化资源在数字技术介入后所形成的平台化运作、资源联动与要素协调配置能力提升程度，是影响文化产业数字化赋能的重要因素。同时，偏低的转型成本更有助于文化企业采取数字化赋能策略，而高昂的技术与制度转换成本，大量人力、物力与财力消耗，则是文化企业维持既有技术、不采取数字化赋能策略的根本归因。因此，为了更好地释放文化产业数字化赋能的正向影响，在推动文化产业数字化赋能硕果惠及文化企业的同时，极大地助力我国数字文化消费市场繁荣，本节将从演化博弈视角提出如下关于文化产业数字化赋能效果的提升方略。

一　加快产业的配套政策制定

正如上文所言，数字文化政策的出台滞后是增加文化产业数字化赋能制度成本的重要原因。因此，政府应当加快构建保障数字文化产业发展的机构体系，制定和完善保障数字文化产业发展的法律法规体系。同时，地方也应当配合上级政府颁布的法律法规，设立相应机构部门扶持文化产业实现数字化赋能，并通过制定数字文化产业的现阶段规划、短期规划以及长期规划，推动数字文化产业健康发展。除此之外，文化企业也亟待推进经营管理制度的优化。可以通过建立权责明确、分工合理以及运营高效的适合数字文化产业的管理制度，并给予文化企业的研发与生产部门更多的自主选择权，激发文化企业内部发展的原动力，进而推动整个文化产业全要素生产率的提升。

二　加大产业的资金投入力度

鉴于巨额的数字技术开发与引进成本也是阻碍文化产业数字化升级的关键点，我国各级政府在将发展重点放在本地区文化事业上的同时，亦需要将资金投入本区域具有较大发展潜力的文化企业，尤其可以将扶持性资金投入具有更好市场前景的文化产品或服务的中小型文化创意企业，提高其资金流量，为其实现数字化赋能提供有力的资金保障。可以指引金融机构为数字文化企业的技术产品研发提供资金保障，并指引文化技术中介交易平台促成文化企业技术对接与产品收购。可以通过完善税收优惠政策体系，刺激文化企业的数字产品研发生产。更为关键的是，可以通过制定有效的贸易政策，鼓励数字文化产业新技术产品的国际化营销与推广，提升品牌竞争力。

三　优化数字文化产品的消费体验

提升市场对数字文化产品的消费体验，是保障文化产业数字化赋能后利润稳定的关键所在。因此，可以从以下几个方面来加以改进。首先，精确分析消费者群体，有目标地进行文化产品开发。我国的数字文化企业大多瞄准城市消费者群体，但受到互联网通信行业的启发，应当适当将注意力转移至农村群体，看到农村文化消费市场的巨大盈利空间，对其进行精准开发。其次，数字文化产业的发展还应该借助数字技术，对目标消费群体的消费偏好进行精准分析，进而结合现有数字文化资源进行产品开发。例如，借助数据挖掘与检索技术进行市场调研，对文化产品的营销渠道、用户偏好、内容与服务，以及用户对数字文化内容产品的支付习惯、数字资源与文化资源融合情况进行整合，找准不足，优化数字文化产品的设计与生产，让文化消费者成为数字文化产品运作的重要参与者，进而更好地优化其消费体验。

四　加强数字文化复合型人才培养

加强数字文化复合型人才培养是保障文化产业数字化赋能的必要条件。但当前，我国文化产业缺乏精通数字技术与文化创意内容本领的复合型人才。因此，首先，在人才的教育与培养方面，我国应促进教育行业实现产学研一体化发展。各大高校以及教育机构应该结合数字文化产业对人才的需求进行教学，并积极从科学研究机构以及数字技术企业中引进新兴人才提升师资力量，从而为文化产业培养出优秀的具有理论基础、创意丰富且具备较高市场敏锐度的复合型人才。其次，文化企业内部也需要重视自身人才的管理和能力激发。可以通过优厚的薪资待遇、福利以及精神奖励来确保高质量人才的引进与保留，也可以通过科学的考核与绩效评估机制来激发本企业员工的创造性与积极性，提高文化产业技术能力以及文化产品质量。综上所述，培养文化产业相关的专业人才，可以为增强文化产业的技术能力与科学创新能力提供源源不断的人才知识储备。与此同时，为了进一步保障文化产业数字化赋能的顺利推进，有必要加快建立和完善文化科技创新机制，重视知识产权和专利保护。只有这样，才能盘活我国优秀的传统文化资源、彰显我国文化自信、孕育发展文化产业的新动能并助力我国文化产业供给侧结构性改革持续推进。

第五章　文化产业数字化赋能的跃迁机制

本章是全书的核心章节，其重中之重在于破解文化产业数字化赋能的黑箱。通过上文的文献梳理，本书认为技术经济学中的技术轨道理论可以对文化产业数字化赋能问题进行科学诠释。基于此，文化产业数字化赋能可以理解为数字技术依次对文化产业微观技术体系、中观产业体系和宏观文化软实力的深刻作用与加持。故文化产业数字化赋能成功与否，取决于文化产业技术轨道跃迁、产业能级跃迁和文化能级跃迁有无实现。因此，首先，本章将在第一节阐释文化产业技术轨道跃迁机制，这是文化产业数字化赋能的源头；其次，在第二节分析文化产业能级的跃迁机制及其量子隐喻解释；再次，在第三节说明文化产业文化能级跃迁的内在规律；最后，在第四节利用实证分析方法测度文化产业跃迁效果。

第一节　技术轨道跃迁

鉴于文化产业数字化赋能是指凭借数字技术手段构建创新性的文化生产范式，从而使文化内容获取更多的生命力与延展性，达到文化价值和产业价值协同的良性循环目的，故文化产业数字化赋能实现的第一要务在于数字技术引致文化产业技术轨道发生跃迁。在数字技术的作用下，文化产业技术范式、技术轨道乃至技术体系得以变革和重塑，才是文化产业数字化赋能实现的根源与基础。

一　文化产业技术轨道跃迁的基本条件

文化产业技术轨道跃迁可分为原技术范式下的跃迁与新技术范式下的跃迁，但无论是哪种跃迁方式，都是轨道内部因素和外部因素共同作用的结果。具体而言，内部因素是指技术轨道自身演进所拥有的特性，即从文化产业技术轨道内部给予跃迁的动力；而外部因素则是在文化产业技术轨道跃迁过程中起到保障和促进作用的变量。综上，文化产业技术轨道跃迁是内部、外部因素综合作用所产生的结果（张越、赵树宽，2014）。

（一）文化产业技术轨道跃迁的内部因素

1. 技术机会

技术机会一般出现在文化产业技术轨道演进的初期或衰退期。初期，文化产业技术轨道刚刚形成，轨道强度较低，对其他平行技术轨道的排挤效应较弱，这便为新技术的出现和发展创造了条件；衰退期，文化产业技术轨道发展越发成熟，具有较高的轨道强度，但其边际报酬贡献已经到达极限，很难继续创新，此时便是进行技术创新与更迭的最佳时期，这也将促使文化产业技术轨道发生跃迁。例如，主机游戏（即使用电视屏幕为显示器，在电视上执行家用主机的游戏）在发展成熟期对技术提出了很大挑战。但正是因为利用了互联网兴起的技术机会，游戏行业才实现了从主机游戏到手游的技术跃迁。

2. 创新收益

创新收益是指各行为主体在进行技术创新过程中所得到的经济利益与社会利益。它是文化产业技术轨道跃迁的根本动力，更是文化产业与技术创新协同发展的效能来源。追逐创新收益是产业主体最原始的主观能动性。也正因如此，我国才越发注重以数字技术和互联网为依托的新型文化业态的创造性转化。根据《2022中国文化和科技融合发展战略研究报告》，我国文化新业态营收已经从2018年的2.1万亿元增长至2021年的3.96万亿元。创新收益将引领我国文化产业的发展方向，并保障产业与各项技术融合的实现。

3. 技术积累

技术积累是技术和知识沿着技术轨道演进所逐步产生的累积现象。文化产业的技术积累对象主要包括出版印刷技术、广播电视技术、影音制作技术、动漫游戏制作技术、数字内容与互联网信息服务技术等。技术积累并非一朝一夕之功，它需要整个产业持续性地投入大量时间、人力和资本来换取这一结果。一方面，技术积累促进了文化产业技术体系的形成，代表了文化产业技术体系的技术核心与能力；另一方面，技术积累的程度也决定着文化产业进行技术自主创新的能力和魄力，其奠定并夯实了文化产业技术轨道跃迁的基础。因此，本书认为技术积累是文化产业技术轨道跃迁的内在动力。

4. 文化产业技术主轨道的成熟度

文化产业技术轨道的成熟度是随着其生命周期不断演进而发展的。文化产业技术轨道的演进历程可以分为初创期、成长期、成熟期和衰退期。文化产业技术轨道在初创期的成熟度最低，在成熟期的成熟度最高。文化产业技术轨道越成熟，意味着该技术与文化产业的适配度越高，即市场越容易接纳该技术下的文化成果。因此，文化产业技术主轨道的成熟度是实现文化产业技术轨道跃迁的一项重要内部因素。

5. 技术基础与技术储备

由于技术本身的发展是连续的、不间断的，故在此过程中，文化产业技术轨道便产生了技术基础和技术储备与之相适应。文化产业技术轨道的技术基础和技术储备一方面包含文化产业技术主轨道所具备的关键技术，另一方面还包括文化产业技术非主轨道的基本技术和技术要素，二者缺一不可。例如，游戏产品开发所需要的技术基础涵盖范围广且多元，其核心技术在于编程技术、AR、美术设计等，但同时策划类工具和管理类工具也起到了辅助支持的作用。

6. 技术创新能力

技术创新能力是指突破原来的固化思维方式和传统理念，以提高生产效率和满足社会需要为目标，基于已有的知识水平和资源储备，改进或创新技术的能力。技术创新包含三种路径：在已有的技术基础上进行改进、吸收外来技术进行创新，以及创造从前没有的全新的技术。就文化产业而言，传统影视生产便通过5G传输、云剪辑、AI剪辑等技术创新实现了从单点数字化技术轨道向全面数字化技术轨道的跃迁，推动了影视产业的发展。因此，文化产业技术轨道跃迁重要的影响因素便在于技术创新能力。技术创新能力是文化产业技术轨道跃迁过程中强大的驱动力，是文化产业技术轨道跃迁的直接原因。

（二）文化产业技术轨道跃迁的外部因素

1. 政策因素

政策因素包括国家政策和产业政策。国家政策一般强调的是宏观方向的政策指导和支持，其间接地影响着文化产业的发展，诸如宏观的税收政策、金融政策等。而产业政策则将直接作用于文化产业的成长，它将对文化产业技术轨道演进产生重要影响，比如规范文化产业的技术研发目标、为文化产业技术发展提供强有力的制度支撑、优化技术结构等。值得注意的是，近年来文化产业与科技领域的政策体系正在不断夯实、日趋完善。2019年，国务院发布的《关于文化产业发展工作情况的报告》指出，我国亟须构建文化大数据服务体系；2022年，中共中央办公厅、国务院办公厅发布了《关于推进实施国家文化数字化战略的意见》。这表明政策的可持续性是文化产业实现质的跨越、走向数字时代的必要条件。因此，文化产业相关政策有助于带领并促使文化产业技术轨道向新的台阶迈进。

2. 文化消费需求

市场需求是不断变化的，其反映了当前和今后文化产业的发展方向。相对应地，技术的发展也需要顺应市场需求的变化。纵然，后疫情时代文化消费趋于谨慎，但沉浸式体验、社交连接、多元娱乐、盘活并拓展消费场景仍然是我国文化消费需求的新特征。因此，文化产业市场需求一旦转向，便会推动相应的文化技术寻求创新，从而驱动文化产业技术轨道跃迁。由此可见，如果文化产业技术轨道适应市场需求，则它必然具备较高的轨道强度；如果技术轨道的发展偏离了市场需求，则文化产业技术轨道发展将步入衰退期。因此，文化产业有必要准确把控市场需求的升级与迭代方向。

3. 资源禀赋

资源禀赋是指文化产业在发展与演进的过程中所拥有的各类资源、数量的多少以及资源的分配与使用效率。文化产业技术轨道跃迁所需的资源禀赋包括人才、资金、基础设施和文化要素等。其中，数字时代文化产业基础设施涵盖了云平台的底层基础设施、人工智能等前沿技术的应用工具、文化大数据体系与新型硬件装备等。上述资源禀赋均是文化产业技术轨道跃迁必不可少的支撑要素，它们对文化产业进阶式发展具有重要的保障作用。

4. 竞争环境

激烈的市场竞争环境是文化产业技术轨道跃迁的重要外部因素。由于经济的全球化趋势，市场环境更加开放包容，这也使得文化产业在发展过程中要经历更为残酷且动荡的竞争局面。但也正是竞争本身驱动着文化产业技术轨道向更具比较优势的方向演进。例如，我国出版印刷产业中的汉字信息照排技术受到了英美等发达国家的挑战和冲击。在西方国家还在大量使用精密照排技术时，我国印刷产业便更快地掌握了激光照排这项技术，率先实现了技术突围，从而获得了在国际市场上的竞争优势。由此可见，竞争环境可以助推文化产业技术轨道跃迁；相对应地，技术轨道跃迁也会为文化产业带来更多竞争优势。

5. 经费投入能力

文化产业技术轨道无论是跃迁前还是跃迁后，都需要一定的经费支持，经费投入能力是文化产业技术轨道得以跃迁的基本保障。文化产业技术轨道完成跃迁后需要继续投入资金对跃迁后的技术轨道进行优化。特别是当转向最前沿的技术轨道时，诸如3D元宇宙制作需要耗费大量的时间、人力、资本和算力，"Horizon Worlds"元宇宙社交平台开发时间便长达1.5年，总花费超过160亿美元。① 可见，经费投入能力对于文化产业技术轨道跃迁十分重要。

二　文化产业技术轨道的跃迁过程

（一）文化产业技术轨道跃迁的理论分析

在原始技术范式的制约和影响下，文化产业形成了初期的产业技术轨道，并且技术轨道的数目和演化方向都取决于最初的技术范式。处于初创期的文化产业技术轨道需要技术、人力、资金、基础设施等各方面资源提供支持，在各类资源的保障下，文化产业技术轨道得到了发展和成长。在此基础上，文化产业各技术轨道不断汲取资源提供的能量，具备了各自的能级，并且也积累了一定的技术基础与技术储备。在诸多不同能级的文化产业技术轨道中，能级较高的技术轨道会逐步发展为文化产业技术主轨道。同时，该主轨道会产生排挤效应，具有较强的"自我意识"，排斥其他轨道的发展，不断提高自身的蓄能水平，确保自己步入轨道成熟期。当文化产业技术主轨道进入成熟期时，该主轨道的技术基础和技术储备得到了进一步提升，轨道能级和自身的创新能力也都显著提高。但是这一时期的文化产业技术主轨道的发展有减缓的趋势。相应

---

①　https://mp.weixin.qq.com/s/TYpAU_sYl0B94dlDPgB0Zg.

地，轨道能级提高的速度也有所放慢。当文化产业技术主轨道步入衰退期，此时的主轨道仍然具有很高的成熟度，具备了丰富的技术基础和资源以及较强的技术创新能力。但这一时期的文化产业技术主轨道面临着发展极限的制约，其产生的创新收益也表现出边际效用递减的态势。因此，在这一时期的文化产业技术轨道出现了实现跃迁的机会窗口。

文化产业技术轨道跃迁机会窗口的出现，意味着原技术轨道出现了各种问题。一方面，可能是原文化产业技术主轨道在技术发展过程中遭遇了瓶颈；或者在原技术范式决定的发展空间下，原文化产业技术主轨道缺乏继续解决各类难题的能力。此时，文化产业急需新的技术范式提供新的技术轨道，使自身突破当下的发展困境。因此，文化产业技术轨道在前期形成的技术积累、技术储备以及文化产业技术轨道自身的成熟度会为以后的轨道跃迁提供基础保障，这也是实现轨道跃迁的基础动力。与此同时，文化产业技术轨道跃迁也得到了外部政策扶持、资源的持续供给以及经费的不断投入等因素加成。由于技术基础与储备的积累和成熟，文化产业技术轨道的知识专有性得以增强，带来了更多的创新收益，从而在轨道内部提供了跃迁的根本动力。相应地，技术的越发成熟也促进了文化产业技术轨道加速技术创新。创新会带来全新的科技发明、创造以及新兴领域的研究问题，这将大大超出原始技术范式下的技术能力与创新收益，文化产业将在全新的技术轨道下拥有更大的创新成就。因此，技术创新直接推动了文化产业技术轨道跃迁的实现，并形成了全新的技术范式。另一方面，社会环境、文化消费需求升级、激烈的市场竞争环境等因素也将引致文化产业技术范式发生改变。原始技术范式下的文化产业技术主轨道不再符合新的社会环境，与市场需求背道而驰的文化产业技术轨道更不能充分释放自身技术潜能，这些均为文化产业技术轨道跃迁提供了契机。因此，在政策和市场的双重作用下，新的技术范式将会出现，并由此衍生出一套新的技术平行轨道。同时，外部因素也会为各轨道提供技术、资金、人才等各类资源和发展机会，指明未来技术创新的方向，促进资源的吸收与利用，推动文化产业技术轨道从较低能级跃迁到较高能级，从而完成文化产业技术轨道的跃迁行为，具体如图 5-1 所示。

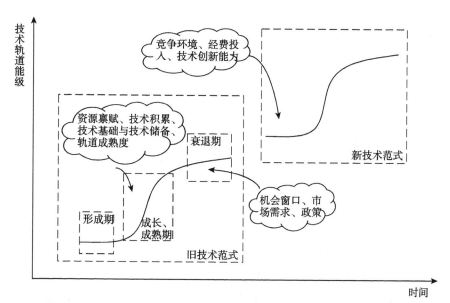

图 5-1　文化产业技术轨道跃迁过程

（二）文化产业技术轨道的演进历程

文化产业所涉及的技术门类众多，由于篇幅所限，本书无法将其一一呈现。但在众多文化技术中，出版照排技术的发展堪称卓越。从传承于中国四大发明之一的印刷术，到发扬于王选院士的汉字激光照排机，出版照排技术的演进史可谓文化产业技术发展的重要缩影。因此，本节将以出版照排技术为例，研判文化产业技术轨道的演进历程。

随着技术的发展，文化信息传播的方式也在不断更新。21 世纪初，新媒体技术蓬勃发展，信息的承载传播方式也发生了根本性变化。在大数据的背景下，传统的线下文化传播环境也发生了改变。新媒体传播技术作为文化传播的新兴手段不断优化、重塑着人们获取信息的方式、渠道以及认知结构。其成本低、传播范围广、聚合力强的优势形成了一个互动性、个性化、社群化特征的新的文化传播环境。数字技术的引入在对传统文化传播方式形成巨大冲击的同时，拓宽了文化传播的空间和路径，突破了传统"中心化"的文化传播方式。在信息化背景下，人人都可以成为传播的主体，将传统的"点到面"传播结构转化为"点到点"。这给传统传播技术带来了挑战。传统文化传播技术并未因技术的更新而丧失主导地位。因此，传统出版产业进行数字化变革是未来发展的主要趋势。

当前，用于研判文化产业技术发展趋势的实证方法主要有两种：专利引文网络法以及非引文网络法。Hummon 和 Dereian（1989）提出了主路径算法（main path），通过选取最高的连接构成网络的发展主流路径，并设计了三种提取主路径的算法。Chang 等（2010）以碳纳米管场发射显示器专利申请书为数据源，结合专利网络分析方法对发射显示器技术进行实证分析，实现了专利技术的集群分析。我国学者李利剑等（2008）选取高炉炼铁的技术指标为因变量，选取技术出现的时间为自变量，使用 Logistic 生命周期曲线进行拟合，实现了对该技术的描绘与预测。黄鲁成和蔡爽（2009）以燃料电池和锂电池专利申请数据为数据源，通过专利递增数量分析、技术更新速度分析和利益相关者三个角度对电池技术进行研究分析。缪小明和赵静（2014）使用欧洲专利数据和中国汽车产业的专利申请数据，构建技术指标进行对比分析，实现了对世界汽车技术发展演进的探究。综上，本章将采用 pearl 生命周期曲线拟合的方式，研判文化产业的技术发展趋势。为此，本章将以欧洲专利数据库作为数据来源。该数据库主要包含欧洲专利局、日本专利文摘、世界知识产权组织以及世界范围专利数据库，由于早期日本与美国照排技术发展较快，故选择该数据库。本章利用主题检索的方法，以"manual imagesetter""photosetter""CRT imagesetter""laser imagesetter"为检索主题词，检索时间为 1956~2019 年，涉及全球 20 多个国家、知识产权组织和地区所发布的照排技术申请专利，总计 1749 件。

1. 照排机主要研发种类现状分析

本节对不同照排技术申请专利进行统计，通过数据处理可以得到各代照排机的年度专利申请情况，如表 5-1 所示。

根据表 5-1，手动照排技术专利申请最早可追溯至 1959 年。该专利申请数量在 1980 年达到峰值。在手动照排机发展的同时，摄影照排机也得到了迅速发展。在 1989 年以前，出版产业的技术轨道为手动照排机、摄影照排机与 CRT 照排机共存。这三种照排技术先后占据了出版产业的技术主轨道。1989 年后，激光照排技术应运而生，该专利申请数量在 2002 年达到高峰，出版行业技术轨道也由原来的多轨道并存转变为以激光照排技术为主。具体而言，手动照排机在经历了 1972~1990 年近 19 年的发展后，技术进入了停滞阶段。手动照排机的缺点是效率很低，故随着

表 5-1　1956~2019 年四代照排技术的专利分布情况

单位：件

年份	手动照排机	摄影照排机	CRT照排机	激光照排机	年份	手动照排机	摄影照排机	CRT照排机	激光照排机
1956	0	5	0	0	1988	9	6	4	0
1957	0	2	0	0	1989	6	6	5	6
1958	0	3	0	0	1990	7	1	13	2
1959	1	8	0	0	1991	1	5	4	8
1960	0	4	0	0	1992	2	7	3	11
1961	0	2	0	0	1993	2	0	2	20
1962	0	1	0	0	1994	2	2	0	32
1963	0	0	0	0	1995	0	3	0	26
1964	0	2	0	0	1996	1	0	1	40
1965	0	2	0	0	1997	0	3	0	42
1966	1	4	0	0	1998	0	0	1	61
1967	1	1	0	0	1999	0	1	1	70
1968	0	1	1	0	2000	0	1	0	89
1969	1	2	2	0	2001	0	1	0	78
1970	1	5	3	0	2002	0	0	0	124
1971	0	12	6	0	2003	0	2	0	99
1972	3	7	8	0	2004	0	2	0	70
1973	5	10	3	0	2005	0	1	0	65
1974	6	3	2	0	2006	0	3	0	52
1975	3	4	1	0	2007	0	0	0	35
1976	0	7	0	0	2008	1	0	0	33
1977	5	10	5	0	2009	0	1	0	22
1978	4	9	4	0	2010	0	6	0	16
1979	11	6	10	0	2011	0	4	0	13
1980	20	12	16	0	2012	0	8	0	20
1981	14	21	12	0	2013	0	3	0	24
1982	15	14	12	0	2014	0	3	0	16
1983	7	6	5	0	2015	0	3	0	19
1984	9	10	19	0	2016	0	1	0	22
1985	4	4	9	0	2017	2	6	0	8
1986	9	8	15	0	2018	0	1	0	9
1987	8	4	7	0	2019	0	0	0	13

技术的进步，手动照排机逐步被摄影照排机取代。摄影照排机的专利申请跨越时间较长，经历了两个发展高峰时期。其技术上克服了一代照排机手动选择的缺陷，通过电子计算机进行输入，并将文字模板升级为圆盘或圆筒，通过圆盘做高速旋转运动实现文字照排信息输出。摄影照排机的速度相比一代照排机显著提升，但并不能实现复杂图案的输出，即摄影照排机相较于手动照排机没有实现技术上的较大突破，所以并未出现摄影照排机占据技术主轨道并取代手动照排机的情况。而 CRT 照排机是由德国首创，其主要通过将信息进行编码存储在计算机内。通过阴极射线管（CRT）将点阵化的信息输出在其银光屏上。CRT 照排机的机械动作极少，输出速度快，实现了复杂图案以图片或照片形式输出。但其对底片的感光度要求较高，生产成本大。总体而言，CRT 照排机的出现恰巧处于衔接摄影照排机与激光照排机之间，其发展时间并不长。而激光照排机的专利申请则始于 1989 年。一经出现，它便迅速占据了出版产业的技术主轨道。激光照排技术融合了前三代照排机的技术优点，同时对感光底片要求较低。此外，其技术上还实现了激光直接雕版，提升了模板的精度。在激光照排机发展的同时，电子计算机的软件与硬件性能发展迅速，从而实现了激光照排技术更新。受信息通信技术影响，激光照排技术专利申请在 2002 年达到了顶峰。它也成功地取代了前三代照排技术，占据了出版产业的技术主轨道。但是，随着大数据、区块链、人工智能的发展，人工智能技术在图书出版过程中的作用举足轻重。由于图书编辑对操作人员从业能力要求高，需要其具有极强的排版与文字处理能力。而人工智能技术则可以通过机器学习实现该能力的获取，从而提高规范性、准确性和逻辑性。将该技术应用到图书编辑与出版产业中（徐冕，2020），通过软件实现照排技术的升级及出版行业的发展是未来的趋势。

2. 照排机主要研发种类趋势分析

根据已有的专利申请数据，分别对手动照排机、摄影照排机、CRT 照排机和激光照排机的专利数量进行函数拟合分析。P. F. Verhus 在研究人口数量变化规律时发现了 pearl 生命周期曲线。大量实证研究表明，技术发展也遵循该曲线变化趋势。因形状与 S 相似，pearl 曲线又被称为 S 曲线，其公式为：

$$y = \frac{L}{1 + e^{\alpha - \beta t}} \tag{5-1}$$

其中，y 为因变量，L 为最大值，β 为曲线的斜率，α 为常量，t 为因变量时间。α 大于等于 0，β 不等于 0，t 为大于等于 0 的整数。

在进行照排技术的曲线线性回归时，需要对原始公式进行变形处理，即将公式（5-1）变形为公式（5-2），然后进行曲线拟合分析（黄鲁成等，2015）。

$$Y = \ln \left(\frac{y}{L - y} \right) = \ln 1 - \ln \left(\alpha e^{-\beta t} \right) = 0 - \left(\ln \alpha + \ln e^{-\beta t} \right) = -\ln \alpha + \beta t \tag{5-2}$$

根据专利增长情况对申请专利数量的极限值进行分析预测，得到手动、摄影、CRT、激光照排机的专利数量增长极限 L 分别为 163、272、176、1148。通过回归分析可以得到相应的 $\ln \alpha$ 分别为 411.913、216.260、552.895、614.575，β 分别为 0.207、0.109、0.279、0.307。相应地，将其分别代入公式（5-2）中，便可得出四代照排技术各自拟合的 pearl 曲线，如图 5-2 至图 5-5 所示。

根据回归分析结果可知，四条曲线各自的 R^2 分别为 0.95、0.97、0.98 和 0.98，均大于等于 0.95。另外，F 检验值极小，所以曲线的拟合优度较高。因此，照排技术发展遵循 pearl 生命周期曲线，并且发展初期较缓慢，随着技术的积累，技术发展增速变快，最后随着技术逐步走向成熟，发展达到极限值。

从图 5-2 可以看出，手动照排技术在 1980 年发展的速度最快，占据照排技术主轨道。在 1990 年已经到达了发展的成熟期，目前发展已经到达预测的专利峰值，说明手动照排技术已经成熟，已不再占据出版产业的技术主轨道。

从图 5-3 可以看出，摄影照排技术发展经历了两个阶段，在 1990 年摄影照排技术达到了第一个专利峰值。在经过第一次发展后，摄影照排技术在电子信息化的背景下得到了第二次技术发展，即在 2012 年技术增速最快。通过对专利数据发展的峰值进行预测，摄影照排技术发展处于第二次发展的成熟区间，其与最大值的距离很近，未来发展潜力有限。

根据图 5-4，CRT 照排技术发展处在激光照排机与摄影照排机发展的间隙，是照排技术从机械转为电子信息的过渡。通过观察曲线发现，

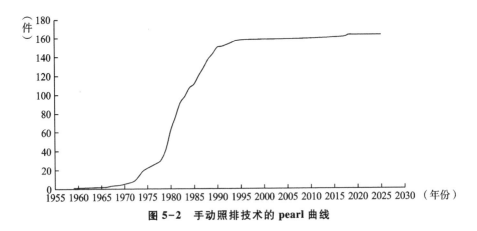

图 5-2 手动照排技术的 pearl 曲线

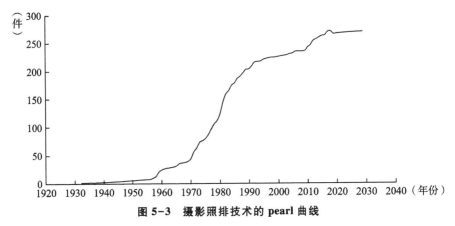

图 5-3 摄影照排技术的 pearl 曲线

CRT 照排技术发展曲线初期较为平缓，在 1980～1995 年得到了迅速的发展并到达了峰值。在 1990 年之前，三代照排技术处于相同地位，出版产业出现了多技术轨道并存的局面。前三代照排技术发展时间相互衔接，先后占据了出版产业的技术主轨道。

根据图 5-5，激光照排技术虽然起步较晚，但曲线的 α 与 β 值较高，增速较快。激光照排机在 1990～2010 年迅速发展，在 2010～2020 年处于发展的成长期，根据拟合函数可以预测激光照排机将在 2025 年到达峰值。这时，摄影照排机的第二轮发展也将到达高峰。因此，在此时激光照排技术处于出版产业的技术主轨道，而摄影照排技术则处于出版产业的技术平行轨道。

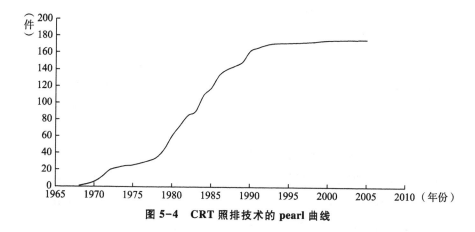

图 5-4　CRT 照排技术的 pearl 曲线

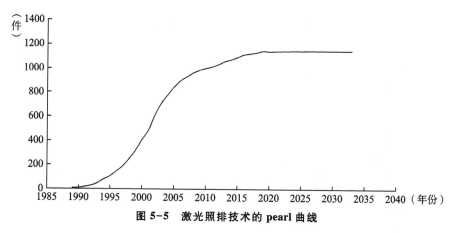

图 5-5　激光照排技术的 pearl 曲线

三　文化产业技术轨道的跃迁类型

文化产业技术轨道是在技术范式的约束下产生和发展的，当技术范式发生改变时，新的技术范式势必会带来新的文化产业技术轨道，使原轨道发生跃迁行为。然而，新的技术范式对旧技术范式产生的影响，可以是破坏式的，也可以是积累改进式的。因此，文化产业技术轨道跃迁可以总结为两种类型，分别是"积累式技术轨道跃迁"和"破坏式技术轨道跃迁"。

（一）积累式技术轨道跃迁

"积累式技术轨道跃迁"指的是新技术范式一般不会彻底代替旧技术范式，旧技术范式仍保持着关键的领导性地位，新的技术范式只是在其基础上进行改进和扩充。当文化产业在发展过程中出现技术困境或旧技术范式发展受限，缺乏创新能力时，文化产业将寻求新的技术范式，探索出全新的科学技术，突破当前发展的瓶颈，提高文化产业的竞争能力和创新能力。因此，我们把文化产业在原有技术范式研究领域范围外，探索全新技术和创新能力，以帮助文化产业摆脱逐渐衰退的过程称为积累式技术轨道跃迁。文化产业积累式技术轨道跃迁的一个显著特点就是旧技术范式没有被完全破坏，原技术轨道不是跨技术范式发生的跃迁，而是在已有的技术轨道能级前提下，以新技术轨道为基础的创新技术优化了原有技术与技术轨道，从而提升了文化产业技术轨道能级，促进了文化产业发展。图 5-6 展示了文化产业积累式技术轨道跃迁的过程。

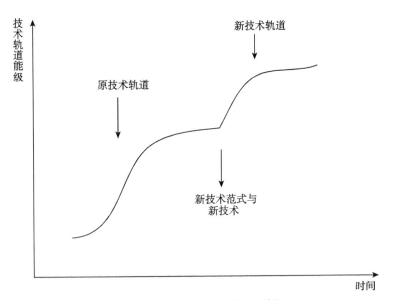

图 5-6　积累式技术轨道跃迁过程

（二）破坏式技术轨道跃迁

"破坏式技术轨道跃迁"指的是产生了全新的技术范式，旧技术范式不再存在，新技术范式完全取代了旧技术范式，新技术范式处于领导性地位，为文化产业技术轨道指明了全新的发展方向。当文化产业在发展过程中存在技术受限或无法逾越的困境时，文化产业便会充分汲取新颖前卫的技术手段，并以此为核心，打破当下的发展壁垒。因此，我们把文化产业破坏式技术轨道跃迁定义为通过新的技术范式完全取代原来的技术范式，用新的技术取代传统的技术，并以此来突破文化产业的发展困境。破坏式技术轨道跃迁的一个重要特征就是它不会延续原来的技术轨道，而是产生了全新的技术轨道。图 5-7 便展示了文化产业破坏式技术轨道跃迁的过程。

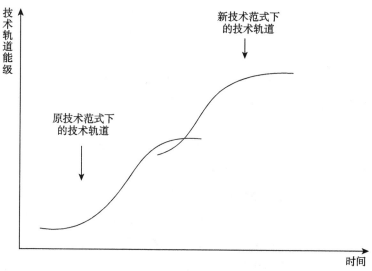

图 5-7　破坏式技术轨道跃迁过程

综上所述，文化产业技术轨道跃迁可归纳为积累式技术轨道跃迁和破坏式技术轨道跃迁，我们将通过分析广播电视技术轨道跃迁的典型案例，进一步夯实文化产业技术轨道跃迁的相关理论分析。

（三）文化产业技术轨道跃迁的案例分析

本节将以广播电视技术为例，对文化产业技术轨道跃迁行为进行案例分析，以佐证上文的轨道跃迁类型。广播电视技术的发展经历了黑白到彩色电视技术与无线到有线的信号传播技术两次变革。进入数字时代后，广播电视技术开始向数字信号技术更迭（张新、李伟章，2009）。

1. 积累式技术轨道跃迁：黑白电视技术→彩色电视技术

黑白电视技术→彩色电视技术这种技术轨道跃迁是在原技术轨道上进行技术创新，改进了原有技术的不足，属于积累式技术轨道跃迁。20世纪 50 年代，我国广播电视技术发展处于起始阶段，其技术水平远远落后于西方国家。在市场需求与国家政策的驱动下，我国由于毫无经验与技术，选择了跟随发达国家的技术轨道，吸收其他国家已有的电视技术，并加以改进，诞生了我国第一台黑白电视机，实现了我国电视技术的第一次突破。黑白电视机是通过接收电视台发射的信号，把信号放大及调整，再将处理好的图像信号传送至显像管，使电视屏幕出现画面。同时把音频信号放大，通过扬声器播放声音。随着社会和科技的进步以及人们精神需求的增长，在政府及相关部门的引导下，黑白电视技术开始向彩色电视技术跨越。彩色电视机基于黑白电视的已有技术基础，在显像管前新增了一块可以显示彩色影像的光学显示板。当电视机接收到电视台的信号时，原显像管先得到黑白影像，然后新增的光学显示板会将该黑白影像进行重整，最终形成彩色图像，这也就完成了从黑白电视技术到彩色电视技术的第一次跃迁。

2. 积累式技术轨道跃迁：无线技术→有线技术

无线技术→有线技术这种技术轨道跃迁是以已有技术为基础，将新技术与旧技术相结合，使原技术轨道得以优化，同样归属于积累式技术轨道跃迁。20 世纪 80 年代，在改革开放的影响下，我国经济、技术与社会发展不断进步，广播电视技术也迎来了重要的发展时期。无线技术是我国最早采用的广播电视技术，它通过空中的电磁波作为媒介，向外传输广播电视信号。在采用无线技术时，必须设置发射台，发送广播电视信号，由收听者通过装置来接收固定波段的信号。在这个过程中存在传播误差、传播距离受限、传播受阻等问题。因此，为了解决这些问题，广播电视业发展了一种由金属导线或光纤构成的有线传输系统。它可以把广播电视信号直接输送至千家万户。并且这种有线传输的方式既可以不再受到各类建筑物的阻挡，又可以稳定地供应清楚的电视影像。这种从无线技术到有线技术的跃迁和路径的优化通常能够带来产品性能的改进。

3. 破坏式技术轨道跃迁：模拟信号技术→数字信号技术

模拟信号技术→数字信号技术这种技术轨道跃迁产生了全新的技术范式，诞生了新的技术，对原技术轨道实现了取代和覆盖，故属于破坏式技术轨道跃迁。进入 21 世纪，计算机和互联网技术的崛起推动了广播电视技术的创新。最初的广播电视技术是利用模拟信号实现传输的，但是模拟信号的存在会对信号的质量造成一定的影响。而随着数字网络时代的到来，这种技术将不再是主流，新的广播电视技术应运而生。该技术以网络数字为中枢，贯穿广播电视制作、剪辑、播出的各个阶段。通过对各阶段的音频和图像信号进行数字化加工，将其转换为数字信号，得到环绕立体声和高清画面等。同时，采用网络技术进行扩散，该技术的关键环节是通过以网络为主的服务器取代原来的广播电视信号台，克服了最开始存在的信号不稳定、信号传播受限等不足，极大地改善了广播电视信号的稳定性，增强了其抗干扰能力，推动了广播电视技术的发展，更好地适应了受众对节目内容及质量的要求。数字信号技术也为广播电视产业的发展开辟了新的道路（李怀秀，2022）。

综观广播电视技术轨道的跃迁历程，在国家政策、经济社会发展以及技术进步的推动下，广播电视技术不断地进行自我革新。在原技术轨道发展遇到瓶颈或与社会需求相背离时，其主动寻求新兴技术进行迭代，弥补当前技术轨道的不足，使原有技术轨道得到进一步优化，进而保证了广播电视技术的竞争力和生命力。

第二节　产业能级跃迁

文化产业能级变化发生在文化产业技术轨道跃迁之后，即文化产业能级跃迁得益于技术轨道跃迁所施加的影响。因此，本节将详细阐释技术轨道跃迁对文化产业能级影响的作用机理与路径。本节的研究视域也将由微观技术领域转向中观产业运行层面。

一　文化产业能级跃迁过程

施宇箭和李国旺（2006）提出，产业能级是一个地区内的产业对地方经济发展的贡献和此产业在国内与国际市场中的地位。一般而言，产业能级包括产业技术水平、产业创造的附加值、产业对财政收入的贡献度、产业品牌影响力、产业赢利能力、要素使用效率等因素。产业能级可以通过技术改造、管理创新、创造需求等途径得到提高。因此，本节基于以上观点，将从技术改造、管理创新、创造需求这三个方面来探讨文化产业技术轨道跃迁对文化产业能级的影响。图 5-8 便展现了文化产业技术轨道跃迁对文化产业能级影响的作用路径。

下文，本节将分别从技术改造路径、管理创新路径和创造需求路径

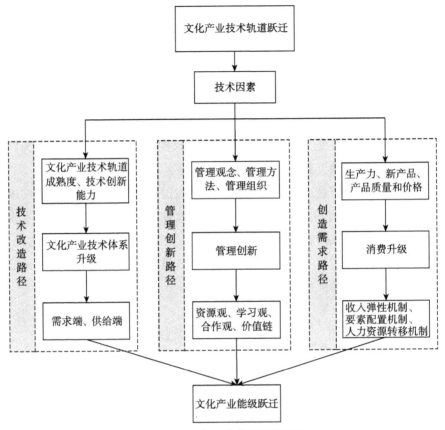

图 5-8　文化产业能级跃迁过程

来阐释文化产业的能级跃迁过程。

（一）技术改造提升文化产业能级

技术改造路径下的文化产业能级跃迁机制可以概括为：文化产业技术轨道跃迁促进了文化产业技术体系升级，其中技术因子发挥了重要作用。继而，文化产业技术体系升级进一步从需求端和供给端对文化产业能级的跃迁产生影响。图 5-9 便展现了技术改造下文化产业技术轨道跃迁对文化产业能级的作用路径。

1. 文化产业技术轨道跃迁对文化产业技术体系的影响

文化产业技术轨道跃迁对文化产业技术体系产生了很大的影响，这种影响主要是由技术因素带来的。文化产业技术轨道跃迁的技术因素主要有轨道成熟度、技术储备、技术基础以及技术创新能力。在科技环境未

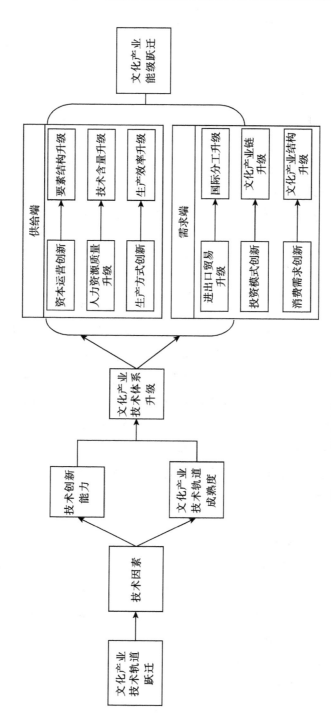

图 5 - 9 技术改造下文化产业能级跃迁的作用路径

发生重大改变的情况下，技术储备和技术基础也不会改变，是一个定值。因此，当文化产业技术主轨道成熟度较高时，此时的技术轨道和相应技术步入了成熟期或衰退期，此时文化产业技术轨道对文化产业技术体系的边际效用呈现递减趋势。如果此时文化产业具备较强的技术创新能力，那么会形成全新的技术范式，促进技术轨道跃迁，从而推动文化产业技术体系得到升级。故技术创新能力是文化产业技术体系发展的重要动力。如果文化产业的技术创新能力不高，便会使文化产业陷入低迷，继续停留在旧技术范式下，技术轨道无法跃迁，从而阻碍文化产业技术体系升级。如果文化产业具有较低的技术轨道成熟度，技术轨道和相应技术处在萌芽期或成长期，还存在继续发展的机会，可以为文化产业技术体系提供连续的支持。此时，如果文化产业具备较强的技术创新能力，那么技术创新会促进技术轨道逐渐成长和发展，为技术轨道提供技术元素，提高技术轨道的成熟度，从而推动文化产业技术体系进一步优化升级。如果文化产业具备较低的技术创新能力，这时不管文化产业技术轨道的前景如何，技术都不能提供源源不断的动力，也就不能促进文化产业技术体系的升级。因此，文化产业技术轨道成熟度和技术创新能力在很大程度上推动了文化产业技术体系的升级，使得文化产业技术体系实现了从线性到立体、从点状到矩阵化的转变。各种原创技术应用通过串联算力、共性技术等基础平台形成技术矩阵，人工智能、XR、5G、大数据、AIoT等数字技术已逐渐矩阵化与聚合化，极大地促进了文化产业技术体系的全方位发展，使得文化产业技术体系不再是简单的技术与文化的线性融合，而是发展为多向的立体化路径。

2. 文化产业技术体系对文化产业能级的影响

文化产业技术体系升级的关键因素便在于技术创新。技术创新是一种具有目的性和主观性的行为活动，意在从源头上优化生产结构、改善资源的使用效率和生产效率、提升文化产业创造的附加值，进而促使文化产业结构优化和能级跃迁。因此，本节将分别从供需两个角度分析文化产业技术体系对文化产业能级的影响。

在供给端，文化产业能级跃迁主要依靠技术体系升级所引致的生产方式创新、人力资源质量升级和资本运营创新等方式实现。首先，在生产过程中，技术体系升级意味着对现有的文化工艺进行创新、提高工艺水准、提升资源利用效率和生产效率、调整作业流程等，这将推动文化产业能级跃迁。其次，通过对劳动者进行教育训练，使其知识、技术、管理能力得到提高，即实现劳动力质量的升级，也将使文化产业能级实现跃迁。最后，依托金融产品创新和多元化融资手段为文化产业技术创新提供更广泛的资金供给支持，将进一步优化产业内部文化、技术与资本要素的结构，也可推动文化产业能级跃迁。在供给主体方面，技术体系升级为文化创作者提供了更为开发、便利的平台，文化创作者在进行内容创作时不需要门槛和条件，文化产业各主体的自主性和创造性优势得到了充分释放。在供给手段方面，技术体系升级有利于文化产业对文化资源、基础设施、文化创作内容等进行数字化加工，并基于网络技术实现文化产品的无差别传播。在供给效率方面，技术体系升级有助于文化产业精准分析消费者的消费动态和偏好，进而扩大文化消费产品的购买，促进文化产业能级跃迁。

在需求端，文化产业能级跃迁可以通过技术体系升级引致的进出口贸易升级、投资模式创新和消费需求创新等方式实现。首先，技术体系升级可以带来新的消费需求。全新的文化消费习惯有利于提升市场的文化消费层级，优化文化消费市场结构，从而诱导文化产业按需转型，实现能级跃迁。其次，技术体系升级还可以带来多条投资渠道，引导投资者向高回报和高利润的投资渠道和方向进行投资。这是因为，一方面，技术体系升级推动了文化产业与高新尖技术融合，降低了投资风险，扩大了投资利润；另一方面，文化科技融合的发展前景十分乐观，有助于文化产业价值链升级，故文化产业能级也将随之提升。最后，技术体系升级对提升文化产业国际分工水平、促进国际贸易发展具有重要作用。技术体系升级可以使文化产业拥有更专业化的分工，这也将吸引更多具有比较优势的境外企业一并参与文化产品的设计、生产与营销，从而使得本国的文化产品拥有更强的国际影响力与文化输出功率。因此，通过专业化分工与文化产品国际贸易的开展，文化产业将进一步提升竞争优势与产品附加值，这将最终推动文化产业能级跃迁。同时值得注意的是，文化产业在需求端的特点正在逐步转向个性化、定制化和碎片化。文化产品和服务在消费者眼中正在发生质的转变，他们逐渐由被动接受转向主动接受，消费者的主人翁意识也逐渐强烈。例如，以敦煌元素为特色的文化产品"敦煌诗巾"，通过互联网技术实现了 DIY 个性化定制，满足了不同消费者的不同消费需求，并以此形成了轻量化的生产方式，打通了线上定制和线下供给的联合渠道。因此，技术体系升级分别从需求和供给层面对文化产业能级跃迁起到了重要的促进作用。

（二）管理创新提升文化产业能级

文化产业技术轨道跃迁会带来新的技术范式，但技术的发展离不开相应的管理模式。技术一旦得到了创新，将会从管理观念、管理方法、管理组织结构等方面推动管理模式的创新（曹元坤，1999）。全新的管理模式会带来新的资源观、学习观、合作观和价值链体系，从而推动文化产业能级得到提升（田恒，2011）。图 5-10 便展现了在管理创新下文化产业技术轨道跃迁对文化产业能级的作用路径。

1. 技术因素对文化产业管理创新的影响

技术要想最大限度被激发，就要与人力、资本、信息、资源等有机地协调起来，而这种协调只有在管理模式创新的前提下才可以实现。如果没有相应的管理模式创新，技术将无用武之地。但是，任何一种技术发展的管理模式都会有一个限度，当这个限度达到峰值时，技术创新的活力将会被限制。若要进一步提升技术水平，就需要持续地革新管理方式（李喜岷，1988）。因此，技术轨道跃迁形成了新的技术范式，技术不断创新，亟须与之相匹配的管理模式，故技术因素对文化产业管理方面的促进作用主要表现在以下三个方面。

第一，文化产业管理观念得到创新。文化产业管理观念就是文化产业中的管理者对变化的参与者和他们之间的博弈关系的一个概念体系。不同的管理观念会导致不同的管理行为，从而导致不同的经营业绩。技术因素对文化产业管理观念的形成产生了一定的制约，使技术基础发生变化，从而使相应的管理观念产生改变。数字技术的创新，改变了原来管理层级之间的信息交流方式，使其变更为以计算机进行处理，极大地提高了办事效率。同时，技术因素对文化产业管理观念的影响还体现在内外部的管理观念上。内部管理观念是对管理者、下属以及人员之间关系的集合。在数字技术创新前，管理者根据个体的不同特征和需求特征进行合理、高效的配置，但是在实施过程中，由于难度大、费用高，其在很大程度上仍具有随机性。因此，随着高新科技的普及，很多烦琐的

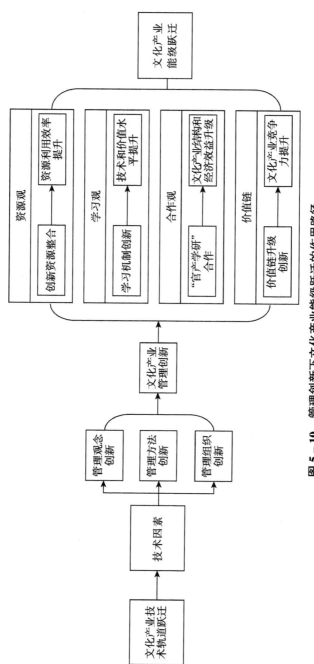

图 5 - 10　管理创新下文化产业能级跃迁的作用路径

人工工作都可以由计算机来完成。外部管理观念则表现在文化产业的竞争和营销上。一方面，技术因素促进了文化产业各主体之间的竞争，决定了各行为主体的成败，从而使得管理者更加关注竞争效应，更加注重技术创新带来的危机效应；另一方面，技术创新也带动了文化产业各主体间的合作，督促管理者保持合作共赢的观念。而在营销上，技术创新会降低成本，以更低的价格和更高的质量吸引更多的消费者。

第二，文化产业管理方法得到创新。技术因素推动了文化产业成文性管理方法和非成文性管理方法的创新。技术因素加快了新管理设备对旧管理设备的替换，管理人员的操作技巧也随之转变为与新的硬件设备相匹配的方式。文化产业的新管理方式使得信息的接收、处理和传输方式发生了变化。原来的信息收集和整理方法主要是收听报告、整理材料、实地走访等，但这种方法存在很多限制，而采用新的管理方式则可以有效地缓解或消除这些制约因素，并以极小的代价获得所需要的信息。文化产业传统的管理方法在某种程度上限制了管理者的行动空间，信息获取渠道也受限。而新的管理方法可以让管理者从时空的限制中解放出来，让管理者能够从多个角度、多个层面去接收信息。由于传统的管理方法往往会导致管理者对接收到的信息进行多次筛选和修改，这将使管理者所接收到的信息难以获得较高的可信性。同时，由于噪声的影响，信息的传播也会发生畸变，这说明所传送的信息很难具有较高的可信性。而新的管理方法是通过计算机来获取信息，因此可以降低信息在收发时的失真，从而提高决策的可信度。

第三，文化产业管理组织得到创新。技术因素特别是数字化的信息技术推动了文化产业的组织架构从非信息化向信息化组织进行转变。由于计算机和通信技术的发展，很多重复的工作都可以完全由计算机来完成，这就取代了文化产业非信息化组织中从事信息采集、整理、传输等工作的人员，从而导致大量复杂的管理工作变成了单纯的计算机控制。因此，在文化产业的信息化组织中，管理者的管理范围扩大，组织层级缩减，具有"高耸结构"的非信息化组织已转变为具有"扁平结构"的信息化组织。从文化产业的组织属性上看，其已从单一的实体组织向实体和虚拟组织并存的形式转变。这种组织形式可以最大限度地利用资源，达到组织所希望达到却难以达到的目的，并在某种程度上将利益分享与风险分摊。文化产业在技术因素的影响下经济效益也取得了显著的提升，但也由此产生了一些问题，诸如文化产品生产内容质量低下，忽视了文化本质的追求。尤其是数字技术或互联网技术的应用，一些数据算法等技术无法兼顾文化内容质量和文化价值，使得低俗文化产品盛行，影响了文化产业的长远发展。并且这些技术更大的缺陷在于数据安全问题，易发生数据泄露、侵犯消费者隐私等不良问题（张书勤，2020）。鉴于此类问题，文化产业必然要紧跟技术因素的步伐进行相应的创新管理，改变文化产业传统的管理观念、方法和组织结构，明确文化产业各组织机构的权力责任，充分发挥各主体的监管能力，构建数字化管理体系，以文化内容生产为核心，加强版权保护、内容监管、数据安全管理、人工智能技术管理，提高文化产业管理效率。

2. 文化产业管理创新对文化产业能级的影响

文化产业的发展是以技术创新或者管理创新为基础的，可以体现在技术、工艺、产品等技术方面的创新，也可以体现在管理模式、文化、制度、组织结构、营销等管理方面的创新。因此，管理模式的创新将有助于推进文化产业优化升级，推动文化产业能级跃升。故本节试图从复杂科学管理的视角，对文化产业能级跃迁进行研究和探索。

（1）利用新资源观整合创新资源

本节以系统思维为基础，构建了一种新型的资源观，即深化资源的内涵，对现有资源进行改造，使系统中的各类资源得到最优分配，改变现有资源的潜在价值。过去的资源观把自然资源看作资源，而新的资源观则提出除了自然资源，文化资源、科技资源、制度资源、人力资源、资本资源、数据资源等都是资源，而且都有重要意义。尤其是文化产业在数字技术的催生下，一些传统的文化资源逐步转化为数据资源，实现了数字化转型。并且在国家政策的推动下，建设了中国文化遗产标本库、中华文化素材库等，形成了庞大且丰富的文化数据资源库。文化与数据等新兴资源对于发展文化产业数字经济具有重要价值，开拓了更多文化产业新业态。新的资源观对提升创新资源的利用效率、提高资源带来的效益、提升组织的创新能力、促进文化产业能级跃迁均具有重要意义。

（2）提高组织学习的能力

文化产业若想维持长久的竞争优势，就必须具备快速且强大的组织学习能力。组织学习的实质在于建立企业长久的竞争优势与创新能力。文化产业本身就是一个动态的、开放的学习系统，它的最大特征就是与人类文化活动紧密联系在一起，并与内部和外部人员进行知识的交换和共享，从而促进文化产业知识水平的提高。学习型创新机制可以提高文化产业的技术水平和价值水平，从而推动文化产业的价值链得到提升。在创新机制的推动下，很多产业的边界将会被打破，使价值链的结构发生改变，从而导致文化产业在价值链中的位置发生变化，实现价值重组。文化产业内容创作在人工智能、大数据等技术的参与下实现了升级创新，在这个过程中，AI 技术至关重要。AI 技术以现有的艺术作品等文化资源为基础，通过学习机制对这些资源进行学习，利用算法对学习到的内容进行二次处理和升级改造，从而提升文化产业的生产效率和经济效益。因此，文化产业的价值链变革就在于不断的学习和创新，从而促进文化产业能级跃迁。

（3）"官产学研"合作互动

文化产业能级的跃迁不仅需要企业自身努力，还需要"官产学研"的有效配合，政府、企业、大学、科研机构之间要进行技术创新与合作。在发展落后的地区，要实现文化产业和科学技术的发展，必须有政府的引导和积极参与。政府除资助基本的科研活动以外，还包括设立研发基金，支持新技术的开发和应用，以及增强基础性的政策辅助；还可以进行共同研发、委托研发、技术咨询、人员培训、技术引进、专利许可等各种形式的合作。正如处于发展前列的文化产业园区——北京 798 艺术区、羊城创意产业园、张江文化创意产业园区和 1978 数字文创小镇等，它们的创新发展均离不开政府政策的支持以及金融机构和中介机构的辅助。同时，园区内的企业也在积极地与各高校、各科研机构进行技术研发和创意内容生产等合作。除此之外，文化产业还可以通过"官产学研"的方式，将知识资源拓展到世界各地，并直接吸收国外的技术和管理经验，以推动文化产业结构和价值体系得到升级，从而带动文化产业能级跃迁。

（4）以创新机制重构价值链

文化产业管理的核心在于创新，即通过合理利用资源和创新资源配置等方式，重新建构价值链，以获取自身的竞争优势。文化产业的价值链系统是动态演进的，价值链中每个环节和每个企业的技术实力并不均衡，各主体创造的价值也会存在差异，各主体在价值链中所处的位置也会有所不同。因此，文化产业在全球价值链中所处的位置越高，说明其拥有越强的创新能力和越高的经济效益。文化产业与数字技术的深入结合，拓展了文化产业价值链的边界，形成了"虚实结合"的全新价值体系。文化产业从最初的创作开发到生产制造、交易销售等全过程不仅实现了升级改造，更逐步完成了数字化、虚拟化转型，形成了全新的产业体系。具体而言，文化产业以创新机制重构价值链主要通过以下四种途径：一是通过重组生产工艺或采用先进技术提高产品的产量；二是产品的优化，以单位增加值为基础，进行产品结构的调整，使之成为更高级的生产线；三是功能的提升，以新的、更具有价值的部分为主，以实现功能提升；四是价值链的提升，即把某个环节中的技能用于新的领域，或转化为新的全球价值链。也正是经过这四个环节的淬炼，文化产业能级才得以提升。

（三）创造需求提升文化产业能级

文化产业技术轨道得到跃迁后，带动了技术的创新。技术创新会进一步形成新的文化产品和消费需求（王胜，2007）。而文化产业消费升级可以通过三种机制提升文化产业能级，这三种机制分别为收入弹性机制、要素配置机制和人力资源转移机制（龙少波、丁点尔，2022）。图5-11展现了在创造需求下文化产业技术轨道跃迁对文化产业能级的作用路径。

1. 文化产业技术轨道跃迁对文化产业消费升级的影响

文化产业技术轨道跃迁带来了新的技术范式，实现了技术进步与技术创新。而全新的技术因素会引致新的文化消费需求，主要体现在以下几个方面。

（1）技术因素提高了文化产业的生产力水平，进而影响了人们的文化消费方式和消费结构，促进了文化消费升级

一项全新技术的诞生通常会影响文化产业生产设备的更新换代以及劳动者能力的提升。在这个过程中，技术创新起到了至关重要的作用。技术创新是以技术活动为基础的，在文化产品生产过程中应用全新的技术

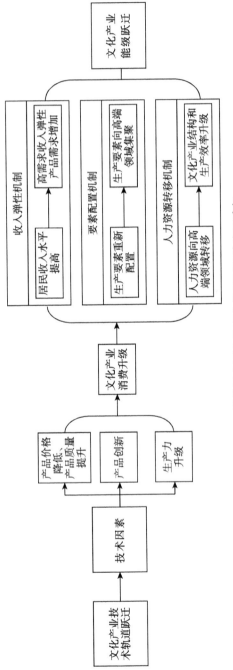

图 5 - 11　创造需求下文化产业能级跃迁的作用路径

手段和管理模式，可以大大提高文化产业的生产力水平。随着生产力的进步，社会财富也越来越充足，这将引致文化消费方式的多样化、个性化和高级化。由于财富的增加意味着人们的收入水平提高，购买力也随之提高。在马斯洛需求理论下，过去文化产业只能满足市场最基本的文化需要，但现在可以满足更高级的消费要求。同时，随着对某类文化消费品需求的快速增长，文化消费方式和产品消费结构也将发生相应变化。特别是文化产业已步入数字时代，文化创意内容生产在数字技术的引领下越发数字化、高级化和专业化，这势必引致文化产品生产效率的提高和生产规模的扩大。文化和技术的融合使文化生产和文化产品的表达方式更加丰富。新兴文化业态也改变了人们对传统文化产业的认知。文化产业正在成为技术与艺术结合的美学共同体。因此，技术创新提高了文化产业的生产能力，带动人们形成了全新的文化消费认知，并改变了文化产业的消费体系。

（2）技术因素可以提高文化产品的质量，降低文化产品的价格，从而促进消费升级

鉴于每项技术应用的结果都是通过传播而被大量使用，故文化产业在各个层面上的技术选择都会致使主体更倾向于使用更有效率、更低成本或更新奇的先进技术。其结果就是那些优先使用创新技术的文化企业会以更高的质量和更低的价格赢得消费者的喜爱。在一定时期，消费者的消费情况是建立在自身需求、收入水平以及文化产品价格之上的。任一条件的改变，都会带动消费方式和结构的变化。文化产业进入数字时代后，在互联网等数字技术的加持下，催生出各类数字文化产品。而技术愈加成熟，也将愈加降低文化产品的成本和价格。同时，丰富多样的产品类型，如传统艺术的虚拟体验、游戏产品、短视频制作等，也将带动文化产业的消费升级。因此，技术创新可以引致文化产业生产成本下降、生产效率提升与产品质量提升，加之变相的消费者财富升级效应，最终市场的消费升级局面会得以实现。

（3）技术因素可以带来文化产品的创新，从而提高文化消费动力来促进消费升级

科技创新以新的或更高质量的文化产品激发消费者的消费欲，进而产生消费推动力，将持续开发新的文化消费空间。例如，电视机和电脑

的出现，吸引了无数的电视观众和电脑爱好者。更值得一提的是，产品创新不但能满足市场需求，更会给消费者带来对未来产品的需求。例如，由于黑白手机的革新，彩屏手机的需求量大增；由于短视频、音乐、游戏等平台的成立和发展，人们对于其体验度和感官强度的要求也越来越高。由此可见，技术创新提高了消费所需的物质条件，激发了人们的欲望，拉动了消费动力，进而改变了人们的消费模式，促进了消费升级。

2. 文化产业消费升级对文化产业能级的影响

文化产业能级的跃迁在一些方面是依靠市场需求带动的，而这一方面的需求变动是由于消费升级。消费升级对文化产业能级的影响主要体现在收入弹性机制、要素配置机制、人力资源转移机制三方面。

（1）收入弹性机制

消费水平的提高，意味着人均可支配收入的提高。按照恩格尔定律，人们对粮食等生活必需品的需求将会减少，从而提高享受性消费的比重。市场机制会把这种信息传递给需求供给机制，从而使具有高收益弹性的相关行业能够更好发展，并逐渐成为整个经济体系的主导力量。比如，随着人们收入的不断增长，他们对于智能化设备、高科技电子产品的需求也会随之增长，从而使高科技产业在国民经济中所占比重上升，进而使第二产业向更高水平的方向发展；在第三产业，居民的收入增加，可以提高他们对高收入、高收益的服务性产品的消费，比如文化、教育、娱乐等，人们对文化产业的消费倾向也从文化实体产品逐步转变为文化演出、文化服务、沉浸式体验等新业态模式。因此，消费者的收入弹性增大会改变其对文化产业的消费趋势，驱动文化产业按需调整发展方向，从而影响文化产业能级的跃迁。

（2）要素配置机制

要素配置机制强调的是生产过程中引发的消费升级是如何对文化产业能级跃迁产生影响的。整个消费市场中出现了新的消费需求或趋势，将促使各企业和各厂商的生产决策发生转移。它们将依据最新的消费需求进行生产，从而对原产品的生产起到抑制作用，对新产品的生产起到促进作用。因此，一方面，消费升级驱动了消费者更趋向消费高端产品和服务；另一方面，厂商为追求更丰厚的利润和更高的市场地位，会依据全新的需求重新对已有的生产要素进行合理分配，有计划地把资源、资金、人力等各类生产要素逐渐脱离传统产业，投向新兴产业和高端产业，并在这个过程中逐步提高生产要素的利用率，使各种生产要素得到合理分配。特别地，文化要素已成为全新的生产要素，文化要素是利用数字技术、数字创意技术、数字传播方法等手段将文化资源转换成数据形式的生产要素。将其投入文化产品与服务的创作生产中，将极大地扩大文化产业生产边界，促进文化产业经济效益的提升。因此，要素配置机制会加速淘汰传统落后的产业生产方式，但会助力新兴行业的发展。故优化要素配置可以实现文化产业的转型升级，并为文化产业能级跃迁提供支持。

（3）人力资源转移机制

文化产业消费升级可以促使居民在教育方面的投入相应增加，使我国文化产业领域的人才质量得到显著提高。文化消费升级带动了市场人力资源的集聚。而人力资源集聚对文化产业的作用可以从消费和生产两方面来解释。在文化产业消费方面，由于人力资源质量的变化，居民的文化消费需求与结构也随之改变，高质量的文化消费推动了文化产业结构的调整，文化产业消费市场对更高端的产品与服务的需求也随之增加，将引致人力资源向高需求领域迁移。在文化产业生产方面，高质量的人力资源会为文化产业提供更多具备创造性的人才，为文化产业创意内容的生产奠定雄厚的人才基础。因此，人力资源转移机制可以推进文化产业生产力的长久发展，这将加快文化产业能级跃迁的脚步。

二　文化产业能级跃迁的量子隐喻解释

为了更生动地展示文化产业能级跃迁机制，本节将通过量子隐喻的方式对其过程进行还原。在量子理论中，原子是由原子核及核外电子构成的。核外电子受到原子核吸引力及其他核外电子排斥力的中和，在不同轨道稳定运动。电子具有在该轨道运动的动能以及所处轨道的势能。这些具有不同势能的轨道构成了能级。外层核外电子具有最高的势能，所处的轨道能级最高。原子在核外电子能级稳定不变时呈现的均衡状态称为"定态"。按所具有势能高低进行排列，势能最低的状态称为"基态"，其他势能的状态称为"激发态"。通常情况下，微观系统中的粒子处于低能级轨道。当外界条件发生变化时，如辐照、高速电子或中子碰撞、化学反应等，粒子获得能量从低能级跃迁到高能级，由"基态"变为"激发态"。处于激发态的粒子由于生命周期有限，会自发地从跃迁后的高能级向低能级转变。经过一次或几次转变后达到稳定状态，最终形成新的"亚稳态"。粒子在从外界吸收或释放能量后自身能级发生改变，这种不连续、量子化的变化称为能级跃迁。

结合量子理论，本节发现文化产业数字化赋能过程恰恰可以利用技术轨道跃迁下的能级变化加以阐释。文化产业的技术范式是在市场大环境下，经过长期的技术积累和知识沉淀产生的具备自我强化和排他属性的规范。传统文化产业所属的技术轨道已然无法满足生产需求，数字技术变革为文化产业提供了新的技术轨道，产业就从"基态"变为"激发态"。文化产业技术范式替代量子理论中的原子核位置，不同的技术发展路径形成了各自的技术轨道。在数字技术的刺激下，文化产业系统内部将出现跃迁行为，从而产生数字化赋能效应。本节借助量子力学中的能级跃迁过程加以类比，进而完成了文化产业能级跃迁的理论推演，详见图5-12。在文化产业技术轨道系统中，文化产业技术范式处于原子核位置，原子核外的不同技术构成技术轨道。在系统外的数字技术催化下，文化产业系统极有可能实现技术轨道的跃迁。这种产业系统的跃迁过程是一系列的"分叉点"跃迁到更高能级水平的一个不连续过程。

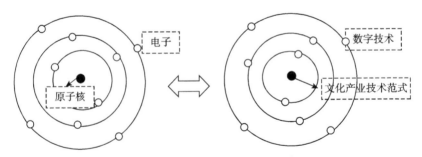

图5-12　文化产业技术轨道系统

基于量子隐喻理论，文化产业能级跃迁主要经历三个阶段，即渐进变化阶段、技术突破阶段和行业调整阶段，如图5-13所示。

（一）渐进变化阶段

文化产业的发展初期，技术发展也在萌芽期，文化产业技术范式对技

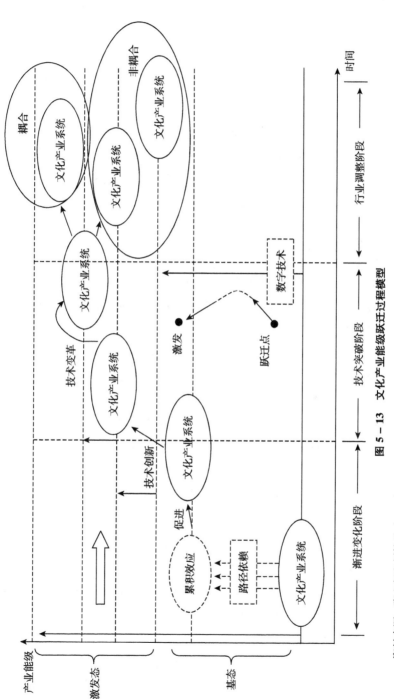

图 5 - 13 文化产业能级跃迁过程模型

资料来源：张立超和刘怡君（2015）。

术轨道的约束强，产业处于低能级技术轨道。企业在该阶段主要进行技术、资本的原始累积，为技术轨道跃迁提供基础的必备要素。在这一阶段，文化产业系统主要处于能量积累阶段，并以原子系统的"基态"形式表现。

（二）技术突破阶段

当文化产业积累了一定的能量后，产业技术轨道发展也从萌芽期过渡到发展期。新技术出现，先发的文化企业受到诸如数字技术等的冲击而获得能量，从内层低能级技术轨道跃迁至外层高能级技术轨道。文化产业系统内出现了新的发展方向，产业也从原来的"基态"跃迁至"激发态"，即技术变革加快了文化产业系统的跃迁速度。

（三）行业调整阶段

在行业调整阶段，技术轨道跃迁后，技术范式的约束与平行技术轨道的排斥会对现存的技术轨道进行筛选。符合技术范式发展方向的技术轨道将得到发展，并占据技术主轨道。这时处于"激发态"的技术轨道系统与文化产业技术体系相互影响。当跃迁后的技术轨道系统与文化产业技术体系耦合时，文化产业系统从"激发态"变为"亚稳态"；反之，该技术轨道将被淘汰。得到文化产业技术体系认可的技术轨道，也会对文化产业技术体系产生反作用力。最终，整个文化产业系统会沿着与过去同样的变化路径继续演化，从而实现一种动态平衡。

第三节　文化能级跃迁

上文已充分证明，文化产业数字化赋能可以在技术与产业能级层面带来跃升影响。但不可忽视的是，文化产业存在其特殊性：文化产业依赖于市场，具有商业经济价值，但文化产品的内容更应呈现人文关怀和审美价值，文化产业理应拥有极高的精神向度。那么，这不禁引发我们思考，数字化赋能会引致文化产业实现文化能级的跃迁吗？文化能级具体指什么？它表现为怎样的形式？应该如何破解数字技术对文化能级跃迁影响的黑箱？又该怎样测度这种文化能级的跃迁效果？在本节，我们将针对上述问题一一解答。

一　文化能级的概述

（一）文化能级的概念界定

2022 年 8 月，上海市习近平新时代中国特色社会主义思想研究中心研究员李健在《文汇报》撰文指出，影响力及其能级是一种客观的能力和状态。它并不完全取决于肌肉的强壮程度，还需在"精神"层面实现引领，即通过软实力的增强，厚植文明与品格，才能真正促进影响力能级的提升。将上述观点嫁接于文化产业，今天的文化产业借助信息、网络等数字技术，加速了文化作为生产力要素进入经济发展领域的过程。文化产业不仅是社会生产力的创造者，更是精神生产的当代形态。文化"以文化之"，是心灵的洗礼和提升。文化产业的精神性生产将带来意识形态层面吸引力的进发，形成文化、价值观、影响力、道德准则乃至文化感召力等无形的软实力强化。因此，本节将从文化软实力的视角对文化能级概念加以界定，在技术、产业能级所展现的技术价值与经济价值之外，探索代表社会价值与精神维度的文化能级是怎样得益于数字技术的影响。

因此，本节沿用"文化软实力"的概念对本书中的"文化能级"概念进行界定。具体而言，文化能级指的是文化及其内蕴的价值理念和意识形态所形成的精神追求，即运用柔性的、非强制性的手段实现既定目标的能力。文化能级具有自身的创新力，对内的凝聚力、动员力和民众发展力，对外的国际影响力、价值感召力和情感亲和力。文化能级的生成有赖于对文化传统、核心价值观、文化事业与文化产业的整合、推动和发展，需要各方主体有效化解传统文化与现代文化、本国文化与外国文化之间的分歧，实现不同文化或文明之间的和谐共生。与此同时，文化本身内在的魅力是推动文化软实力发展的主导因素，它正是通过潜移默化的方式，凭借其超越性和渗透力润物无声地在国家和文化交往中发挥独特的作用。

（二）文化能级的构成

参考徐翔（2012）和朱卫未等（2020）构建的指标体系，并结合当前数字经济发展环境和特点，本节将使用网络文化软实力概念对数字技术嵌入下的文化能级水平加以解构。具体而言，本节所涉及的文化能级概念可由信息基础层、文化提供层、功效拓展层和文化传播层共同构成。

1. 信息基础层

信息基础层主要指光缆、移动通信等设备设施。其是国家进行信息化建设的基础支撑，同时也是文化产业数字化转型的重要组成部分。网络信息基础设施是文化产业进行数字化建设和发展的前提和基础，也是文化产业信息化程度的重要体现。信息基础设施可以为文化创意产品提供基础的条件和环境，具体包括互联网带宽数、网络普及程度、网络终端数量、网络域名总数、移动互联网和无线网络的覆盖率等。虽然这些基础性资源不一定直接参与到具体的文化软实力建设中，却是文化能级跃迁的基本前提和保证。

2. 文化提供层

文化能级与其生产、提供互联网内容和服务的能力是无法割裂的。随着数字信息技术的进步，网络文化也会随之发展兴盛。网络内容的生产力和竞争力主要取决于数字文化企业及其文化产品的规模与质量。文化能级的生产和传播需要主体支撑，数字文化企业是文化内容生产的主要载体。一种文化能够得以延续，离不开民众和社会对其的接纳和吸收。因此，文化能级的跃迁需要丰富的受众资源。同时，文化能级还有待人力、财力和物力的投入与支持，只有持续输送营养，才能满足市场不断升级的文化消费需求。具体而言，文化及相关产业企业单位数、信息传输水平、计算机服务和软件业的从业人员数量以及文化相关单位营业成本等内容均归属于文化提供层。

3. 功效拓展层

文化能级的功效拓展是指借助数字技术而形成的文化成果的具体贡献与表达，即数字文化成果的社会效益及其所传递的文化价值。由此可见，功效拓展层直接反映了文化软实力与文化能级的高低，通常直观地体现在文化相关产品或内容上，即数字文化产品的质量状况决定了文化能级的提升程度。尤其是对于数字文创产品来说，在信息通信技术的加持下，其自身便是具有文化内涵的创新性产品，是依靠创意人的智慧、技能和天赋，借助高科技对文化资源进行创造与提升，通过知识产权的开发和运用而产生的高附加值产品。因此，无论是旅游纪念文创产品、娱乐艺术衍生品、生活美学产品、活动与展会文创产品还是企业与品牌文创产品，均是文化的外延，是新生活的时尚创生，其核心就是文化价值。数字经济时代，Web 3.0 降低了所有文化层参与文化生产和内容创作的门槛，涌现出诸多文化明星、文化符号和文化原创人才，这带动了文化能级的功效发挥。

4. 文化传播层

文化产品和内容需要有效地传播和分配，通过中介过程与受众相连，从而转化为可使终端用户接受的文化价值。作为媒体文化传播的新手段，数字技术为文化传播提供了创新性的渠道。因此，文化传播和文化辐射能力是文化能级跃迁的重要手段。数智经济时代，文化传播力主要体现在互联网站和网页的数量与流量、网络媒体企业的数量与规模上，诸如网站或网络产品的点击量、覆盖面、受众认可度、网络新闻和网络出版物等。一般而言，网络媒体影响力越大、网络内容传播力越强，越有利于文化能级的跃迁。

二　文化能级跃迁的意义

文化能级跃迁的重要意义在于，借助互联网的巨大优势和数字技术手段，文化元素得以以一种更能与时代接轨，并更为现代人所接受的艺术传播形式，在数字技术的支持下"活起来""动起来"。以现代受众更为接受和理解的方式引起其情感上的共鸣，也成为让日渐式微甚至就要消亡的优秀文化重现旺盛生命力的更加高效的方式。

（一）文化价值的厚植

"求木之长者，必固其根本；欲流之远者，必浚其泉源……"优秀文化是民族的精神命脉，更是在世界文化激荡中站稳脚跟的坚实根基。厚植文化命脉，增强文化自觉和文化自信，让其在数字技术的加持下再生是当前语境下最可接受、最具广度和传播深度的继承方式。例如，2008 年的北京奥运会开幕式上的巨大卷轴，即便时隔十多年，依然让人印象深刻。在光影变化中，缓缓打开的画卷讲述着中华上下五千年的悠悠文明。从上古时期到文字的出现，从造纸术的发明到活字印刷术的出现，从古典音律到《论语》，再到丝绸之路的展现，环环相扣，所有的故事都在画卷中，一步一步地展示着属于中华民族的文明脉络和中华文化的深刻理念。这是文化命脉数字化厚植的典范，依托 LED 光影充分展现出中华大地灿烂辉煌的文明与大国胸襟。"天人合一"的传统文化最高思想精髓用绚烂多姿的数字化艺术方式呈现出来，为世界呈现一场精彩绝伦的视听盛宴，沉醉在中华悠久历史文化的魅力中，让人们更理解数字化艺术语言所传递的宽广的胸怀和包容的理念。由此可见，数智时代文化命脉得以被数字技术"点化"，不仅是一次成功的文化理念传承，更是我国文化能级跃迁的生动案例。

（二）文化符号的新生

文化符号，是一种能够代表某种文化特质，并产生高度影响力的象征体系。文化符号具有传统象征内涵及比喻意义，人们对文化的认识往往通过一种符号化的概念来实现。它是在经过岁月的沉淀和历史的洗礼后，在不同载体上留下的浓郁的文化厚重感和历史的印记，拥有强大的文化生命力。无论是《舌尖上的中国》中筷子、中国山水、一叶扁舟、印章书法和泼墨效果，还是《大军师司马懿之虎啸龙吟》中龙、琴、鹤等元素和书法水墨及动势本身，无一不是以数字化的方式对中华元素符号进行创造性的艺术应用。它既明确了艺术作品的主题，更展示了中华传统文化的独特魅力和旺盛的生命力。因而，对中华元素符号的成功继承和发扬，本质上就是以数字化艺术的方式带来的一次新生。与此同时，2022 年，中共中央办公厅、国务院办公厅印发了《关于推进实施国家文化数字化战略的意见》，强调通过文化数字化建设工程，打造优秀的传统文化 IP。由此可见，数字化赋予了传统文化时代性的内涵和形式，实现了传统文化的创造性转化和创新性发展。它预示着文化符号的新生，更标志着文化能级的跃迁。

（三）文化基因的激活

党的二十大报告强调"中华优秀传统文化源远流长、博大精深，是中华文明的智慧结晶""实施国家文化数字化战略，健全现代公共文化服务体系，创新实施文化惠民工程"。站在历史的新起点上，深入挖掘根植于中华民族传统文化中的优秀文化基因，对其进行创造性转化、创新性发展，能够展示中华民族独特的精神标识。数字技术与优秀传统文化的相遇，必将丰富文化存储介质载体，革新文化演绎呈现形式，开辟文化传播互动渠道，从而催生文化新生机、新生态与新动能。首先，文化遗产保护可以借助现代数字信息技术，诸如拍照、扫描、录音、录像、情景还原再现等方式，完整科学地记录、留存文化遗产信息，将实物形态转化为数字信息进行存储，构建数字化档案，进行永久性保存和活态化传承；其次，在数字化叙事方面，以优秀传统文化的内容价值为核心，配以多种数字媒体技术营造真实的全身心感知氛围，带来有温度的视听盛宴、有触摸的感官刺激和有参与的感知体验，能更好地传递优秀传统文化的价值观念和人文精神；最后，新媒体的出现和迭代改变了信息的呈现、传达和展示方式，为中华优秀传统文化基因的传承提供了多元化的平台和渠道。人们可以通过视频平台、公众号等多种途径来了解中华优秀传统文化，突破传统媒介下传承效率低、范围小、形式较为单一的局限。由此可见，数字技术所引致的文化能级跃迁将有效激活文化基因。

三　文化能级跃迁机制

（一）数字技术双轮驱动

1. 数据信息驱动

中共中央办公厅、国务院办公厅印发的《关于推进实施国家文化数字化战略的意见》，中国公共关系协会文化大数据产业委员会印发的《国家文化大数据标识注册中心管理办法（试行）》显示，文化数据的采集、加工、交易、分发和呈现均开始呈现数字化趋势。由此可见，实施国家文化数字化战略已成为全党共识。预计到"十四五"时期末，我国将基本建成文化数字化基础设施和服务平台，基本贯通各类文化机构的数据中心，基本完成文化产业数字化布局，公共文化数字化建设跃上新台阶，形成线上线下融合互动、立体覆盖的文化服务供给体系；到2035年，建成物理分布、逻辑关联、快速链接、高效搜索、全面共享、重点集成的国家文化大数据体系，文化数字化生产力快速发展，中华文化全景呈现，中华文化数字化成果全民共享、优秀创新成果享誉海内外。综上，文化数据属于国家、民族的核心信息资源，特别是文化基因数据，地位同生物基因数据一样重要，保护文化基因如同保护生命。也正是得益于文化数字化建设工程，通过文化资源数字化、文化生产数字化与文化传播数字化，文化已被激发出最天生与本源的信息属性。

　　至此，文化数据已经成为一种核心生产要素，正在对经济行为和经济增长产生越来越大的影响。首先，文化数据会影响文化企业的生产行为。数据会生成知识，形成直接用来指导生产行为的信息，从而促进生产率提高，影响生产过程。其本质是内生增长，其核心机制是非竞争性和规模效应。文化产业的全要素生产率提高离不开信息技术的贡献，脱离了海量的数据资源，数字技术将如同无源之水。其次，文化数据要素具有效率倍增作用。一方面，文化数据要素可以以虚拟文化资产的形态参与到生产实践中，进而突破实物文化生产要素在资源稀缺条件下对经济增长拉动作用的束缚与制约，成为一种全新的生产要素供给方式。另一方面，文化数据要素能够通过可复制、无距离限制、可无限供给等属性，在共享理念下使生产资料倍增，从而使文化企业转向轻资产运作。这也是文化数据生产要素区别于传统人力、资本生产要素的最突出特点。与此同时，即使文化数据生产需要负担高昂的固定成本，但数据复制的边际成本接近于零，这将极大地降低消费者的搜寻与运输成本，拉近供需两端的交易距离，实现突破地域边界的文化信息广泛传输，进而打通地域间的"信息孤岛"。最后，文化数据要素的采集、生产、加工、整合、吸收与交易，在根本上颠覆了文化产业与文化经济既有的运行范式。可以说，从宏观文化管理至微观文化企业经营，文化主体的技术链、产品链、价值链乃至空间链等均实现了拓展与重塑。文化数据要素将生产过程更紧密地与文化消费市场贴合，形成了"去中心化"的运行与柔性化管理，在无限的信息空间促进了虚拟文化产业集聚，进而重新定义了规模经济与范围经济。同时，数据要素还通过资产化进程不断开拓出全新的数字文化场景。正是得益于文化数据要素的注入，文化经济活动才得以焕发出勃勃生机。综上，文化数据信息是引致文化能级跃迁的第一项驱动因素。

　　2. 平台组织驱动

　　在文化资源与文化产品生产均已呈现数据智能化和流程智能化的前提下，文化产业的组织运作方式也开始发生颠覆性变革。平台组织驱动即虚拟化运作正在成为产业主导。所谓文化产业平台化运作，是指依靠现代通信与网络技术，通过各种公共服务、中介机构等组织搭建的文化资源共享平台，具有产业链和价值链内在联系的、活动范围不局限于地理区域的文化企业和机构能够在云端集聚，是一种实现虚拟化运作的全新产业形态。身处数字经济时代，信息流动和数字基础设施建设为文化产业提供了商业化载体和空间，数字技术的深度介入更在加速推动文化产业向"脱实入虚"演化。

具体而言，文化产业平台组织由要素层、核心层和应用层共同构成（黄蕊、李雪威，2021）。文化产业平台组织的要素层主要是基于网络空间形成的包括国家文化大数据标准体系中规定的文化数据库和云端。以中国文化遗产标本库、中华民族文化基因库、中华文化素材库为主构成的文化数据库，主要任务是从各种机构和市场上收集数据信息。云端由各级文化数据服务中心、所部署的文化数据服务平台以及各类运营支撑系统组成，对收集来的文化数据和市场上的文化内容进行分析，使得文化数据和文化数字内容可以在文化产品市场上进行交流和交易，并对市场上的文化产品和数据资源进行监督审核。文化产业平台组织的核心层则包括中介机构、科研院所、文化企业及其他成员。在优惠扶持与财税政策的助力下，文化产业平台组织成员间依靠信任机制实现交流合作，逐渐在云端搭建起稳固的产业价值链条。显然，文化产业平台组织的核心层主要负责文化数字内容生产，包括各类文化生产机构及生产线系统、筛选和加工各种文化资源数据、创造新型文化数字产品，故要素层需向核心层提供文化数据资源服务，才能实现其正常运转。文化产业平台组织的应用层则是面向需求端，即文化内容消费环节，其主要向市场提供文化体验服务。应用层具体包括体验园、体验馆、体验厅、社交空间、游戏空间和交易空间等文化体验设施。

综上，如图5-14所示，本节发现在数字化、智能化、交互体验与平台化趋势下，文化能级跃迁将受到文化数据信息和文化产业平台组织的双轮驱动。其中，数据信息驱动是先导，它所形成的文化数据资源将为文化产业平台组织提供基础性的数据服务。目前，文化数据信息已经作为重要的生产要素参与到文化产业集约化生产中，它也是文化产业平台组织运行的重要前提。在此基础上，文化产业平台组织将展开完整的生产运作，这便形成了云端更无限范围的正外部性、规模经济与品牌效应。故下文将着重阐释数字技术双轮驱动如何作用于文化能级的信息基础层、文化提供层、功效拓展层和文化传播层，进而引致文化能级实现跃迁。

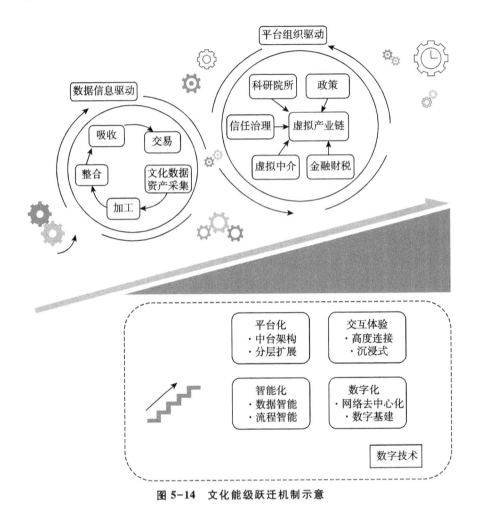

图 5-14　文化能级跃迁机制示意

（二）文化能级的跃迁方式

本节认为在文化数据信息和平台组织的双轮驱动下，文化能级跃迁将最终通过展示平台、承载形式与表现方法、传播途径等方式实现（孟静，2015）。

1. 展示平台

在规模经济、正外部性与品牌效应的推动下，文化产业平台化趋势势不可当，这也使得文化产品拥有了更多样、不拘泥于线下实体场所的展示平台。数字时代，以阅文集团为代表的网络文学平台，以合一集团为代表的网络视频平台，以虎牙、斗鱼为代表的网络直播平台，以今日头条、一条资讯为代表的内容分发平台和以猪八戒网、洛客为代表的创意设计平台等，正在通过投资运作和产业整合，丰富其综合化服务功能，打造流量和用户变现的商业模式，利用不断演化的竞合关系提升文化产业的发展活力。一方面，展示平台有利于我国文化资源实现优化配置。根据梅特卡夫定律，随着网络使用者数量的增加，网络价值将呈指数级增加。这是因为互联网平台具有显著的同边网络效应和跨边网络效应。鉴于我国文化产业业态丰富、分布地域广泛、企业形态多样，因信息不对称而造成的资源配置不均衡问题较为严重。而文化产业平台化的发展模式则可以很好地解决信息不对称问题，使不同地域、不同类别的文化企业在开放的平台上集聚。这不仅降低了要素流通成本、释放了平台规模经济效应，更实现了生产要素的自由流通，提高了文化平台上的资源配置效率。这将使我国文化产品具有更好的产品力，能够为受众提供更多元的文化品类，进而实现其产品附加值与功效的进一步提高。另一方面，文化展示平台还能够提供数字化 720°VR 全景、全息投影、3D 虚拟场景建模、4D/5D 行浸式声光秀等多项综合性数字化技术服务，故文化产品将拥有更无限、更广阔的分享方式，这种跨越时空的文化交互体验将带给世界各地的消费者来自中国的文化盛宴与精神享受，亦将有助于我国文化能级的提升与跃迁。最后，展示平台不仅有助于提高公众获取文化信息的效率与能力，同时其基于网络信息数字化平台的软环境还可以极大地满足各种信息源的获取形式与途径，进而加速文化软实力的再生转换与交流，这也是我国文化能级跃迁的重要归因。

2. 承载形式与表现方法

在数据驱动层面，作为一种新的关键投入要素，文化数据成本的大幅下降决定了文化产业链效率的提升，它将有效促进数字时代文化产业的专业化分工。具体而言，文化产业已在生产、分配、交换、消费等经济环节进行数字化变革。一方面，文化科技融合引致文化要素、数据要素、技术要素作为不可或缺的生产要素进入文化生产流程，也直接给文化企业带来了新的管理流程和管理思路。例如，不少纸媒打通新闻策划、采集、编辑、播发整条内容生产链，进一步推动"中央厨房"式的采编与传播体系落地，完成"一次采集、多元生成、多渠道分发"的流程再造。中央广播电视总台基于 5G+4K/8K+AI 等新技术打造的"央视频"，

2019 年 11 月正式上线，由视频中台、AI 中台、数据中台组成大中台体系，体现央视频推动业务数据化、流程自动化以及智能化的发展方向，改变传统的广播电视生产制作、直播体系以及传递信息的方式。另一方面，传统线性的文化生产模式和专业机构的供给模式已被打破，生产、分发和消费的双向互动的开放链接正在形成，用户生产内容已成为文化内容生产的主要形式，"产消一体"的文化共创时代正式开启，文化消费已有能力给消费者带来更强的实时体验、更逼真的具身交互和更奇观的感官沉浸。综上，正是得益于数字要素投入下的高度专业化分工，我国文化产业已具备提供优质文化精神产品的能力。文化产业发展也与"人"最根本的精神诉求愈加交融，力图协调产业的社会效益与精神价值，从而增强人们的文化获得感与文化幸福感。

在平台驱动层面，数字经济各参与者之间打破传统技术关系范式，逐步构建新的适应数字文化产业发展的协作网络，不同参与主体间的协作正呈现平台化和融合化的发展趋势。在规模经济效应和网络经济效应共同作用下，文化平台的创新网络结构愈加复杂、宽泛。与一般数字经济业态构架相似，文化产业平台组织一般采用开放的模式吸引各种参与者聚集，它在一定程度上确实替代了传统的供需对接渠道，同时激活了更多的资源要素和潜在需求，并创造出众多后端文化消费场景。例如，建业电影小镇以"沉浸式电影体验地"为定位，在后疫情时代，一年半的运营周期就接待了 400 多万名游客，实现了经济效益和社会效益双丰收；另外，杭州开元森泊度假乐园首次将"精品住宿"与"自然游乐"融为一体，高配特色住宿，巧思沉浸式美食，四季畅玩水乐园，3000 平方米儿童乐园，亲自然的室内花园，寓教于乐的众多教育课程，"一站式"满足旅客"住宿、美食、游乐、教育"的四大高品质高标准度假需求。值得一提的是，为了更好地满足消费者的情感需求，阿那亚以"有品质的简朴，有节制的丰盛"为生活方式的核心价值，以孤独图书馆、阿那亚礼堂、阿那亚美术馆、音乐厅、剧院等构筑精神空间场景，以大量的社群活动来吸引人群，最终实现阿那亚的品牌塑造。综上，在文化数据信息和平台组织的双轮驱动下，文化产品的承载形式与表现方法大为改观，文化软实力不再拘泥于单一形式的展现，而是呈现立体化、多方面、内涵深的多元整合。其文化提供力与功效拓展水平进一步提高，越来越多的精神类产品和文娱活动应运而生，这些均标志着数字时代我国文化能级实现跃迁。

3. 传播途径

文化传播途径是文化能级的集中体现。网络的普及性、便捷性、广泛性是文化传播的优势。网络传播形式与媒介技术形式不断创新，令文化内容的展示平台愈加丰富。文化传播不仅以平台为途径，通过多种形式强化交互性、参与性、新颖性，更通过大数据的网络数据分析与研究，调动人们的参与积极性，它已成为文化软实力提升与能级跃迁的根本方式。因此，探析数字技术嵌入下文化产业的能级跃迁问题，不可忽视数字技术"联结、网状与互动"的技术属性对文化传播的影响。首先，数字技术的联结功能已将文化消费引入全时空连接的数字化语境，人们进入了一种数字化生存的状态。"联结"开始转变为从人与人的连接，到人与服务、人与物、物与物的万物互联。加之文化平台的设立与兴起，数字技术已完成全时空连接的传播环境构建。至此，文化平台上的社会关系网络被极大地拓展，社会连接的复杂程度也极大提升。例如，故宫博物院传播和传承发展的成功，正是对移动互联网带来的"全时空连接"的顺应和优势利用。其利用新媒体技术大大丰富了故宫博物院的传播方式和手段，也改变了其以往的信息传播模式。不限于微信、微博等社交平台和天猫、淘宝等电子商务传播平台，App 等移动媒介平台更是成为其重点打造的领域。同时，在展览过程中，故宫博物院也借助数字技术不断创新故宫的展现方式。通过充分利用人们的碎片化时间，以故宫为代表的传统文化得到了最大限度的传播和发展。其次，数字技术以便捷性、即时性的绝对优势，实现了传播工具的革命。在科技的加持下，文化数据要素被重新打包、整合，进而将更多的知情权、表达权和传播权重新赋予了普通社会大众，打破了一直以来的"中心发散型传播形态"，超越了传统的大众媒介。但我们也应该注意到，当下的传播形态正在形成精英核心和大众聚集并存的"半中心化"。从新浪微博等社交媒介观察，高知名度的账号往往比"草根"博主拥有更多的粉丝，属于新媒体传播的支配阶层。尽管这与大众传播时代的支配阶层不同，但他们仍具有强大的号召力和传播力。与此同时，文化数据与信息的传播方式也发生了改变。数字化的文化传播结构不再是中心发散型，而是一个个节点形成的网状传播形态。普通大众被数字技术赋权之后，每个人都可能成为某个传播局部的中心，也就是网状中的节点，即大众自身重要性和被关注度的提升，其传播主体的意识也在不断强化，这也进一步扩大了其信息生产和传播行为带来的关联影响效应。最后，数字时代文化传播已从单向被动过渡为双向互动的新型传受关系。在这样的双向互动中，由于传播者和受众主客体地位的变化以及本身界限的逐渐模糊，传受主客体合二为一正在成为趋势。用户创造内容（UGC）模式正在兴起，同时以用户需求为导向的精准定制类新闻终端亦应运而生。例如，今日头条号称服务于精准推送的信息内容"搬运工"，已拥有数十亿元的商业估值，这正是顺应互联网时代下的传播关系变革所带来的极大成功。

四　文化能级跃迁的表现形式与测度

（一）文化能级跃迁的表现形式

1. 生产层面

数字技术改变了文化创作和产品生产方式，书画艺术创作、文学剧本、影视作品、舞台表演与展示、文博展示等领域，均较少有人工参与，几乎完全可以通过数字化实现。例如，大屏数字互动墙软件可以利用复杂的算法处理，自由地将照片和视频拖放到"墙"上，并加载其图形、视频、声音等多媒体信息。它可以被应用于各种场所，包括展览馆、博物馆、大型购物中心、企业展示厅、技术展示厅等。2018年，影谱科技凭借在人工智能、大数据、网络视频互动技术等领域的独特优势，为互联网、电影、电视等娱乐行业提供人工智能视频营销服务，完成数字化媒体解决方案，替代人工拍摄制作工作。2022年，AI修图软件Luminar Neo作为一款人工智能修图工具，操作简单，功能全面，包括构图、橡皮擦等基本功能。借助Luminar Neo中的新引擎，可以减少摄影师后期修图工作，AI会自动将图片的色彩、人物进行修图调整，极大地节约了摄影师后期处理图片的时间。2021年，由百度智能云创建的AIS数字人物"曦灵"，专注于利用人工智能算法生成数字人，快速创建虚拟偶像、数字人、数字员工等。这将提高数字人生产和内容创作的效率与成本效益。同时，得益于数字人直播平台，它还可以提供24小时不间断的直播，将企业运营成本降低30%以上。目前，百度智能云"曦灵"已经造就了包括中国日报数字员工元曦、AI手语新闻主播小希、浦发银行金融专家小浦等数十名数字人才，应用于金融、文化旅游、航空航天等行业。

2. 传承层面

优秀传统文化需要在传承中创新，在创新中传承。而数字技术恰恰能够推动历史文化遗产的保护和传承，并为文化遗产带来更多的表现形式。例如，智能数字展柜系统可以将珍贵的文化遗产保存在适当的温度和湿度环境中，防止或减缓文化遗产的损坏和老化；通过使用虚拟空间和AR技术的互动体验，文化遗产可以被转化为逼真的三维虚拟场景，使参观者看到并触摸到难以近距离展示的文化遗产细节，并从远处欣赏文化遗产周围的景观。数字技术还能够使文物和照片被比较和实现虚拟连接，文物能够被数字复制和重建，使遗址和文物能够被全面和多面地呈现。2020年，龙门石窟的主要佛教区域及其周围31.7平方公里的建筑、植被、景观和文物等被"复刻"到云端，使游客可以看到高分辨率的石窟，并进行三维展示。2022年，西安城墙景区管理委员会利用技术手段开发了3D全景云游、数字博物馆、长安智慧沙盘平台和无人机+VR沉浸式导览系统。新版《梦长安——大唐迎宾盛礼》运用声、光、电和裸眼3D等技术元素，为观众提供了优美、优雅和身临其境的视听体验。该委员会还与腾讯云合作，推出了陕西首个数字文化旅游平台——数字收藏平台"长安IN"，与各界人士联合打造IP，展示了17个系列的50多个数字藏品。中共一大纪念馆的"一大文创"发布的数字文化创意产品"树德里"系列，有三款作品，是基于石库门建筑元素的插画3D作品。产品以"盲盒"形式发售，很多人未能如愿"抢到"这一数字藏品。2022年，商汤科技联合敦煌文创围绕"敦煌文创"IP发布首款数字文创产品《千年一瞬·敦煌九色鹿限定数字壁画》，虚实融合，演绎九色鹿动人传说。数字壁画使用区块链技术进行验证，确保每件作品都是独一无二的。虽然它们可以被视为实体装饰品，但它们也结合了"AI+AR"技术所提供的沉浸式体验，为数字文化与创意提供了全新的视觉感受与互动模式。

3. 传播层面

就像推动文化大发展的造纸术和印刷术一样，数字科技也赋予文化传播许多新的可能。以互联网为载体，最直接的便是文化传播打破了时空界限，拥有了更强的影响力。特别是让地处偏远和处于不同国家的人们有机会获得优质和多样的文化内容，这是文化层面上的"共同富裕"。因此，中华优秀传统文化在新的时代背景下，具备借助数字科技提升内容传播效度、传播强度和传播广度的条件。传统文化资源作为战略性资产，在内涵挖掘和表达创新上不断实现双向突破，打造影响力大、传播范围广的中国文化产品和文化品牌，符合时代新要求和文化新趋势。例如，2020年亚洲数字展览展示博览会基于Unity互动系统的"上元盛世"，使用3D建模来重现古代上元节的繁荣场景。参观者可以利用手机、平板电脑等智能设备，通过扫码的方式，将大屏幕上的人物变成自己，进而体验传统的节庆活动，如放河灯等，实现人与虚拟场景的智能互动，让人身临其境。2019年，百度与老舍茶馆合作，用自然语言处理、面部识别以及人工智能等技术与客户进行"对话"，打造了一家人工智能茶馆。此外，茶馆还提供即兴诗歌朗诵、智能品茶活动，并高度还原了北京茶馆的特色风貌。另外，《唐宫夜宴》舞蹈节目在2021年河南春节庆祝活动期间获得了巨大成功，该节目利用"5G+AR"技术创造性地将虚拟和现实场景结合起来，创造了逼真的沉浸式体验，从有古画的博物馆到星空下的长廊，从唐宫的朱砂墙到令人印象深刻的舞台布景，使人获得了身临其境的体验，它已被数百万人在线观看。2022年，腾讯利用"全真互联"技术与国家林业和草原局（国家公园管理局）合作，推出了海南热带雨林国家公园首次4K高清直播，观众可以在线上走进数实融合的"全真国家公园"，看到30多种稀有物种，让广大国人乃至全球友人都能感受到中国的河山秀丽和生态之美。

4. 安全层面

正确处理国家文化软实力中开放与安全的关系，需要强化文化教育事业、升级文化创意产业、促进文明交流互鉴和维护意识形态安全。只有这样，一个国家的文化软实力才能有条不紊地得到强化。例如，2018年成功上线的"文物云"平台，是一套基于"物联网+文物"形成的创新平台。它充分利用互联网、大数据、云计算等现代信息技术，实现了文物万物互联，解决了文物管理、研究、安全、展示、利用、活化、共享等方面的需求，充分体现了文化遗产保护、预防性保护和"互联网+中华文明"等方面的指示精神，是为文化遗产预防性保护和活化利用打造的一套大数据智能平台。2022年，西安城墙景区管理委员会应用数字技术对城墙文物进行日常监测，将"治病"变成"防病"。2023 年，该委员会已在文物及其保护区内安装了 3090 个监测点，以监测城墙的沉降、位移和开裂，并获取地下水位、温度和湿度等环境数据，实时监测城墙和支撑结构的安全状态。此外，它在城市和护城河沿线安装了 1027 个监测探头，涵盖了护城河的水位控制、热成像摄像机的周边监测和信号线的入侵监测，来自探头的图像数据被实时输入信息和监控中心。除此之外，成都还全面运用现代信息技术手段，提升监管效能，利用"互联网+文物安全"，建成了全国首个文物安全监测预警平台。该平台建成后，将实现实时、远程、高效监管全市 639 家文保单位的安全防范、消防防雷工作。

（二）文化能级跃迁的测度

基于上文的概念界定，本节将通过构建网络文化软实力评价指标体系对我国的文化能级水平加以测度，详见表 5-2。

表 5-2　网络文化软实力评价指标体系

一级指标	二级指标	三级指标
网络信息基础层	网络文化资源力	IPv4 比例（％）
		域名数（个）
		移动电话年末用户数（万户）
		互联网宽带接入用户数（万户）
		有线广播电视用户数（万户）
网络文化提供层	网络文化生产力 网络文化服务力	文化及相关产业企业单位数（个）
		信息传输、计算机服务和软件业就业人数（万人）
		文化相关单位营业成本（万元）
		R&D 项目数（项）
		软件业务收入（万元）
网络功效拓展层	网络文化成果力	文化及相关产业专利授权数（件）
		广播电视节目实际创收收入（总收入）（万元）
		文化及相关单位营业收入（万元）
		文化及相关产品版权合同登记数目（件）
网络文化传播层	网络文化传播力	网页数（万个）
		移动电话普及率（部/百人）

1. 数据来源与方法

（1）数据来源

本节数据来自《中国统计年鉴》、《中国文化及相关产业统计年鉴》、EPS 数据库、《中国互联网络发展状况统计报告》等文件，包含 30 个省区市（除西藏、港澳台地区）2012~2020 年数据。本节将运用主成分分析法综合测算得分，最终得出 30 个省区市的网络文化软实力水平，进而衡量我国 30 个省区市的文化能级水平，并得出结论。

（2）主成分分析法

主成分分析法是为了在转化的同时实现对多变量的降维，从而降低问题复杂度的特征提取和降维的一种方法，目的是将一系列相互关联的多个指标或影响因子转化为一组新的相互独立的综合指标，同时尽可能保留原变量的信息。

主成分分析法是将原有变量以线性组合的方式生成综合变量，原始变量指标第 m 个主成分分别表示为 D_1，D_2，$\cdots$，D_m，每一个主成分都可以用 p 指标的线性组合来表示，且不同主成分之间相互独立，组合方式可表示为：

$$\begin{cases} D_1 = b_{11}y_1 + b_{12}y_2 + \cdots + b_{1p}y_p \\ D_2 = b_{21}y_1 + b_{22}y_2 + \cdots + b_{2p}y_p \\ \vdots \\ D_m = b_{m1}y_1 + b_{m2}y_2 + \cdots + b_{mp}y_p \end{cases} \quad (5\text{-}3)$$

其中，每一个主成分的系数之间的关系可以用如下表达式来表示：

$$b_{i1}^2 + b_{i2}^2 + \cdots + b_{ip}^2 = 1 \quad (5\text{-}4)$$

且不同主成分之间相互独立，即：

$$\mathrm{cov}(D_i, D_j) = 0 \quad (5\text{-}5)$$

其中 $i \neq j$，且 $i, j = 1, 2, \cdots, m$。提取主成分的过程实质上是在每个不同的主成分 $D_i(i = 1, 2, \cdots, m)$ 上确定原变量 $y_j(j = 1, 2, \cdots, p)$ 上的载荷 b_{ij}，其对应的特征向量为 $y_1, y_2, \cdots, y_p$ 的相关矩阵的 m 个较大的特征值。

D_1 的 $\mathrm{Var}(D_1)$ 最大，D_2 的 $\mathrm{Var}(D_2)$ 次之，以此类推，D_m 的 $\mathrm{Var}(D_m)$ 最小。因此，本节将 $\mathrm{Var}(D)$ 最大的称为第 1 主成分，即 D_1；将 $\mathrm{Var}(D)$

次之的称为第 2 主成分，即 D_2；以此类推，$\mathrm{Var}(D)$ 最小的为第 m 主成分，即 D_m。其中 b_{ij} 称为主成分系数。实际分析中，一般选用主成分平均值大于 1 的。本节最终选取第 1 主成分和第 2 主成分构成网络文化软实力的综合得分。

2. 结果分析

首先，对全国 30 个省区市的网络文化软实力进行加总分析。如图 5-15 所示，自 2012 年开始，我国的网络文化软实力即文化能级水平便呈现逐年上升趋势，从 2012 年的 15.07 升至 2020 年的 26.91。我国网络文学、网络视听和网络动漫在网络文化发展中占有很大的比重。2022 年 2 月，中国互联网络信息中心（CNNIC）在京发布的第 49 次《中国互联网络发展状况统计报告》显示，我国网络文学用户规模 2021 年高达 5.02 亿人，同比增长 1.1%。中国网络视频用户 2021 年达到 9.75 亿人，同比增长 5.17%，在整体网民中的占比达到 94.5%。其中，短视频用户规模 9.34 亿人，同比增长 6.96%，在整体网民中所占比例为 90.5%。随着信息技术渗透到文化的各个领域，我国的网络文化影响范围越来越广，文化能级也越来越高。在此基础上，本节采用自然间断点分级法将 30 个省区市网络文化软实力分为了 7 个层次。自然间断点分级方法是以数据中固有的自然分组为基础来识别分类区间，能够最恰当地将相似值进行分组，并且能够最大限度地扩大各类别之间的差异。元素会被分成多类，对于这些类，它们的边界会被设定在比较大的数据差异位置，具体如表 5-3 所示。

图 5-15 2012~2020 年全国 30 个省区市网络文化软实力

表 5-3　2012 年和 2020 年 30 个省区市网络文化软实力梯队

层次	2012 年	2020 年
1	北京	北京、广东
2	广东	江苏、浙江、上海
3	浙江、江苏、上海	山东、四川、福建、湖南、河南、湖北
4	山东、福建、辽宁	河北、安徽、陕西、辽宁、天津、重庆、江西、广西
5	湖南、四川、河南、湖北、河北、陕西、天津、安徽	黑龙江、云南、山西、贵州、吉林
6	江西、内蒙古、重庆、吉林、广西、山西、黑龙江、新疆	新疆、内蒙古、海南、甘肃
7	云南、海南、宁夏、青海、贵州、甘肃	宁夏、青海

由表 5-4 可知，东部地区的网络文化软实力明显高于中部和西部地区，这主要是由于东部地区的经济发展较快，开放程度较高，东部地区省份文化基础设施建设程度较高，资源充足，网络文化传播范围广，多方面都处于领先地位。中部地区发展水平在东西部地区之间，网络文化软实力总体上处于中游水平。西部地区的网络文化软实力水平整体上处于落后的位置，在排名后 10 的省份中，西部地区的省份占据了较大的比例。这主要是由于我国发展速度较滞后的省份主要集中在西部，相对而言，西部地区资源较匮乏，因此各方面的发展都难以跟上其他地区。与此同时，由表 5-3 可知，2020 年与 2012 年相比，网络文化软实力依然呈现区域不均衡的现象，排名前 10 和后 10 的省份整体上变化较小。在排名前 10 的省份中，除了部分省份网络文化软实力的排名有顺序上的变化外，只有辽宁排名下降，而河南排名则上升到前 10 位。在排名后 10 的省份中，多数省份网络文化软实力排名顺序发生了变化，其中 2012 年排名靠后的广西、黑龙江在 2020 年被吉林、内蒙古所取代。

表 5-4　2012 年和 2020 年东中西部地区网络文化软实力排名分布

单位：个

2012 年	排名前 10	排名后 10	2020 年	排名前 10	排名后 10
东部	8	1	东部	8	1
中部	1	1	中部	2	3
西部	1	7	西部	0	6

从图 5-16 可以看出，2020 年 30 个省区市的网络文化软实力较 2012 年有很大的提升。网络文化软实力提升百分比排名前 5 的省份，其三级指标提升较为明显的是域名数、互联网宽带接入用户数、软件业务收入、网页数和文化及相关产业专利授权数，即互联网、大数据等信息技术的发展使得省份之间文化资源流通速度加快，地区文化信息、资源等差距不断缩小。尤其是我国宽带、数字基建、5G 等基础设施建设不断向中西部地区推进，这也缩小了地区间的网络文化软实力差距。综上，数字技术介入引致我国文化能级水平得到较大提升，文化能级跃迁的观点也得到了充分佐证。

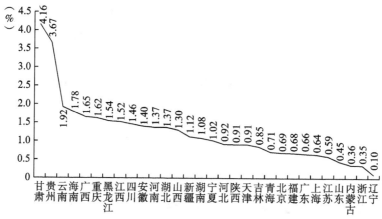

图 5-16　2020 年 30 个省区市网络文化软实力提升百分比（相较于 2012 年）

第四节　文化产业跃迁效果测度

本章的前三节分别阐释了在数字技术加持下，文化产业实现技术能级跃迁、产业能级跃迁和文化能级跃迁的机制与过程。笔者希望将数字技术引致文化产业跃迁的综合效果测度出来。为此，本节参考了刘平峰和张旺（2021）的观点，确定将全要素生产率指标作为反映文化产业跃迁效果的综合性指标。之所以这样选择，是因为全要素生产率指标衡量的是除人力和资本投入之外引致文化产业生产力提升的归因。而数字技术作为文化产业生产力提升的重要自变量，恰恰与人力和资本投入存在本质上的差别。因此，用全要素生产率对文化产业受数字技术加持而引致的跃迁效果进行测度，具有一定的科学性。

一　模型确定

（一）DEA-Malmquist 指数模型

1953 年，Malmquist 指数由瑞典经济学家 Sten Malmquist 提出，旨在分析不同时期的消费。后经发展，DEA-Malmquist 指数可以用于衡量生产效率。传统 DEA 模型仅能够对同一时间的决策单元进行投入产出的效率分析，或是需要人工进行逐年的效率测算处理。相比于传统 DEA 模型，DEA-Malmquist 指数模型将时间因素的变动加入生产效率模型的测算之中。一方面，该指数能够对生产效率的综合技术效率进行度量；另一方面，该指数对于技术变动所产生的效率变化可以进行有效处理分析，且对于资源配置所产生的效率变动具有一定的分析能力。

基于产出角度，Malmquist 指数的前一期 t-1 期与当期 t 期的表达式如下：

$$M_0^{t-1} = \frac{D_0^{t-1}(X^{t-1} \times Y^{t-1})}{D_0^{t-1}(X^t \times Y^t)} \tag{5-6}$$

$$M_0^t = \frac{D_0^t(X^{t-1} \times Y^{t-1})}{D_0^t(X^t \times Y^t)} \tag{5-7}$$

按照费希尔理想指数，综合生产指数的几何平均值为：

$$M_0^{t-1,\,t} = \sqrt{M_0^{t-1} \times M_0^t} = \sqrt{\frac{D_0^{t-1}(X^{t-1} \times Y^{t-1})}{D_0^{t-1}(X^t \times Y^t)} \times \frac{D_0^t(X^{t-1} \times Y^{t-1})}{D_0^t(X^t \times Y^t)}} \tag{5-8}$$

其中 X^{t-1} 与 Y^{t-1} 分别表示前一期的投入、产出向量。

产出导向型的全要素生产率（tfp）可以表示为：

$$tfp = \sqrt{\frac{D_0^{t-1}(X^{t-1} \times Y^{t-1})}{D_0^{t-1}(X^t \times Y^t)} \times \frac{D_0^t(X^{t-1} \times Y^{t-1})}{D_0^t(X^t \times Y^t)}} \tag{5-9}$$

全要素生产率可以用来表述与前一期相比当期的效率变动水平，当 $tfp>1$ 时，当期的效率呈现上升趋势；当 $tfp=1$ 时，当期效率未出现变动；当 $tfp<1$ 时，当期的效率呈现下降趋势。

（二）动态面板模型 GMM 估计

1. 差分 GMM 估计

为解决由于解释变量滞后项存在内生性而出现的估计偏差问题，本节采用差分 GMM 估计，对模型采取一阶差分处理，工具变量选取滞后变量继而估计差分方程。

但是，在使用差分 GMM 估计时可能会出现以下问题。①若方程中的前定变量存在与扰动项相关的情况，则需要将前定变量的滞后项作为工具变量。②若选用面板数据观测时期数 T 较大，可能会由于过多的工具变量而产生弱工具变量问题，进而出现结果的偏差。③若模型中存在与时间无关的变量，则在对模型进行差分处理时，变量会被消除，从而无法对变量系数进行估计。④若存在被解释变量的一阶自回归系数接近 1，或被解释变量是白噪声序列等情况，被解释变量的二阶滞后项将不能作为有效的工具变量，差分 GMM 估计无法实现。

2. 系统 GMM 估计

对于上述问题③和问题④，可以通过构建系统 GMM 估计方法来加以解决。一方面，系统 GMM 估计不受弱工具变量问题制约，能更好地提升估计效率；另一方面，系统 GMM 估计能够显示出原有估计方法不能实现的不受时间因素影响的变量系数。但是，系统 GMM 的条件必须满足扰动项无自相关，且差分值滞后项与个体效用不相关。

3. 偏差校正 LSDV 法

广义矩估计方法主要适用于时间跨度较短的动态面板。对于动态面板而言，时间跨度越长则可能出现的偏差越大，弱工具变量问题越可能发生。为解决这一问题，可以使用偏差校正 LSDV 法进行估计，特别是对于时间跨度较长的面板数据而言，偏差校正 LSDV 法的结果明显优于GMM 估计法的结果。

偏差校正 LSDV 法的基本过程是：为解决可能产生的固定效应问题，首先，在模型中加入个体虚拟变量；然后，对估计结果的偏差进行估计；最后，算出上述两次估计的差值，即为偏差校正的一致估计值。针对观测期较长的面板数据，偏差校正 LSDV 法能够有效规避由时间因素而产生的弱工具变量问题，但是该方法并不能很好地处理解释变量的内生性问题，GMM 估计则可以依托选定工具变量处理内生性问题，这说明偏差校正 LSDV 法规定所有解释变量必须外生。

二 样本、变量及指标选取

（一）文化产业全要素生产率评价指标的选取和数据来源

考虑到我国文化产业数据统计工作尚未统一，统计口径存在一定程度的偏差。为了方便开展数据收集和筛选，本节基于全要素生产率的界定，选择文化产业从业人员数量和文化产业固定资本投资水平作为文化产业全要素生产率测算的投入指标，选择文化部门收入作为文化产业全要素生产率测算的产出指标（见表5-5）。从《中国文化文物统计年鉴》《中国文化及相关产业统计年鉴》《中国统计年鉴》中获取我国 2005～2019 年 31 个省区市的指标数据。

表 5-5 文化产业全要素生产率评价指标

指标类型	指标
投入指标	文化产业从业人员数量（CL）
	文化产业固定资本投资水平（CK）
产出指标	文化部门收入（CY）

（二）动态面板模型数据的选取和来源

在精简化原则、目标性原则和可获得性原则下，本节借鉴王薇和郭启光（2019）的研究，选取的控制变量主要包括政府支持率（government）、人力资源质量（human）、城镇化率（urbanization）和人均 GDP 增长率（gdp）四个指标。

政府支持率（government）是文体传媒支出占政府支出的比重，它反映了政府行为。文体传媒支出占比越高，说明政府对文化产业投入越大。但是政府投入并非越大越好，过度投资可能会抑制企业的投资意愿，而且政府投入大多会投向不赢利的公益事业，容易出现重复建设、资源浪费的现象。

人力资源质量（human）选用高中及以上人口占城市总人口的比重表示，反映了城市人力资本的素质。文化产业是知识密集型产业，需要高质量人力资本的投入。

城镇化率（urbanization）可以反映城镇化水平。城镇化水平越高，越有利于文化产业规模的扩大；同时，城镇化水平越高，越容易吸引人才的流入与聚集，从而促进文化产业的技术发展，提升文化产业效率。

人均 GDP 增长率（gdp）反映了经济发展水平的高低。经济发展水平与文化产业效率具有正相关关系。人均 GDP 增长越快，则经济发展水平越高，文化产业服务与设施越好，能够吸引企业入驻，形成集聚效应，从而降低生产成本；同时，经济发展水平的提高会促进收入的提高，从而提高对文化产品的消费需求，有利于文化产业的发展。

本节的核心解释变量选择数字技术水平（$digital$）。以信息传输、计算机服务和软件业固定资产投资占全社会固定资产投资的比重来代表各地区的数字技术水平。

被解释变量选取通过 DEA-Malmquist 指数计算得到的 31 个省区市文化产业全要素生产率，具体如表 5-6 所示。

表 5-6 动态面板模型变量设定

变量类型	变量名称	符号
被解释变量	文化产业全要素生产率	tfp
核心解释变量	数字技术水平	$digital$
控制变量	政府支持率	$government$
	人力资源质量	$human$
	城镇化率	$urbanization$
	人均 GDP 增长率	gdp

本节选取的政府支持率、人力资源质量、城镇化率、人均 GDP 增长率、数字技术水平等指标的原始数据来源于《中国统计年鉴》《中国文化文物统计年鉴》。表 5-7 即为各指标的描述性统计结果。

表 5-7 各指标的描述性统计结果

变量	变量名称	均值	方差	最小值	最大值
tfp	文化产业全要素生产率	1.15	0.24	0.48	2.64
$digital$	数字技术水平	1.32	0.92	0.04	6.89
$government$	政府支持率	2.02	0.51	1.09	3.84
$human$	人力资源质量	23.14	9.10	2.71	58.76

变量	变量名称	均值	方差	最小值	最大值
urbanization	城镇化率	51.73	14.68	20.85	89.60
gdp	人均 GDP 增长率	12.53	7.36	-22.28	37.01

注：表中数据根据 DEAP 2.1 软件处理结果编制，部分变量数据未体现。

三　实证结果分析

本节的目的在于通过测度数字技术对文化产业全要素生产率的影响，衡量我国文化产业的跃迁效果。考虑到文化产业的发展可能存在的惯性，即前期的效率水平可能对本期的效率水平产生影响，因而静态面板结果可能存在偏误，故本节设定的动态面板回归模型为：

$$tfp_{it} = c + \delta tfp_{i, t-1} + \alpha digital_{it} + \beta C + \mu_{it}$$

其中，i 和 t 分别表示地区和年份；tfp 为被解释变量，表示文化产业全要素生产率；$digital$ 为核心解释变量，表示数字技术发展水平；C 为影响文化产业全要素生产率的其他因素；δ、α、β 为待估计参数；μ 为随机扰动项。在模型中，α 表示数字技术对文化产业全要素生产率的影响系数，是本节关注的核心结果。

通过对动态面板模型的参数估计方法进行比较，本节分别进行了差分 GMM 与系统 GMM 估计，以此对估计结果进行稳健性检验，同时给出了 AR 检验与 Sargan 检验结果，进而分别对 GMM 回归是否合理以及工具变量是否有效进行检验。

（一）基准回归结果

线性与非线性动态面板回归模型估计结果如表 5-8 所示，Panel A 反映了数字技术水平对文化产业全要素生产率的线性影响。首先使用面板固定效应模型（FE）进行估计，列（1）是数字技术对文化产业全要素生产率的线性影响检验结果。列（2）和列（3）为一阶差分 GMM 和一阶系统 GMM 模型回归结果，列（4）和列（5）为 FE 和一阶差分 GMM 模型回归结果。AR 检验中，一阶序列 AR（1）通过 1% 的显著性检验，均接受"扰动项差分的一阶自相关系数为 0"的原假设。一阶差分 GMM 与一阶系统 GMM 的 AR（2）通过了 5% 的显著性检验，无法接受扰动项无自相关的原假设，故对模型进一步进行了二阶差分 GMM 与二阶系统 GMM 估计。二阶估计结果能够通过 AR 检验，且 Sargan 检验均可以接受"所有工具变量都有效"的原假设。因而，模型的设定可以接受差分 GMM 和系统 GMM 估计。由表 5-8 的 Panel A 可知，滞后一期的文化产业全要素生产率（L. *tfp*）的估计系数显著为负，能够通过 5% 与 1% 的显著性检验。这一系数表明，前期的文化产业全要素生产率对当期的全要素生产率具有显著的负向影响。这一方面表明我国文化产业全要素生产率具有一定的惯性；另一方面表明我国文化产业全要素生产率具有趋同现象。而且，数字技术水平（*digital*）的估计系数显著为正，能够通过 1% 的显著性检验。这一系数表明，数字技术水平对文化产业全要素生产率具有正向影响，数字技术水平的提高有助于推动我国文化产业全要素生产率的提高。

表 5-8　线性与非线性动态面板回归模型估计结果

变量	(1)	(2)	(3)
	FE	一阶差分 GMM	一阶系统 GMM
Panel A：线性影响			
L. *tfp*		-0. 1651 **	-0. 2581 ***
		(-2. 0968)	(-4. 5092)
digital	0. 5106 **	6. 5724 ***	3. 9920 ***
	(2. 5745)	(5. 1096)	(3. 6143)
government	0. 1980	-5. 6140 ***	-8. 3634 ***
	(0. 5155)	(-3. 1273)	(-3. 9698)
human	0. 4503 ***	1. 6255 ***	0. 8548 ***
	(6. 9974)	(6. 7106)	(3. 7173)
urbanization	-0. 1004 *	-0. 6021 ***	-0. 4742 ***
	(-1. 8726)	(-3. 4078)	(-3. 1172)
gdp	-0. 0788 ***	-0. 1519 **	-0. 2333 ***
	(-3. 3958)	(-2. 3876)	(-4. 2869)
Hausman	0. 000		
AR (1)		0. 000	0. 000
AR (2)		0. 824	0. 781
Sargan		0. 303	0. 797

变量	(4)	(5)	(6)	(7)	(8)	(9)	(10)
	FE	一阶差分 GMM	一阶系统 GMM	二阶差分 GMM	二阶系统 GMM	三阶差分 GMM	三阶系统 GMM
Panel B：非线性影响							
L. *tfp*		0.1599 *** (3.2341)	0.1785 *** (6.4502)	0.1994 *** (3.2006)	0.1800 *** (4.8408)	0.1595 *** (2.8881)	0.1453 *** (3.4297)
L2. *tfp*				−0.2190 * (−1.8998)	−0.0344 (−0.6046)	0.2511 *** (2.8579)	−0.0678 (−1.3469)
L3. *tfp*						5.2188 *** (8.3109)	5.5389 *** (10.4928)
digital	1.7202 *** (3.5448)	6.6638 *** (3.4686)	1.9907 * (1.6853)	9.1553 *** (4.0847)	1.9702 * (1.6480)	5.6724 *** (4.4385)	1.5801 ** (2.0763)
digital^2	0.2457 *** (2.7264)	1.1359 *** (2.6730)	−0.3951 (−1.5723)	1.6317 *** (3.1088)	−0.3901 (−1.3938)	1.1139 *** (4.0392)	−0.3689 ** (−2.1664)
government	0.0285 (0.0739)	−0.3473 (−0.3003)	2.5369 *** (3.5093)	0.8013 (0.3014)	−3.0047 ** (−2.4465)	0.0939 (0.0561)	2.2282 *** (2.6259)
human	0.4691 *** (7.3110)	1.1961 *** (6.1206)	0.5164 *** (4.5733)	0.9861 *** (3.8950)	0.5639 *** (4.4368)	0.4106 *** (3.0416)	0.3107 *** (3.3502)
urbanization	−0.0859 (−1.6090)	0.4161 *** (3.5234)	0.3092 *** (5.7803)	−0.1083 (−0.5156)	0.3209 *** (4.3892)	0.1278 (0.8390)	−0.1491 ** (−2.3914)
gdp	0.0699 *** (3.0097)	0.0983 *** (2.6963)	0.1700 *** (6.0227)	−0.0508 (−1.1566)	0.1749 *** (6.5045)	0.0409 (0.9326)	−0.0661 ** (−2.4148)
Hausman	0.0000						
AR（1）		0.000	0.000	0.000	0.000	0.000	0.000
AR（2）		0.002	0.006	0.001	0.001	0.728	0.555
Sargan		0.999	1.000	0.993	1.000	0.996	1.000

注：***、**、* 分别表示在1%、5%、10%的水平下显著；括号内为相应变量的 t 值。L.、L2.、L3. 分别表示滞后一期、滞后二期、滞后三期。

表 5-8 的 Panel B 报告了数字技术对文化产业全要素生产率的非线性影响，其估计方法和过程与线性影响的估计过程一致。在三阶系统 GMM 模型下，数字技术水平平方项的系数显著为负，表明数字技术对我国文化产业全要素生产率形成了倒 U 形影响。究其内在原因，一是在短期，数字技术改变了人们的生活方式，使得人们对文化产品的需求更为复杂，同时数字技术对文化产品的生产方式与传播方式进行了改变，有效促进了文化产业全要素生产率的提高；二是在长期，数字技术作为技

术投入，具有显著的边际递减效应，当数字技术的扩散效应达到一定程度时，数字技术对文化产业全要素生产率的提升效应可能要小于其所需要的投入成本，同时数字化投入可能会对文化产业本身的投入产生一定的挤出效应，从而遏制了文化产业全要素生产率的提升；三是在长期，数字技术能够转化为文化产品并输出市场，需要相应的人才、技术以及制度的相互配合。一方面，要素自洽必然会产生协调成本；另一方面，如果数字技术发展速度过快，文化产业的人才培养、技术研发以及制度变革都可能会存在一定的时滞，这也将在一定程度上抑制文化产业全要素生产率的持续上升，即出现理论分析中文化产业技术体系与技术轨道跃迁耦合程度不足、赋能效果降低的情况。

（二）稳健性检验

为进一步验证估计结果的稳健性，本节继续采用偏差校正 LSDV 法对基准估计结果进行进一步的稳健性检验。表 5-9 报告了偏差校正 LSDV 法的估计结果，回归系数与基准估计结果基本一致，即数字化赋能的倒 U 形影响稳健存在。

表 5-9　基于偏差校正 LSDV 法的稳健性估计结果

变量	(1) 差分 GMM 估计量 作为初始值	(2) 系统 GMM 估计量 作为初始值	(3) 差分 GMM 估计量 作为初始值	(4) 系统 GMM 估计量 作为初始值
L. tfp	−0.0862* (−1.6587)	−0.0634 (−1.1932)	−0.0819 (−1.5617)	−0.0570 (−1.0645)
$digital$	2.3175*** (3.5862)	2.3971*** (3.4720)	2.3070*** (3.5791)	2.3923*** (3.4731)
$digital^2$	−0.4048*** (−2.8923)	−0.4155*** (−2.7955)	−0.4027*** (−2.8839)	−0.4141*** (−2.7932)
$government$	−0.1639 (−0.3708)	−0.1848 (−0.3897)	−0.1614 (−0.3657)	−0.1847 (−0.3897)
$human$	0.4913*** (7.6558)	0.4985*** (7.2753)	0.4901*** (7.6522)	0.4983*** (7.2803)
$urbanization$	−0.0944* (−1.8708)	−0.0962* (−1.7814)	−0.0941* (−1.8669)	−0.0965* (−1.7866)
gdp	−0.0827*** (−3.4179)	−0.0843*** (−3.2754)	−0.0824*** (−3.4084)	−0.0842*** (−3.2715)

注：***、*分别表示在1%、10%的水平下显著；括号内为相应变量的 t 值。L. 表示滞后一期。

（三） 机制检验

本节采用 DEA-Malmquist 指数法对文化产业全要素生产率进行了测算，而全要素生产率可以分解为技术效率指数与技术进步指数两部分，即：

$$tfp = TE \times TC$$

为深入了解数字技术对文化产业全要素生产率的影响机制，本节将分别以技术效率指数（TE）和技术进步指数（TC）作为被解释变量，对数字技术对文化产业全要素生产率的影响机制进行检验。表 5-10 和表 5-11 分别是数字技术对文化产业技术效率（TE）与技术进步（TC）的差分 GMM 和系统 GMM 估计结果。

如表 5-10 的 Panel A 所示，数字技术对文化产业技术效率有显著的正向线性影响，表明数字技术可以促进文化产业技术效率的提高。而从表 5-10 的 Panel B 结果来看，数字技术对文化产业技术效率的非线性影响并不显著。

表 5-10　数字技术对文化产业技术效率的估计结果

变量	（1）一阶差分 GMM	（2）一阶系统 GMM	（3）二阶差分 GMM	（4）二阶系统 GMM
Panel A：线性影响				
L. TE	−0.5890 *** (−12.0370)	−0.5428 *** (−7.2573)	−0.2565 * (−1.7682)	−0.4370 *** (−4.3620)
L2. TE			0.0012 (0.0096)	−0.0727 (−0.8278)
digital	0.3064 *** (3.4133)	0.3420 *** (4.5091)	0.3052 *** (3.6012)	0.2353 *** (3.6328)
government	−0.2589 * (−1.7125)	−0.3571 *** (−3.9552)	0.0337 (0.2520)	−0.1493 (−1.1007)
human	−0.0148 (−1.0943)	−0.0035 (−0.2948)	−0.0104 (−0.9022)	−0.0125 (−1.4058)
urbanization	0.0168 (1.3652)	0.0055 (0.6230)	0.0310 *** (3.1384)	0.0055 (0.8354)
gdp	0.0089 * (1.6596)	0.0015 (0.3481)	0.0111 *** (2.6380)	0.0025 (0.8521)
AR （1）	0.002	0.003	0.002	0.000

变量	(1)	(2)	(3)	(4)
	一阶差分 GMM	一阶系统 GMM	二阶差分 GMM	二阶系统 GMM
Panel A：线性影响				
AR（2）	0.025	0.077	0.460	0.929
Sargan	0.303	0.832	0.161	0.627
变量	(5)	(6)	(7)	(8)
	一阶差分 GMM	一阶系统 GMM	二阶差分 GMM	二阶系统 GMM
Panel B：非线性影响				
L. TE	-0.5624^{***}	-0.5015^{***}	-0.4205^{***}	-0.4048^{***}
	(-9.0832)	(-7.6466)	(-3.4144)	(-3.7482)
L2. TE			-0.1170	-0.0675
			(-1.1972)	(-0.7525)
$digital$	0.3671^{***}	0.2269^{***}	0.3357^{**}	0.1999^{*}
	(3.3806)	(3.1866)	(2.0943)	(1.7271)
$digital^2$	-0.0748^{***}	-0.0453^{***}	-0.0599	-0.0349
	(-3.4951)	(-3.0660)	(-1.5655)	(-1.0814)
$government$	0.0098	-0.0108	0.1543	0.0637
	(0.0815)	(-0.1422)	(0.8632)	(0.5542)
$human$	-0.0262^{**}	-0.0152^{*}	-0.0284^{***}	-0.0198^{**}
	(-2.2542)	(-1.8450)	(-2.5813)	(-2.3852)
$urbanization$	0.0217^{**}	0.0083	0.0293^{***}	0.0087^{*}
	(2.2291)	(1.6136)	(2.9029)	(1.7536)
gdp	0.0106^{**}	0.0031	0.0104^{**}	0.0038
	(2.0271)	(0.8429)	(2.5165)	(1.3300)
AR（1）	0.001	0.001	0.002	0.001
AR（2）	0.007	0.031	0.916	0.924
Sargan	0.999	1.000	0.993	1.000

注：***、**、* 分别表示在 1%、5%、10% 的水平下显著；括号内为相应变量的 t 值。L.、L2. 分别表示滞后一期、滞后二期。

表 5-11 数字技术对文化产业技术进步的估计结果显示，对于线性关系的估计结果，数字技术对文化产业技术进步具有显著的正向影响。而对于非线性关系的估计结果，由于一阶差分 GMM 的一阶序列 AR（2）具有显著性，但是一阶系统 GMM 的一阶序列 AR（2）接受了扰动项无自相关的原假设，通过比较一阶差分 GMM 与一阶系统 GMM 的标准误，前者的标准误比后者更小。故本章认为对于此模型，差分 GMM 估计更为

准确。因此，引入更高阶的滞后项，重新进行差分 GMM 估计，结果如列（4）所示，即数字技术对文化产业技术进步亦呈现倒 U 形的影响。综上，通过实证检验，本章佐证了数字技术能够引致文化产业实现跃迁的结论。

表 5-11　数字技术对文化产业技术进步的估计结果

变量	(1) 一阶差分 GMM	(2) 一阶系统 GMM
Panel A：线性影响		
L. TC	-0.1752* (-1.6653)	-0.2188*** (-5.7504)
digital	6.3504*** (4.5041)	2.5548*** (2.8039)
government	-6.0960*** (-3.4662)	-6.4982*** (-5.1448)
human	1.4801*** (7.7384)	0.5227*** (4.1922)
urbanization	-0.6153*** (-3.6805)	-0.2942*** (-3.4519)
gdp	-0.1554*** (-2.6471)	-0.1778*** (-4.7620)
AR (1)	0.000	0.000
AR (2)	0.890	0.580
Sargan	0.276	0.795

变量	(3) 一阶差分 GMM	(4) 二阶差分 GMM	(5) 三阶差分 GMM	(6) 四阶差分 GMM	(7) 一阶系统 GMM
Panel B：非线性影响					
L. TC	-0.1351** (-2.3347)	-0.1688** (-2.5703)	-0.0976 (-1.3729)	-0.5155*** (-5.4997)	-0.1597*** (-5.4638)
L2. TC		-0.1942* (-1.7927)	-0.0030 (-0.0369)	-0.0017 (-0.0183)	
L3. TC			-4.2849*** (-11.5954)	-6.0538*** (-11.9016)	
L4. TC				-4.2689*** (-4.8498)	

变量	（3）	（4）	（5）	（6）	（7）
	一阶差分 GMM	二阶差分 GMM	三阶差分 GMM	四阶差分 GMM	一阶系统 GMM
Panel B：非线性影响					
digital	6. 1167 ***	7. 6926 ***	4. 2058 ***	5. 8616 ***	1. 7145 **
	（3. 7150）	（4. 1370）	（3. 7515）	（4. 9821）	（2. 0404）
$digital^2$	−1. 0150 ***	−1. 3580 ***	−0. 8302 ***	−1. 1562 ***	−0. 3424 *
	（−2. 7747）	（−3. 1715）	（−3. 6023）	（−4. 8305）	（−1. 7475）
government	−0. 8552	−0. 3959	0. 1364	0. 0514	−2. 1724 ***
	（−0. 9211）	（−0. 2314）	（0. 0718）	（0. 0272）	（−3. 4413）
human	1. 1094 ***	0. 9442 ***	0. 6123 ***	0. 6331 ***	0. 3585 ***
	（7. 1116）	（4. 9751）	（6. 0634）	（4. 8513）	（4. 8823）
urbanization	−0. 4408 ***	−0. 1818	−0. 2309 **	−0. 1669	−0. 2124 ***
	（−3. 9889）	（−1. 1471）	（−1. 9883）	（−1. 0187）	（−5. 2298）
gdp	−0. 1034 ***	−0. 0670 *	−0. 1143 **	0. 0123	−0. 1541 ***
	（−3. 0118）	（−1. 7309）	（−2. 4989）	（0. 2145）	（−6. 9596）
AR （1）	0. 000	0. 000	0. 000	0. 001	0. 000
AR （2）	0. 001	0. 000	0. 007	0. 096	0. 154
Sargan	0. 999	0. 992	0. 942	0. 815	1. 000

注：***、**、*分别表示在1%、5%、10%的水平下显著；括号内为相应变量的 t 值。L.、L2.、L3.、L4. 分别表示滞后一期至滞后四期。

第六章 文化产业数字化赋能的组织升维

数字技术介入文化产业，首先引起了文化产业技术体系的革新，诱发了文化产业数字化赋能的跃迁机制。在此基础上，重塑的技术体系又对文化产业空间体系施加了影响，即数字技术的联结、智能与分析能力使得文化产业组织形态与空间特征也发生了调整与倾覆。2020 年，文化和旅游部出台了《关于推动数字文化产业高质量发展的意见》，要求在线上，完善"云、网、端"等数字基础设施，打通"数字化采集—网络化传输—智能化计算"的文化产业数字链条；在线下，围绕京津冀协同发展、长三角一体化发展、粤港澳大湾区发展等区域发展战略，培育创新要素富集、配套功能齐全的数字文化产业发展集聚区。由此可见，加速智能技术与文化产业的深度融合，推动文化产业线上线下一体化发展的政策导向，将为我国运筹、布局文化产业虚拟集群提供绝佳契机。综上，文化产业数字化赋能也产生了组织升维的影响，即文化产业集群逐渐突破地理限制，呈现云端虚拟集聚的新趋势。

第一节 文化产业数字化赋能的组织升维辨析

一 文化产业数字化赋能：能级跃迁与组织升维之间的关系

文化产业数字化赋能的能级跃迁与组织升维间存在本质上的逻辑关联，这源于产业体系的构成方式。赵儒煜和肖茜文（2019）指出，产业体系是技术因素和空间因素共同作用形成的。因此，产业技术体系与产业空间体系是文化产业体系天然的两大组成，二者互为因果、相互促进，共同决定着产业体系内部特定经济活动的运作与演进。其中，产业技术体系是指因各个产业之间的技术相关性而形成的产业体系。产业体系的构建在于满足特定的经济社会需求，因技术关联性而延伸并致的主体联结乃至体系形成，就是为了匹配市场需求。相应地，产业空间体系是作为产业技术体系的物理载体而存在的。产业技术体系的运转受到特定物理空间的限制与制约。故产业空间体系是由产业技术决定的，但同时随着产业空间特征的改变，产业技术的革新与应用也将随之改变，人力、物力与科技资源的配置方式也将产生不同。由此可见，产业体系内技术的形成与演进离不开地域空间内资源禀赋、要素供给的支撑与助力。只有空间内存在充足的生产要素，才能诞生与时代发展相适应的关键技术。反之，技术也会选择空间。在关键技术带动分支技术的过程中，不同的技术也会依据其所需的资源、劳动力、信息等要素条件，选择不同的地域空间落脚，进而依托该空间开展一系列生产活动。因此，在产业体系的构建中，产业技术体系与产业空间体系二者缺一不可。

在明确了产业体系的构成之后，我们回归文化产业数字化赋能问题。通过对技术轨道理论下的文化产业能级跃迁分析，本章发现文化产业数字化赋能意味着数字技术对文化产业原有产业体系的全面倾覆与重建，这预示着数字技术对文化产业体系的变革化影响。而数字技术是文化产业被赋能的大前提，因此这也是本章首先关注到文化产业技术体系变革的重要原因。故在产业体系构成理论的基础上，本章绘制了文化产业数字化赋能下能级跃迁与组织升维的关系图（见图6-1）。

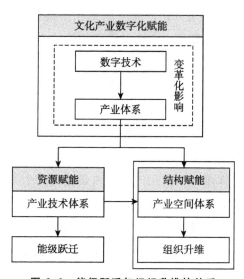

图6-1 能级跃迁与组织升维的关系

由图6-1可知，在产业体系理论的架构下，文化产业数字化赋能机制是复杂且叠加的。数字技术介入文化产业体系，最先改变了文化产业技术体系，继而引致了文化产业能级跃迁行为。但文化产业能级跃迁并不意味着完成与结束，在技术体系变革的诱导下，文化产业空间体系也在悄然发生改变。数字技术所引领的全新技术范式已对产业空间内的载体形式、要素资源配置方式等产生了颠覆式影响，即传统地理空间的局限正在被数字技术打破，跨地域网络平台的兴起正将文化产业空间体系的覆盖维度向虚拟化延伸。因此，作为构成产业体系的两大维度，数字技术的介入将对产业技术体系和产业空间体系二者同时施加作用，即文化产业数字化赋能理应包括由文化产业技术体系变革所引致的能级跃迁过程，还需涵盖由文化产业空间体系变革所引致的组织升维态势。与此同时，在赋能理论下文化产业技术体系变革属于资源赋能维度，数字技术将其功效与能量释放于文化产业本身；而文化产业空间体系变革则属于结构赋能维度，数字技术已对文化产业组织结构与产业形态造成裂变。综上，文化产业数字化赋能的能级跃迁与组织升维之间存在紧密的关联关系。

二　文化产业数字化赋能的组织升维内涵

所谓文化产业数字化赋能的组织升维是指数字技术引致文化产业组织形态的蜕变与进阶。原文化产业空间体系始终强调技术、文化禀赋、人才等要素资源的地域集聚，产业发展所依赖的空间范畴也一直受到地理因素的裹挟。而当下，在国家推进文化产业"上云用数赋智"的号召下，人们对于构筑网络化、柔性化和去中心化的文化消费空间，创设突破地域限制的文化产业虚拟集群给予了极大关注。故文化产业空间体系的"脱实入虚"，恰恰是文化产业数字化赋能组织升维的核心要义。因此，本章将数字时代文化产业虚拟集聚现象视为文化产业数字化赋能组织升维的指代。具体而言，文化产业虚拟集聚是指依靠现代通信与网络技术，通过各种公共服务、中介机构等组织搭建的文化资源共享平台。它能够使具有产业链和价值链内在联系的、活动范围不局限于地理区域的文化企业和机构在云端集聚，是一种实现虚拟化运作的全新产业组织形态。身处数智时代，信息流动和数字基础设施建设为文化产业集聚提供了商业化载体和空间，数字技术的深度介入更在加速推动文化产业向"脱实入虚"演化。

由此可见，文化产业虚拟集聚更强调经济联系集聚，即通过加强企业之间的经济联系为企业发展创造更有利的外部条件。尤其是当下，信息通信技术便扮演了重要的介质角色，促使关联企业超越地理空间限制，拥有了"跨区域"虚拟集聚的能力。本质上，产业虚拟集聚是对地理集聚内涵、形态的补充以及表征、规模的开拓，它超越了马歇尔规模经济理论的界限，也不只制约于常规国界意义上的地理集聚，可谓复杂而多维。最初，产业虚拟集聚可以以平台企业，即共担成本、共享技能以开拓快速变化的市场的网络联盟，通过任务联结的方式存在。因此，文化产业虚拟集聚也将功能地理观作为其理论基础，且以互联网等先进技术为纽带，不受限于客观存在的物理距离，在文化产品供应商、经销商、第三方服务者以及文化消费者之间谋求商业合作。

三　文化产业数字化赋能组织升维的特征

谈及文化产业数字化赋能组织升维的特征，本书认为文化产业虚拟集聚与地理集聚的分布特征和运行模式存在鲜明差异。首先，文化产业地理集聚特征可以划分为宏观、中观和微观三个层面。宏观层面是从世界范围划分高度发达的文化产业集聚区，其又细分为国家主导型和自我发展型；中观层面以城市文化产业集聚水平为度量标准，例如伦敦、巴黎、东京等均为城市文化产业集聚高地，而我国城市文化产业集聚中心则包括西安、杭州、北京和苏州；微观层面侧重于城市内部的文化创意产业园区，它以各省份大型文化产业示范园为代表。总体上，文化产业地理集聚的空间分布特征多为创意企业集中在中心城区商圈，且与河流、交通要道、休闲与文化基础设施、城市公共绿地、高校和科研机构等存在一定关联。例如，陈向楠和杨新海（2015）以苏州中心城市文化创意产业园为研究对象，对其发展历程、类型、空间分布特征进行研究，结果表明，文化创意产业园对于地理空间布局的选择，通常与古城维护、"退二进三"以及工业园区开发等项目的实施密切相关，一般以苏州核心区为中心、沿"一城两河"集聚。在测算方法方面，市场集中度、HHI 指数、空间基尼系数、区位熵以及 EG 指数等被广泛应用于文化产业地理集聚。这些探索性空间数据分析手段可以综合时空转变和空间关联性，洞察文化产业园区在数量特质上的转变趋势，还原相邻地区的文化产业发展状况和文化产业园建设情况。

相较之下，文化产业虚拟集聚则包含三种类型：以管理标准合作、技术标准合作、价值模块协同为主的管理模式；以围绕核心技术的供应链、生产模块化、网络或工业云平台为表现的运作模式；以组织框架、体系和技术标准开展的治理模式。简而言之，文化产业虚拟集聚特征主要体现在七个方面，即跨区域性、跨产业性、组织形态的泛边界网络化、介于计划与市场之间的经济组织形式、集群内部参与企业的产权独立性与产品"同一性"、先进的信息技术和信息网络构成的技术交流平台，以及发挥整合功能的系统涨落中心。因此，文化产业虚拟集聚的组织特性被视为复杂自适应系统。它既是网络组织，也是学习型组织。组织以整体目标为指南，依赖团体的共有导向，配置文化资源，协同各部门行为。文化产业虚拟集聚的企业主体间呈现复杂多变的联动关系，虽各自独立，但也相互交融，其演化方式是非静态的，集群的运作和发展也建立在信赖与承诺等基本要素之上，故文化产业虚拟集聚的分布特征通常表现为高度复杂关联的网络拓扑结构。但是，对于成熟的文化产业虚拟集聚测算方式尚在探索阶段。借助 OD 成本矩阵法、社会网络描绘和 ArcGIS 可视化呈现对文化产业虚拟集聚的出入度、平均路径长度和聚集系数加以测算，进而检验其小世界性，这也许是一种可行的实证尝试。

第二节　文化产业数字化赋能组织升维的外在表象与动因

数字时代，以数字动漫、数字游戏、数字音乐、数字视频和数字出版为代表的文化产业，利用互联网载体进行创作、生产、传播和服务是其天然的产业属性，在云端其已拥有成熟的数字文化全产业链；而文化产业的组织升维，即文化产业虚拟集聚则是指突破地理范围的限制，处于同一价值链或创新网络上的相关企业及相关机构的有机集合。它利用先进的信息通信技术实现不同组织跨时空、跨组织边界的动态协作。文化产业虚拟集聚是一个复杂的契约混合体，其超越地域局限性而进行的空间拓展，有利于平台企业优势最大限度的发挥。由此可见，文化产业数字化赋能的组织升维是指依靠现代通信与网络技术，通过各种公共服务、中介机构等组织搭建的数字文化资源共享平台。它能够使具有价值链内在联系的、活动范围不局限于地理区域的数字文化企业和机构在平台集聚，并通过信任关系实现高度柔性和弹性的全产业链运作，从而创造集群价值。

一　文化产业数字化赋能组织升维的外在表象

纵然当下有关文化产业虚拟集聚的研究仍偏向学理范畴，但其典型化事实已然存在于我们的现实生活中，诸如爱奇艺 VR 虚拟现实综合媒体平台便是文化产业虚拟集聚的鲜明代表。2022 年，该平台上线了国内首支 4K 影视级虚拟制作测试片《不良井之风云再起》和 4K 虚拟拍摄的虚拟偶像小茉莉 MV《心念》。这两支短片均以《风起洛阳》的数字资产"不良井"为虚拟场景，集合爱奇艺虚拟制作基地内多家数字文化科技企业，首次连通了"实景扫描—资产重建—虚拟拍摄—精修入库—多业务复用"的全产业链制作流程，为"数字资产"在剧集、电影、动画、游戏、VR、商业授权等多类业务上的应用做出了示范。在移动互联时代，也有越来越多的视频流媒体网站成为集聚各大文化企业的重要虚拟平台。

尤其是在优酷与土豆强强联合后，2013 年 5 月 7 日，百度又以 3.7 亿美元收购 PPS 视频业务并与爱奇艺合并。[1] 自此爱奇艺全平台用户规模、时长均为行业第一，成为中国最大的网络视频平台。截至 2020 年末，爱奇艺官网显示，其订阅会员达 1.017 亿人，会员收入达 165 亿元。[2]

如图 6-2 所示，爱奇艺作为文化产业数字化赋能组织升维的典型事实，在其平台支撑层上建立了自己的技术团队，团队的人员主要来自社会招聘与高校招聘，在人才方面严格把关，这也为爱奇艺平台运营与维护提供了智力支撑。在建立平台合作机制方面，其网站直接配有合作的联系方式与端口，可以成立专业的团队负责直接对接平台上的合作企业与个人。同时，爱奇艺还与相应的集聚企业签署了合作意向，建立了企业之间的信任机制。在文化产品研发方面，爱奇艺与中国科学技术大学、山东大学共同建立了视频数据挖掘实验室，以期为文化企业在平台集聚提供技术与用户数据支持。在平台核心层，爱奇艺基于产业链吸纳了如光

①　http://news.cntv.cn/2013/05/07/ARTI1367928689796674.shtml.

②　https://business.sohu.com/a/689279318_121687424.

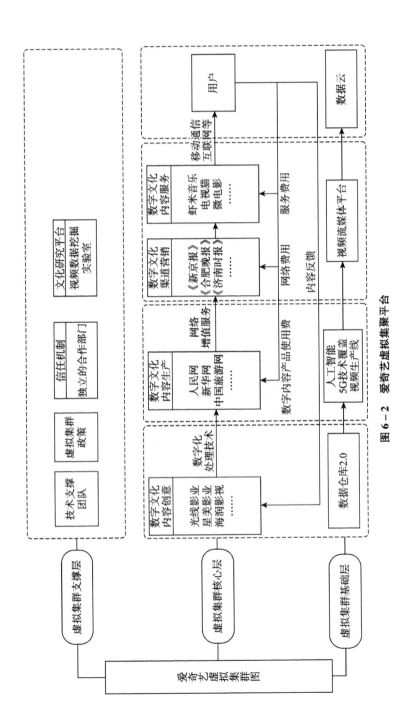

图 6 - 2　爱奇艺虚拟集聚平台

线影业、星美影业、海润影视以及红色世纪影业等影视机构，在文化内容生产方面吸纳了人民网、新华网、中国旅游网、百度系列、360影视和搜狗视频等网站。在数字文化渠道营销方面，平台加强了自身与《新京报》《合肥晚报》《三晋都市报》《济南时报》等平媒渠道的合作。爱奇艺还与东南电视台、湖南电视台、浙江卫视、江苏卫视等，开发了智能电视网、沙发TV市场、电视软件下载以及高清范网的互联网电视服务。与此同时，爱奇艺还与虾米音乐、电视猫、微电影、炮渣漫画、极速漫画网、2345网址导航、QQ网址导航、毒霸网址大全以及搜狗影视导航等合作，推出了多样的数字文化内容服务。在平台基础层，爱奇艺架构了自己的产品矩阵，并以视频业务为周边建立了自己的数据仓库2.0，实现了数据建模流程以及处理工具的规范化，进一步提高了数据处理效率。除此之外，爱奇艺还利用人工智能和5G技术，将智能生产覆盖于平台视频生产线，实现了从收视率数据分析到人工智能选角再到数字化流程管理的全面升级。

二　文化产业数字化赋能组织升维的动因解析

（一）文化产业数字化赋能组织升维的内在逻辑

早在1909年，韦伯便提出了产业集聚的概念，其思想内核在于，规模经济与正外部性是企业在空间范围内寻求集聚的主因，即与独立运营相比，企业集群式发展意味着更低的生产成本、劳动力成本和更高的技术扩散速率。在此基础上，克鲁格曼将"规模报酬递增"规律引入产业集群研究。他指出规模报酬递增、正外部性、知识溢出和产业分工等效应是驱使企业选择加入集群的原始动机。至此，产业集群理论及研究均局限于地理视域。进入21世纪，有关虚拟产业集聚的研究逐渐兴起。"地方"与"全球"、"空间"与"地域"的关系被重新组合，超越"物理空间"与"社会地理"的"虚拟空间"得以建立。虚拟产业集群使得组织平台取代了地理产业园区，组织关系突破了地理距离，产业可以借助信息技术优势突破实体边界，以"网络"方式重新定义集群内的合作与联结。由此可见，在社会生产力不断发展与技术持续更迭的今天，虚拟产业集聚的出现并非打破了韦伯和克鲁格曼有关集群形成动因的论断，但这一拥有科技助力与加持的新兴产业组织形式，一定存在更大程度的规模经济效应、正外部性、知识溢出效应与产业分工效应。这也是文化企业不满足于地理集聚，不断寻求在无限空间内互通共赢的初衷。因此，本章将分别从正外部性、规模经济效应、知识溢出效应与产业分工效应等维度，阐释文化产业数字化赋能组织升维即文化产业虚拟集聚的内在逻辑。

1. 正外部性

外部性是指产业进行社会生产时投入要素之间的相互关系。外部性的实质是参与整个社会生产的劳动生产要素对其他社会生产要素生产效率的影响。文化产业虚拟集聚的正外部性来自人力资本外部性和品牌外部性。其中，人力资本外部性表现为文化产业生产投入的人力资本对其他生产要素产生的正向影响。相较于传统产业，文化产业鉴于其内容性与创意性会更加依赖人力资本的投入。尤其是信息时代，人力资本不再囿于区位，其在互联网平台的集中度远远高于地理集群。借助云计算、5G 等数字技术，数字文化从业者对知识与信息的处理能力更强，且接收的资讯更多，故其文化创意的萌发也越爆炸。而品牌外部性则是指品牌作为集群的产权可以带给集群的正外部效应，它是社会生产消费中企业价值的延伸。相较于地理集群，"区位品牌"的表现形式不再拘泥于地理因素。借助网络平台，数字文化产品营销与品牌影响力的高渗透性以几何倍数放大，文化产业也更易产生磁吸效应。例如，哔哩哔哩、爱奇艺等平台集聚了各类知名文化内容 UP 主，他们在吸引大量流量的同时，也为平台品牌效应的树立提供了助力。

2. 规模经济效应

规模经济的概念最早由亚当·斯密提出，它是指企业在扩大生产规模时，投入成本的增长低于产品带来报酬绝对量的增长。文化企业在进行产品生产时，主要涉及生产成本与交易成本。但是，互联网的普及使得数字文化内容产品的生产线上化，消费者借助互联网生产数字文化内容产品的成本大幅降低。更为重要的是，由于文化产业虚拟集聚的网络平台属性，数字文化企业在扩大生产规模时，其单位可变成本为 0，即几乎没有边际成本，能够实现边际报酬递增的情形。这极大地降低了数字文化企业的生产运营成本，提高了企业的经营效益和资本收益率。既往，在文化产业地理集聚的运作中，需要围绕一次次不同的、临时性的项目组建拥有不同技能和各类知识的企业以及使创意人员参与运作，其资源调配与合作成本非常高。但是，在虚拟集聚情形下，数字文化企业间的合作拥有了更近的组织距离和社会距离。尤其在长期合作和交易基础上所形成的社会资本和信任，也可以降低交易双方信息不对称的程度，这有利于文化产业虚拟集聚平台内成员企业的成长和发展。

3. 知识溢出效应

知识溢出效应被定义为借助社会网络实现知识广泛传播与外溢的过程。相对于传统产业，文化产业由于自身的内容属性及其对独创性、高价值以及多样性知识的依赖，将不同类型的知识快速重组已成为其竞争优势的重要来源。当下，伴随5G网络的逐步成熟，文化企业无论是在传播还是在接受新技术与新知识层面都迈向了新层级。文化企业获取显性知识和缄默知识的方式也从传统的线下面对面转变为线上"面对面"。文化产业虚拟集聚所创设的学习情境可以令成员企业沉浸其中，更好地将"干中学"知识进行表达与传递。因此，显性与缄默知识的共享与转移形成了文化产业虚拟集聚平台内全新的创新网络和社会关系网络。这不仅提高了平台网络的创新能力和效率，更进一步吸引了新的数字文化企业和数字创意人才广泛加入。而随着2021年文化和旅游部《关于推动国家级文化产业园区高质量发展的意见》的发布，越来越多的数字文化企业将会彼此效仿、借鉴、学习，文化产业集聚的知识溢出效应也将越发壮大。

4. 产业分工效应

产业分工是企业在社会生产中不断进行演进的过程，参与产业分工的企业凭借自身优势在产业链上充当不同角色，达成合作。数字经济时代，由于文化需求的多样性和多变性，数字文化企业间的竞争由成本竞争转向速度竞争和创意竞争。单个企业仅凭借自身的力量，已无法应对快速变化的文化消费需求。与此同时，数字文化产业经营中的某一服务环节独立出来，可以形成新的产业。而新产业在大的产业运营环境中，又以中间投入者的角色进入原产业，这就使得新旧产业在产业分工链条上打乱重组，最终形成了新的产业分工链条。这意味着，数字文化产业的分工愈加细化，亟须不断吸纳跨地域、比较优势突出、技能专有的文化科技企业，承担其产业链或创新网络中的关键职责。故相较于地理集群成员加入的区位局限，显然虚拟集聚为文化产业成长提供了更广阔的平台与更多的成员选择，其细化的产业分工格局也将最终有效助力自身的产能升级。

（二）文化产业数字化赋能组织升维的动力因素

为了更全面地对文化产业数字化赋能组织升维的影响因素加以梳理与汇总，本节遵循杨陈等（2016）的设定，即从经济、资源、政策三个维度对文化产业数字化赋能组织升维，即文化产业虚拟集聚的动因进行解析。

1. 经济维度

首先，文化产业发展离不开良好的社会经济环境。尽管深受新冠疫情的冲击，但 2021 年我国 GDP 再次突破百万亿元大关，实现了 8.1% 的高位增速，远远超过 2.6% 的世界平均水平。[①] 在供给端，我国以文化服务业为代表的第三产业增加值增速高于国民收入增速，这为文化产业虚拟集聚的形成提供了坚实的物质基础与生产保障。在需求端，2022 年国内网络综艺节目收入达 191 亿元。[②] 在消费者对文化内容的付费占比方面，院线上线的电影、网络电影以及改编的热播电视剧居前三位。[③] 由此可见，经济发展为文化产业新业态的培育积累了大量新兴用户，这将有力扩张我国数字文化市场的消费规模。

其次，数字基础设施建设为文化产业虚拟集聚的形成提供了硬件支持。数字基础设施是指以数据创新为驱动、以通信网络为基础、以数据算力设施为核心的基础设施体系，其拥有极高的纵深渗透能力和显著的集约整合能力，对于有效打破文化产业虚拟集聚信息界限、知识界限、产业界限和空间界限均具有重要作用。例如，5G 基站能够充分发挥"数字""数据"作为新型生产要素的巨大潜力，为数字文化资源传播与共享提供快速的传输路径；VR 与元宇宙技术可以为数字文化消费者提供沉浸式的娱乐感观体验。同时，数字基础设施的完善程度还将提升文化企业捕捉、获取各类信息的真实性、敏捷性和准确性。由此可见，数字基础设施建设不仅加速了数字文化资源的跨地域配置，更为文化产业虚拟集聚的平台化运作提供了有效的硬件载体与技术支撑。

最后，升级的文化消费需求助推了文化产业虚拟集聚形成。数字经

---

① https://gov.sohu.com/a/526196529_255783.

② https://www.sohu.com/a/717577420_121388092.

③ http://www.360doc.com/content/22/0929/15/13672581_1049798155.shtml.

济时代，人们的文化消费需求逐步从实体产品向数字内容产品过渡。微信阅读、喜马拉雅听书、爱奇艺等视频 App 的涌现为数字文化市场催生出更升维、更高阶的消费诉求。《中国移动互联网发展报告（2019）》指出，中国数字文化消费的主力群体——"Z 世代"具有显著的消费主义倾向和新媒介使用偏好，这也直接引致网红经济、粉丝经济和二次元经济等的出现。当下，分众化垂直传播的社交内容消费已成为主流，而集合创意设计、内容制作、产品营销和文创周边的全产业链式文化消费体验只有依托数字文化产业虚拟集群的创设，才能得到满足和应答。

2. 资源维度

首先，技术要素为文化产业虚拟集聚的形成提供了建设可行性。文化产业虚拟集聚是一种全新的跨地域、平台化组织结构，它要求集群内的文化企业在技术链路所构成的网络下实现信息流、业务流、知识流等的高效协同与优化配置。例如，云计算可以助力文化资源线上化；大数据与人工智能技术能够为大量文化资源的存储与处理提供便利；区块链技术的交叉验证、不可篡改性以及溯源性，则可以保证虚拟集群内文化企业间的合作诚信。技术手段的介入还将极大地降低文化产业虚拟集聚的生产成本，促使其规模经济效应释放。尤其是 2020 年我国服务业数字经济渗透率高达 40.7%，数字技术的产业化、规模化应用世界领先[①]，故我国已具备文化产业虚拟集聚的技术可能。

其次，人力、资本与生产要素禀赋将为文化产业虚拟集聚的形成提供供给支持。正所谓巧妇难为无米之炊，数字化赋能后文化产业虚拟集聚的构建离不开人力、物力与财力的叠加投入。我国拥有延续 5000 年的精神命脉和文明根基，拥有极具人文和审美价值的历史文化遗产，具有巨大、多元但潜藏的产业价值。伴随我国文化体制改革的逐步深入，借助文化资本去唤醒、调动、激活并发掘中华民族丰富的文化资源，使其成为显性的、可投资、可增值、可变现的价值量，是文化工作者义不容辞的使命。因此，只有大力培育文化科技跨界人才，让更多兼具文化管理与创新技能的复合型劳动者会聚，才能有效链接并激活政产学研用等高端资源要素，进而借助虚拟集聚的平台化效应将我国数字内容产品推向全世界。

---

① https://baijiahao.baidu.com/s? id=1728244049104836724&wfr=spider&for=pc.

3. 政策维度

借鉴各国文化产业集聚的形成与发展规律，集聚发展主要受到两方面影响，即自组织力与他组织力。其中，他组织力便来源于政策扶持。故文化产业虚拟集聚的形成离不开国家对产业组织形式云端化发展的引导，更离不开相关网络安全政策、资金扶持政策的保驾护航。早在2014年，《国务院关于推进文化创意和设计服务与相关产业融合发展的若干意见》便明确指出，文化产业发展需要实体产业和数字内容产业融合，实现跨区域企业经营合作；2020年，北京市发布《关于加快国家文化产业创新实验区核心区高质量发展的若干措施》，提出将"行业+区域"的结合模式作为未来文化产业的发展方向；同年，《国家广播电视总局关于统筹疫情防控和推动广播电视行业平稳发展有关政策措施的通知》表示，将促进文化内容生产的平台集聚。这些政策均为文化产业虚拟集聚的形成营造了良好的制度环境。与此同时，《网络安全法》《关键信息基础设施安全保护条例》《网络产品和服务安全审查办法（试行）》的相继出台，从平台治理、风险分摊等层面增强了虚拟集群内文化企业间的相互信任，这不仅有利于淡化固有的文化产业地理空间集聚差异，更为其良好的分工合作扫清了障碍。

三　文化产业数字化赋能组织升维的系统动力学分析

前文已对文化产业数字化赋能组织升维形成的内在逻辑与影响因素进行了深入解析。在此基础上，本节将以系统动力学模型为工具，通过因果关系回路图和仿真模拟，进一步验证文化产业数字化赋能组织升维形成机理的正确性。

（一）　系统动力学模型概述

系统动力学（System Dynamics，SD）研究始于1956年，由Forrester教授提出。1958年，Forrester教授在《哈佛商业评论》中首次发表与系统动力学相关的学术论文。其1961年出版的著作《工业动力学》更是系统动力学领域的经典之作。Forrester教授在其系列著作中，相继提出了系统结构的概念、动态行为及其产生原理、理论在系统中分析和应用的适用性以及宏观角度下的城市动力学等内容。随着社会的发展与进步，学者们对系统动力学模型的研究继续深入，各学科领域的交叉应用程度持续提高，与之相关的研究视域和研究范畴均被极大地拓展。

总体而言，系统动力学通过反馈环获得信息在流动中的反响。因果关系反馈环是由开放的反馈链首尾相接而成，闭合的反馈环是系统的基本工具，用于诠释事物变化的动因。因果链的总数影响反馈环的整体正负性。其中，正反馈环表现为事物不断自我强化，特征为以数值反映的结果呈指数增长。系统动力学模型不以现实的完整性为基础，也不能精确代表真实的事物，它只是通过处理等质量的信息来表达人们对事物的认知。故利用系统动力学模型对文化产业数字化赋能的组织升维形成过程加以诠释，具有一定的适用性。

（二）数字文化产业虚拟集群形成的因果关系回路图

首先，本节需要对文化产业数字化赋能组织升维的系统动力学模型进行系统边界的封闭。依据杨陈等（2016）的设定，将文化产业数字化赋能组织升维形成的内外部动力因素，按照内涵及所属范畴的不同，分别对应于经济、资源、政策三个子系统。

其中，经济子系统意味着在区域经济发展水平和基础设施建设条件下，需求方、供给方和环境要素可以为文化产业数字化赋能的组织升维过程提供基础动力。它具体包含经济环境、数字基础设施、文化消费需求等影响因素，如图6-3所示。从图中可以看出，文化娱乐消费倾向、区域经济发展环境、数字基础设施建设水平、文化服务设施建设水平和文化娱乐消费硬件软件条件等共同构成了经济子系统闭环。其中，数字基础设施建设水平、文化服务设施建设水平的不断提高，将极大地服务于地方经济发展，提升居民生活质量和水平，进而引致更多的可支配收入用于网络音乐、短视频、网络动漫、移动游戏、网络文学等数字文化内容领域的消费。

资源子系统以文化资源为内核，还包括资金、技术、人才规模、企业数量等情况，是文化产业数字化赋能组织升维过程形成的核心动力。如图6-4所示，资源子系统具体包含技术因素、生产要素禀赋、文化资源禀赋、文化资本禀赋和人才要素等影响因素。

从图6-4可知，文化资源、人才要素、资金投入、技术水平等共同构成了资源子系统闭环。其中，文化资源是数字文化内容创作的关键供给。但是，单纯凭借文化资源本身并不能创造最大化的经济价值和艺术价值。文化资源需要在文化资本的加持下，激发其潜藏的意蕴与影响。

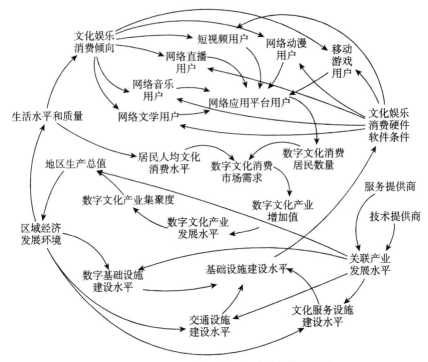

图6-3　数字文化产业虚拟集群的经济子系统

因此，在金融资本、科技资本、文化教育投入的多重助力下，我国数字技术应用能力和文化科技人才的储备水平均得到大幅提升。与之相应地，数字文化企业的研发产出与赢利能力实现螺旋式推进。故文化产业数字化赋能组织升维的资源子系统内的正反馈效果不断强化。

政策子系统涵盖财政收入、政策支持、法律保护等要素，其为文化产业数字化赋能的组织升维过程提供了关键推力，如图6-5所示。

在政策子系统中，各类与文化活动相关的财政支出、网络空间治理政策、知识产权政策、数字技术相关政策等共同构成政策子系统闭环。文化产业数字化赋能的组织升维作为一种新兴的产业组织形态，其平台化的运作方式需要政府从技术、治理、产权、补贴等层面避免管理"真空"，更好地彼此协同与自洽，最终为其减少阻碍、降低风险。

值得一提的是，文化产业数字化赋能组织升维的资源子系统、经济子系统和政策子系统并非孤立存在，三者间存在相互影响又彼此制约的耦合关系。系统中复杂的反馈机制，可以表现为变量在各回路、各层次

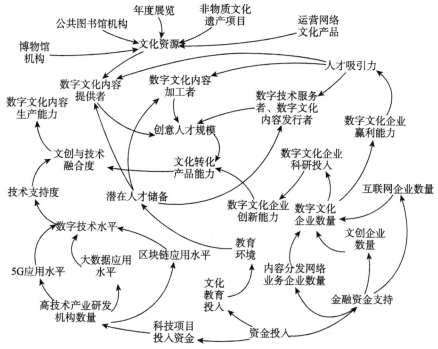

图 6-4　数字文化产业虚拟集群的资源子系统

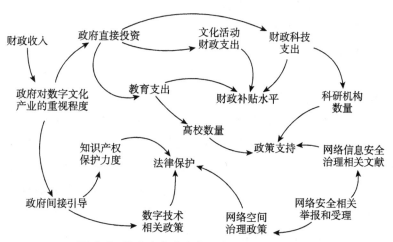

图 6-5　数字文化产业虚拟集群的政策子系统

下的协同作用，其反映了因素、路径、机制在文化产业数字化赋能的组织升维形成过程中的较力。故本节在阐述子系统因果关系反馈路径的基础上，进一步创建了"经济—资源—政策"系统存量流量图，以反映三者间复杂的耦合作用，如图 6-6 所示。而文化产业数字化赋能组织升维形成过程的黑箱也得以系统揭示。

鉴于文化产业数字化赋能的组织升维过程是一种突破地理限制呈现云端聚集的新业态，其全产业链的线上运作离不开"经济—资源—政策"子系统间的同频共振。如图 6-6 所示，三大子系统在资本、人才、技术、市场需求和政策供给等层面，实现了紧密联结与互通。具体而言，文化产业数字化赋能组织升维的形成需要资源禀赋、数字基建以及经济基本面等共同加持。只有这样，大量集聚的复合型文化科技人才才能更好地施展其创意灵感与管理手段，将数字文化资源产品化、产业化。文化产业虚拟集聚的平台化运作，通过数字化传播与知识溢出，形成了数字文化产业链的高度连接。同时，文化企业的云端化和线上化合作也离不开政策引导和规范化治理的护航。综上，正是得益于"经济—资源—政策"系统内各要素的正反馈作用，传统文化资源的数字化挖掘、创意、生产、营销与周边才得以跨地域实现，文化产业数字化赋能组织升维的功能化运作才得以彰显。

（三）文化产业数字化赋能组织升维的仿真模拟

基于上述分析，本节将继续借助 Vensim 软件，对文化产业数字化赋能组织升维的形成机理进行仿真模拟。

1. 研究对象与数据来源

为了选择更为合适的数据进行仿真模拟，本节考虑到当下文化产业集聚更多是以地理形态出现，即以文化产业园区为雏形，以长三角或东部沿海区域为核心，向外省辐射扩散。因此，本节将选择北京市、上海市、天津市、广东省、江苏省、山东省、浙江省和福建省 8 个省市进行实证分析。由于上述省市不仅具备强大的经济活力与韧性，更是我国开放程度最高的地区，其实现文化产业集约化与虚拟化转型，能够持续吸引年轻消费群体，不断扩大文化消费市场规模，并提升自身的科技与文化融合效果。故以上述 8 个省市作为研究对象模拟我国当前文化产业的虚拟集聚水平是合理的。同时，根据代表性和可获得性原则，本节所用数据均来源于《中国统计年鉴》《中国文化及相关产业统计年鉴》《中国文化和旅游统计年鉴》《中国科技统计年鉴》《中国劳动统计年鉴》《中国互联网络发展状况统计报告》，以及传媒蓝皮书、中国大数据产业发展白皮书、5G 融合应用发展白皮书、中国区块链专利白皮书和《中国游戏产业报告》。

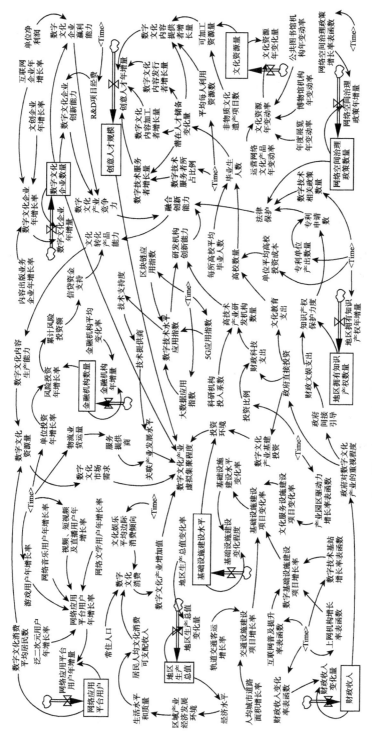

图 6-6　数字文化产业虚拟集聚库存流量

注：Time 表示仿真系统随时间变化的动态响应。

2. 仿真结果分析

首先，本节提出以下假设：第一，不考虑难以量化、次要的指标；第二，参考文化产业集群实际建设进度，模拟的初始时间为2013年；第三，文化产业虚拟集聚过程是连续的、动态的，最终以虚拟集聚指数来衡量集群的状态；第四，由于各子系统指标量纲不一致，虚拟集聚指数为标准化后的格式，本节设定10个状态变量（Level）、10个速率变量（Rate）、9个表函数（Lookup）以及多个常量（Auxiliary）、辅助变量（Constant）；第五，随时间变动不明显的变化率采用算术平均值。

经过多次模型迭代、调整变量间的关系，本节得到2013～2019年的时间路径里模型主要变量的情况如图6-7所示。上述变量均与多种因素存在联系，再作用于产业虚拟集聚的动态路径。总体而言，多种动因的交互将引致文化产业形成虚拟集聚，且不同变量的强反馈将导致集聚的正向变动趋势。

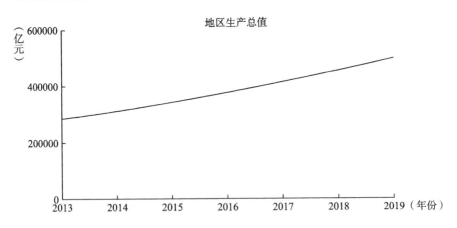

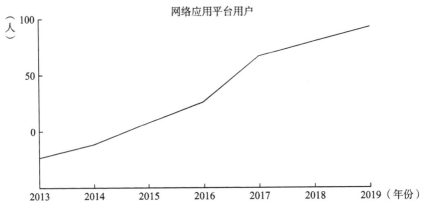

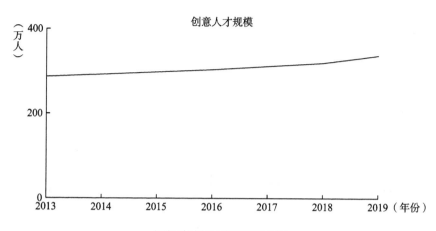

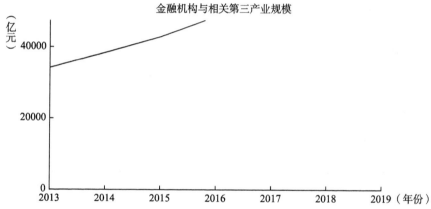

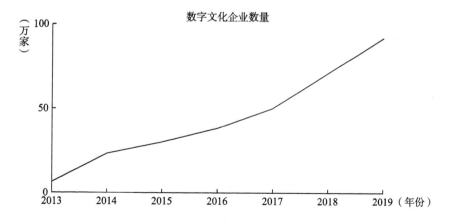

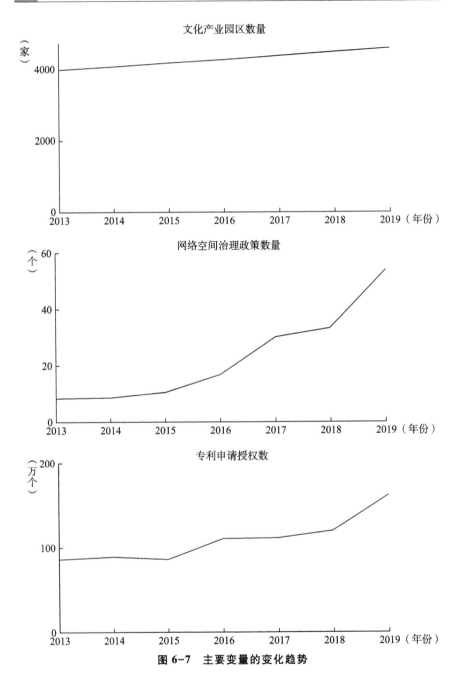

图 6-7　主要变量的变化趋势

如表 6-1 所示，文化产业虚拟集聚指数呈现上升趋势。自 2016 年起，我国文化产业进入高速发展时期。智能技术、国家政策和财政支持，使得文化产业园区的地理布局范围逐渐辐射至全国。数字研发应用的基础设施水平提高，网络平台用户持续增长，数字文化产业的人才、企业与投资规模均不断进步，金融机构与相关第三产业更是持续推动其虚拟产业链愈加完善。我国数字文化产业也逐步具备了虚拟化转型的条件和前提。但值得注意的是，我国文化产业仍处于发展的初级阶段。2018年，其模拟增长率下降，这与我国商用数字技术虽已相对成熟，但其稳定性、适配性尚需提高等因素不无关系。但毋庸置疑，伴随文化产业虚拟集聚水平的提升，由集聚所产生的溢出影响将不断扩大。在长期稳定的产业政策与发展环境加持下，文化产业虚拟集聚将为文化生产提供新模式，为文化消费跃升提供新助力。

表 6-1　数字文化产业虚拟集群模拟仿真结果（2013~2019 年）

	2013 年	2014 年	2015 年	2016 年	2017 年	2018 年	2019 年
虚拟集聚指数	0.309	0.488	0.748	1.002	1.355	1.582	2.035
增长率（%）		57.9	53.3	34.0	35.2	16.8	28.6

综上，本节发现相较于产业地理集聚，因存在更强的正外部性、规模经济效应、知识溢出效应和产业分工效应，文化产业数字化赋能的组织升维存在规律与逻辑上的必然。基于系统动力学模型，良好的社会经济环境、数字基础设施、升级的文化消费需求、技术要素、人力资本、文化资源禀赋以及政策因素，在"经济—资源—政策"系统内形成了显著的正反馈作用，并引致文化产业数字化赋能的组织升维最终形成。

第三节　文化产业数字化赋能组织升维的形态特征与小世界性检验

一　文化产业数字化赋能组织升维的形态特征

为了更加全面地还原我国文化产业数字化赋能组织升维的形态特征与地理映射，本节将基于上述文化产业虚拟集群的定义，将信息通信技术与文化资源形成关联，即按"数字技术""文化企业"等关键词进行专利筛选。通过对专利引用关系的社会网络分析，进一步洞察我国文化产业数字化赋能组织升维的形态与空间特征（黄蕊、李雪威，2021）。

（一）方法选择——OD 成本矩阵法

地理网络是由一系列彼此相互联系的点和线构成的，用以表示地理因子（包括资源）在各个方面的流动，主要分为定向网络和非定向网络。非定向网络主体是指资源的流向从源头节点汇于端点节点，地理网络中所有流动资源都能确定其自身流向且不受任何约束。常见的网络模型主要分为两个：几何网络和网络数据集。网络数据集是非定向网络的基础。本节在进行我国文化产业数字化赋能组织升维的形态模拟时，需要构建城市间文化企业专利的合作关系，而该网络属于非定向网络，故以下内容以无向网络为主。

无向网络由边线、交汇点和转弯等要素构成。它主要是由一个点要素和线性图像要素组成，是为"记录"地理拓扑关系而创建的，分为单一模式和多模式。在该地理系统中可以进行最佳路径分析、服务区分析、最近的服务设施分析和起止成本矩阵分析。上述分析常见于对地理（如运输）网络（例如交通）路径、服务领域范围和资源分配情况等的研究。OD 成本矩阵分析是最佳路径分析的基础，是构建区域与测算区域内最短路径长度和最低成本的重要方法。OD 成本矩阵作为典型的无向网络模型，是用以查找和衡量无向网络中多个出发点到多个目标地的最低成本路径。在配置 OD 成本矩阵时，可以根据所搜寻的目标节点要素和最远的节点要素来确定搜寻距离。该方法常见于地理系统分析，较少用于文化产业技术专利合作分析。本节将采取该方法对以市为单位的全国文化企业进行节点之间连接频率的展示，通过城市间文化企业相互关联关系来展示我国文化产业数字化赋能组织升维的现状，实现对其空间特征的刻画。

（二）数据来源与获取方式

本节的数据资料来源于我国专利数据库（中国知网），结合国家统计局最新公布的《文化及相关产业分类（2018）》，将其中"文化及相关产业分类表"中的行业中类作为文化产业关键词，选取"互联网""数字""人工智能"等关键词作为文化产业相关词，确定文化产业的相关技术专利检索语句，如下所示：

（AB ='新闻' OR AB ='报纸' OR AB ='广播' OR AB ='电视' OR AB ='互联网信息服务' OR AB ='文化' OR AB ='出版' OR AB ='影视' OR AB ='创作

表演′ OR AB =′数字内容′ OR AB =′内容保存′ OR AB =′工艺美术′ OR AB =
′艺术制造′ OR AB =′广告′ OR AB =′设计′ OR AB =′艺术′ OR AB =
′工艺美术′ OR AB =′文化′）AND（AB =′互联网′ OR AB =′数字′ OR AB =
′数据′ OR AB =′人工智能′ OR AB =′信息′）

检索上述语句获得相关申请专利总计 314201 件，相关企业 87763
家。由于中国知网专利数据库在数据导出上限制了数量与相关字段，通
过其导出按钮获得的相关数据并不符合本节的研究需要。因此，本节选
择使用后羿采集器对中国知网专利数据库进行爬虫。但由于该数据库设
置了反爬虫，传统的爬虫设置难以获得完整数据，故本节将爬虫的流程
进行重新设计，并将相关参数进行重新配置，实现对原始数据的获取。
具体数据采集流程设计如下。

原数据获取：选择后羿采集器中的智能模式，输入数据采集网址，
爬虫前，选择预处理按钮进行关键句检索与页面设置。在获得爬虫数据
后，将数据采集模块设置为 1～120 页数据采集条数为 6000 条，不断重复
该操作最终获得所有原数据。

数据预处理：将获得的数据整理到同一个 Excel 表格中，对表格中
数据去格式化。筛选出由两个及两个以上企业申请的同一专利，从而获
得同一申请专利的企业之间的相互关系。将专利申请的相互关系转换为
两两对应的引用矩阵。

地区匹配：在企查查网址上批量输入相关企业并筛选出对应企业的
地理位置信息，将预处理所获得的企业两两引用矩阵转换为地理位置相
互关联的两两引用矩阵。随后将相同的两两引用矩阵进行合并，记录其
出现频次，最终得到三列数据，即两条位置信息引用关系及引用关系数
量。至此，输入数据矩阵整理完毕。

（三）结果分析

本节在进行文化产业虚拟集群的空间特征刻画时，参考了王方方等
（2019）的方法，并对该方法中的专利数据与引用关系进行升级，进行
技术间合作关系的地理位置展示。在此基础上，本节选择 OD 成本矩阵
法，通过 Gephi 软件将地理范围内的合作关系进行网络展示。该方法有
助于凸显不同地理位置间企业的合作关系。这种基于互联网与大数据技
术展开的跨区域文化技术专利申请关系，有助于对我国文化产业数字化

赋能组织升维的空间特征进行展示。

在进行数据指标构建时，输入文件主要包含数据预处理后得到的引用关系矩阵、不同企业对应的地理位置信息表。首先，需要将 OD 成本线转换为节点文件和表文件，将涉及的省份存储为节点文件，将省份之间的合作关系存储为表文件。然后，将节点文件导入 Gephi 软件中，追加表文件至节点文件。最后，求解该社会网络时，按照边的权重设置边的粗细，按照节点的出入度设置节点的大小、颜色与名称，得到如图 6-8 所示的文化产业省域范围内虚拟集群网络拓扑图。

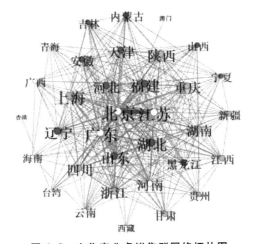

图 6-8　文化产业虚拟集群网络拓扑图

在此基础上，按照胡焕庸线对省份进行分类，并选取企业之间合作关系排名靠前的省份得到如表 6-2 所示的我国文化产业数字化赋能组织升维的空间特征。

表 6-2　文化产业虚拟集群空间特征

单位：次

胡焕庸线东南侧			胡焕庸线西北侧		
起点	终点	总计	起点	终点	总计
北京	江苏	605	内蒙古	北京	41
江苏	北京	446	甘肃	北京	25
北京	山东	403	新疆	北京	19
北京	天津	328	青海	北京	18
天津	北京	313	新疆	广东	14

胡焕庸线东南侧			胡焕庸线西北侧		
起点	终点	总计	起点	终点	总计
北京	河北	273	宁夏	河南	10
浙江	北京	257	宁夏	陕西	9
天津	天津	225	甘肃	江西	5
北京	广东	220	甘肃	重庆	5
北京	上海	194	内蒙古	广东	5
北京	湖北	192	内蒙古	辽宁	5
上海	江苏	181	新疆	江苏	5
北京	福建	175	甘肃	江苏	4
北京	浙江	175	甘肃	辽宁	4
北京	陕西	140	甘肃	上海	4
广东	北京	135	宁夏	内蒙古	4
北京	河南	116	青海	陕西	4
江苏	广东	116	新疆	辽宁	4
上海	北京	114	甘肃	宁夏	3
北京	辽宁	102	甘肃	陕西	3
广东	江苏	102	内蒙古	江苏	3

　　由此可知，我国不同省域范围内的文化企业在数字技术专利的依托下实现了广泛的跨区域合作。从地理分布来看，文化产业虚拟集聚中的大部分合作集中在胡焕庸线东南侧，这与中国城镇化水平的分割线特征类似，即胡焕庸线东南侧的各省区市城镇化与经济发展水平大多高于全国平均水平；而胡焕庸线西北侧的各省区城镇化与经济发展水平低于全国平均水平。与此同时，表6-3输出结果展示了中国文化产业数字化赋能组织升维的内部文化企业（机构）间的跨区域合作情况。

表6-3　跨区域文化企业（机构）合作情况

单位：次

企业（机构）1	企业（机构）2	区域1	区域2	频率
乐视控股（北京）有限公司	乐视致新电子科技（天津）有限公司	北京	天津	88

企业（机构）1	企业（机构）2	区域1	区域2	频率
合肥华凌股份有限公司	美的集团股份有限公司	合肥	佛山	50
中国建设银行股份有限公司	建信金融科技有限责任公司	北京	上海	43
海尔集团公司	青岛海尔电子有限公司	青岛	青岛	31
国网青海省电力公司	国家电网有限公司	西宁	北京	6
咪咕视讯科技有限公司	中国移动通信集团有限公司	上海	北京	4
北京奇虎科技有限公司	奇酷互联网络科技（深圳）有限公司	北京	深圳	3
新疆大学	新疆正阳交通规划设计研究所	乌鲁木齐	正阳	3
广西电网公司电力科学研究院	深圳清华大学研究院	南宁	深圳	2
国网新疆电力公司电力科学研究院	国家电网公司	乌鲁木齐	北京	2
广西电网公司电力科学研究院	武汉大学	南宁	武汉	1
国网青海省电力公司电力科学研究院	北京信息科技大学	西宁	北京	1
国网青海省电力公司电力科学研究院	沈阳工业大学	西宁	沈阳	1
国网青海省电力公司电力科学研究院	西安交通大学	西宁	西安	1

由此可见，北京、深圳、广州、南京、上海、青岛等地区专利申请较多。这种现象的出现与上述地区经济发展情况、文化资源数字化程度以及地理位置因素密不可分。而我国跨区域文化企业的合作频率主要集中在9~55次。区域间合作较为密切的是以北京为中心城市辐射到江苏、天津、上海、浙江与湖北；以广东为中心辐射到香港、北京与江苏；以江苏为中心辐射到上海、广东。由此可见，区域间虚拟集聚呈现北京文化企业与其他发达地区文化企业合作更为密切的特点。结合表6-2与表6-3可以发现，我国文化企业在胡焕庸线东南侧合作更为密切，而胡焕庸线西北侧企业间合作较少。这些合作企业以北京的文化企业与其他省域范围内文化企业合作为主，合作的参与主体以企业间跨区域子母公司、区域内高校与文化企业、国家企业与地方文化企业合作为辅。这些企业的主营业务较为相似，合作也表现在企业间主营业务相关技术交流上，该方式的合作有助于文化企业间技术的发展、融合与再创新。在胡焕庸

线东南侧，合作关系较为密切的为乐视控股（北京）有限公司与乐视致新电子科技（天津）有限公司、合肥华凌股份有限公司与美的集团股份有限公司、中国建设银行股份有限公司与建信金融科技有限责任公司以及海尔集团公司与青岛海尔电子有限公司，其企业间合作专利主要集中于数字传输技术与显示屏技术。在胡焕庸线西北侧，合作企业则较少，主要涉及国网青海省电力公司与国家电网有限公司、新疆大学与新疆正阳交通规划设计研究所以及广西电网公司电力科学研究院与深圳清华大学研究院。上述企业专利合作多集中于电网基础设施、基于 CART 剪枝算法的电网能源成分分解及能源溯源算法、多晶硅智能生产方法及系统以及工业互联网异常行为挖掘方案等。相关技术不仅有助于文化产业进行信息传播、获取与分析，更能带动西藏等地区电网基础设施发展，为后续文化产业数字化打下良好的基础。

二 文化产业数字化赋能组织升维的小世界性检验

纵然文化产业数字化赋能组织升维的形态特征已得到刻画，但该网络结构是否拥有自组织、信息传播速率快且聚合系数高的小世界特性，还需要进一步检验。

（一）方法选择——社会网络分析法

社会网络是一种以"网络"为基础，描绘各个节点之间交换关系特征并寻求其中规律的方法，是一种以网络为中心的社会组织。其目的是刻画节点之间的互动与联系。这种节点之间的关系会对社会行为产生一定影响。在社会网络分析法的理论基础上，邓肯·瓦茨和史蒂夫·斯托加茨提出了一种基于复杂社会网络的小世界性现象及其特点，小世界的具体性质和现象特点是无标度的，许多其他实际社会网络也拥有小世界的复杂全局性和结构特性。

小世界性是从一个局部有序的系统向一个随机网络的迁移过程中表现出来的一种性质，其主要的特性就是较高的聚类系数及较小的平均最长距离。那些具有小世界特征的网络叫作小世界网。无标度网络是指大量的网络存在幂律分布，它的重要特点就是绝大部分的节点之间连通度相对较小，只有极少数的节点之间才会拥有较大的连通度，基于连通度的社会网络被称为有标度网络或者无标度网络。无标度网络具有三个基本属性。第一，不平等。这就会使得无标度网络产生了"富者越富"的现象。第二，鲁棒性。随机对网络节点进行攻杀，去掉网络上的某个节点对网络的整体性影响也不大，系统仍然可以正常运行，则该小世界网络鲁棒性强。第三，脆弱性。当我们智能化地对无标度网络发起攻击时，无标度网络很容易发生崩溃，使网络节点与其他节点之间失去连接而形成孤立的节点，最终使整个网络遭到破坏。小世界网络和无标度网络在我们的现实生活中大量存在，因而受到越来越多国内外专家学者的重视和关注。专家学者对各个领域实践中小世界网络的拓扑性和特点进行了较多的实证探索和研究。因此，社会网络中的小世界性检验可以较好地对我国文化产业数字化赋能组织升维现象进行刻画。

（二）数据来源与分析对象

本节选择 Pajek 软件对社会网络进行构建并对我国文化产业数字化赋能组织升维现象进行小世界性检验。由于该软件输入的文件类型为 .net。本节先将文化企业之间的合作数据转化为不分引用关系的三列矩阵，再通过 Excel Pajek2 对原始数据进行文件转换，将文件模式设置为 mode-1，从而获得输入文件。在进行社会网络小世界性检验时，通常选择平均路径长度、聚集系数、平均最短路径。本节在进行我国文化产业数字化赋能组织升维的小世界性检验时，选择了平均度、聚集系数、平均最短路径、紧密度、介数以及度和累积分布对其进行检验。

（三）结果分析

1. 平均度

在计算平均度时，利用 Pajek 中命令 Net/partition/degree/all，执行上述命令后会获得一个有关 degree 的 partition，将该 partition 内容导出为表格文件，总节点数为 8315 个，总出入度为 50780，平均出入度为 6.107。这意味着我国文化产业数字化赋能组织升维的网络总出入度与平均出入度较高，符合小世界性关于度的要求。在我国文化产业数字化赋能组织升维的网络中，一个节点的平均出入度为 6.107，即一个节点可以链接 6 条通路，则该网络中连接较广且节点间相互关联性较强。这说明我国文化产业虚拟集聚社会网络合作频繁且分布广泛。

2. 聚集系数

利用 Pajek 计算聚集系数，执行 Net/vector/clustering coefficients/cc1

的菜单命令。由于导入的社会网络为企业之间的相互合作关系，企业数量较多、引用关系复杂分散，难以求解出以企业为主体的聚集系数。因此，本节对数据进行二次处理，按照省域范围重新构建引用关系，重新求解聚集系数，得到省域范围内文化产业虚拟聚集系数为 7.682。当聚集系数超过 0.5 时，就认为该社会网络存在小世界性。该聚集系数较高，表明我国文化产业数字化赋能的组织升维网络在省域范围内的复杂性与社会密度较高，该社会网络呈现小世界性。

3. 平均最短路径

在 Pajek 中计算平均路径长度，利用 Net/paths between 2 vertices/distribution of distances/from all vertices 菜单命令。由于输入数据的节点数为 8315 个，数量超过 5000 个，Pajek 无法计算该社会网络的平均路径长度。故本节按照省域范围重新求解了平均最短路径。得到路径长度分布如表 6-4 所示。其中，节点之间最短路径长度为 1 的占比为 40.8%，节点间最短路径长度为 2 的占比为 41.4%，节点间最短路径长度为 3 的占比为 4.6%。综上，通过对节点间路径长度进行加权平均得到我国文化产业数字化赋能组织升维的社会网络平均路径长度为 2.03，这说明社会网络中节点之间的连通性与关联性较强，小世界性较为明显。

表 6-4　平均路径长度

单位：次，%

长度	频率	占比
1	544	40.8
2	551	41.4
3	61	4.6
4	2	0.2
5	174	13.1

4. 紧密度

在 Pajek 中先运行 Net/vector/centrality/closeness/all 命令，就会生成一个 "I. all closeness centrality in N1" 的 vector 文件，然后运行 info/vector 命令，得到文化产业数字化赋能组织升维网络 8315 个节点的总紧密度为 288.01，平均紧密度为 0.035。紧密度反映了社会网络中一个节点在整个社会网络中影响其他节点的能力。在进行紧密度测算时，节点属性为单个企业，即在我国文化产业虚拟集聚的社会网络中，一个企业影响其他节点的平均能力为 0.035。

5. 介数

利用 Pajek 中的 Net/vector/centrality/betweenness 命令，得到一个名为 "I. betweenness centrality in N1" 的 vector 文件，然后运行 info/vector 命令，求出该文化产业数字化赋能组织升维网络的介数为 0.0218。介数是用来衡量社会网络中节点的最大承载能力。在我国文化产业虚拟集聚社会网络中，节点的平均承载能力为 0.0218。该承载能力是对社会网络中专利申请情况的量化。文化企业间专利合作申请的能力较强，企业间合作较为密切。

6. 度和累积分布

度分布 $p(k) = frequence(k)/N$。我们用软件统计出度分布序列，执行 "Net/partition/degree/all" 命令，得到一个 "1. All Degree partition of N1" 的 partition，然后执行 info/partition 命令。整理后，得到文化产业虚拟集聚网络出入度如表 6-5 所示。在社会网络中，出入度是反映一个节点与其他节点之间关联情况的重要指标。累积分布则可以很好地反映节点之间总出入度的情况。

表 6-5　出入度统计

单位：次

出入度	频率
1	3435
2	1859
3	759
4	576
5	264
6	272
7	138
8	120
9	91

根据表 6-5 可知，在我国文化产业虚拟集聚社会网络中，节点的出

入度主要集中在 1 和 2。随着出入度的增加，节点出现的频率降低。这说明该社会网络中企业的出入度集中在 1、2、3，即我国文化产业数字化赋能组织升维网络的小世界特征较为明显。

7. 小世界性分析

结合上文的出入度、平均路径长度以及聚集系数可以发现，我国文化产业数字化赋能组织升维社会网络呈现小世界性。筛选得到总出入度排序如表 6-6 所示。

表 6-6 中国文化企业（机构）总出入度统计

企业（机构）	总出入度	企业（机构）	总出入度
国家电网公司	1298	西安电子科技大学	21
京东方科技集团股份有限公司	183	鸿富锦精密工业（深圳）有限公司	20
高创（苏州）电子有限公司	124	河海大学	19
浙江大学	80	咪咕文化科技有限公司	19
清华大学	71	国网福建省电力有限公司电力科学研究院	18
国网天津市电力公司	58	国网湖南省电力公司	18
江苏省电力公司	49	江苏省电力公司电力科学研究院	17
南京南瑞集团公司	48	合肥京东方光电科技有限公司	15
山东大学	36	江苏省电力试验研究院有限公司	15
中国移动通信集团公司	33	南京南瑞继保电气有限公司	15
青岛海尔电子有限公司	30	国网山东省电力公司电力科学研究院	14
中国移动通信集团有限公司	30	上海交通大学	14
国网福建省电力有限公司	29	国网河南省电力公司经济技术研究院	13
海尔集团公司	29	国网江西省电力科学研究院	13
华为技术有限公司	27	国家电网有限公司	11
国网河北省电力公司	25	国网电力科学研究院武汉南瑞有限责任公司	11
国网浙江省电力公司	25	国网吉林省电力有限公司	11
南京南瑞信息通信科技有限公司	24	国网吉林省电力有限公司电力科学研究院	11
天津市电力公司	24	国网江苏省电力公司	11

注：表中存在机构名称相似或某机构目前已注销的情况，这是专利所属发明人自身提供的信息所致。本书实证过程中依照专利发明人的客观信息进行数据获取，即呈现表 6-6 中所示结果。

根据表6-6对我国文化企业技术专利申请情况进行分析，可以得到如下发现。首先，我国文化企业专利申请以北京为中心向全国范围辐射。北京具有代表性的专利申请主体主要包含三类，即高校——北京大学、清华大学，国家控股公司——国家电网有限公司、中国移动通信集团有限公司，私有文化企业公司——京东方科技集团股份有限公司、咪咕文化科技有限公司以及北大方正集团有限公司，这些企业的跨区域合作范围较广。其中，北京大学与南京理工大学、华为技术有限公司、佛山赛思禅科技有限公司合作较为密切，它们的企业专利合作集中在手机电视视频处理、数字内容管理系统、新闻爬取方法及系统等。清华大学与广西电网、海南电网、合肥泽众城市智能科技有限公司、青海大学、郑州大学等合作频繁，它们的专利主要集中于广播信道传输、基于新型样条插值法的输变电主设备运维数据预处理方法以及广播信道数据发送接收方法等。国企如中国移动通信集团有限公司与咪咕音乐有限公司、广东省电信规划设计院、中移物联网有限公司，它们的技术专利主要有广告播放方法、装置及存储介质，基于分布式多维分析的数据分析系统及方法以及数据传输系统及方法等。其次，部分发达区域与甘肃、贵州、青海以及内蒙古都有合作。合作企业以高校、国家电网公司以及我国电力科技研究院为主。它们合作的专利主要集中在传输与基础设施方面，这与甘肃、贵州等辐射地区的高文化产业数字化进程紧密相关。最后，江苏、山东、浙江、天津等区域技术专利申请合作以高校与企业、企业与企业之间的合作为主，该区域内私营文化企业成为技术专利申请的主体。合作高校主要有浙江大学、河海大学、山东大学等，合作企业主要有高创（苏州）电子有限公司、乐视致新电子科技（天津）有限公司、南京南瑞集团公司、青岛海尔智能家电科技有限公司和曙光信息产业股份有限公司，而它们的技术专利申请集中在数据处理方法、广告转移方法、电视手机图形界面等。综上可见，在国家政策与企业合作利益的共同助推下，我国文化产业数字化赋能组织升维网络已呈现显著的小世界性。这不仅为文化产业数字化升级与文化资源更广泛的互联互通提供了信息承载网络，更为我国优质文化产品输出提供了成熟的平台。

第四节　文化产业数字化赋能组织升维的空间解构

随着数字技术的不断发展，文化产业逐渐突破地理局限呈现虚拟集聚的新趋势。本节将基于文化企业专利数据，使用结构洞法对文化产业数字化赋能组织升维的空间解构加以洞察。

一　方法选择

本节将参考王方方等（2019）的做法，借助 Ucinet 软件利用结构洞模型、核心边缘分析以及凝聚子群分析，研究我国文化产业虚拟集聚的形态特征。所谓结构洞是指社会网络中某个或某些个体和有些个体发生直接联系，但与有些个体不发生直接联系，无直接或关系间断的现象，从网络整体看好像是网络结构中出现的洞穴。鉴于上文已论证文化产业虚拟集聚是基于合作关系而形成的拓扑关系网络，故虚拟集聚平台上不同主体之间的链接程度可以依靠结构洞模型加以识别。具体而言，首先，本节将采用有效规模、效率、限制度和等级度来衡量文化产业虚拟集聚拓扑网络的结构洞。尤其将从中心度方面对结构洞进行研判，以便找到结构洞中重要的核心节点，即文化产业虚拟集聚的重要省份。其次，本节将利用核心边缘分析试图在结构洞结果上找到重要的关系联结省份。最后，本节将基于凝聚子群分析找到我国文化产业虚拟集聚网络中最具密切合作关系的子群。

二　数据来源与数据处理

本节将根据上述文化产业虚拟集聚的定义，将信息通信技术与文化资源进行关联，即基于中国知网专利数据库，结合国家统计局最新公布的《文化及相关产业分类（2018）》，按"数字技术""文化企业"等关键词进行专利筛选，继而利用结构洞法刻画我国文化产业虚拟集聚的形态与空间特征。具体文化产业的技术专利检索语句如下：

（AB ='新闻' OR AB ='报纸' OR AB ='广播' OR AB ='电视' OR AB ='互联网信息服务' OR AB ='文化' OR AB ='出版' OR AB ='影视' OR AB ='创作表演' OR AB ='数字内容' OR AB ='内容保存' OR AB =

′工艺美术′ OR AB = ′艺术制造′ OR AB = ′广告′ OR AB = ′设计′ OR AB =
′艺术′ OR AB = ′工艺美术′ OR AB = ′文化′） AND （AB = ′互联网′ OR AB =
′数字′ OR AB = ′数据′ OR AB = ′人工智能′ OR AB = ′信息′）

　　检索上述语句获得相关申请专利总计 314201 件，相关企业 59306 家。
接下来，本节将首先对数据进行预处理，即将获得的数据整理到一个 Excel
表格中，并对表格中的数据去格式化；其次，进行地区匹配，即在企查查
网址上批量输入相关企业并筛选出对应企业的地理位置信息；再次，将
预处理所获得的企业两两引用矩阵转换为地理位置相互关联的两两引用矩
阵；最后，将相同的两两引用矩阵进行合并，记录其出现频次。最终得到
三列数据，即两条位置信息引用关系和引用关系数量。同时，鉴于 Ucinet
软件输入矩阵要求行列为数值型，因此本节还需对部分地区名称进行编
码，如表 6-7 所示。至此，输入数据矩阵构建完成，数据处理结束。

表 6-7　中国部分地区编码

地区	编码	地区	编码	地区	编码
安徽	1	吉林	14	台湾	27
北京	2	江苏	15	天津	28
福建	3	江西	16	西藏	29
甘肃	4	辽宁	17	香港	30
广东	5	内蒙古	18	新疆	31
广西	6	宁夏	19	深圳	32
贵州	7	青海	20	云南	33
海南	8	山东	21	浙江	34
河北	9	山西	22	重庆	35
河南	10	陕西	23	南京	36
黑龙江	11	上海	24	澳门	37
湖北	12	沈阳	25		
湖南	13	四川	26		

三　结果输出

（一）我国文化产业数字化赋能组织升维的网络结构洞情况

　　将上述数据处理结果代入 Ucinet 软件，进行结构洞测算，得到的结
果如表 6-8 所示。

表 6-8　我国文化产业数字化赋能组织升维的社会网络结构洞

地区	有效规模	效率指标	约束度	等级度	焦点中心	中间中心度	网络密度
安徽	20	10.823	0.541	0.637	0.619	9.511	0.700
北京	31	27.864	0.899	0.147	0.333	99.382	0.513
福建	27	9.810	0.363	0.735	0.788	13.737	0.637
甘肃	17	8.166	0.480	0.688	0.681	2.586	0.798
广东	31	22.585	0.729	0.459	0.660	81.302	0.495
广西	15	10.759	0.717	0.532	0.446	2.723	0.800
贵州	15	10.870	0.725	0.625	0.528	1.177	0.852
海南	11	7.736	0.703	0.689	0.497	1.908	0.718
河北	24	7.093	0.296	0.821	0.807	10.335	0.668
河南	23	9.923	0.431	0.716	0.746	14.484	0.644
黑龙江	19	11.443	0.602	0.623	0.666	4.146	0.787
湖北	28	13.142	0.469	0.628	0.726	26.234	0.608
湖南	21	9.272	0.442	0.674	0.705	10.444	0.650
吉林	16	6.955	0.435	0.766	0.714	2.181	0.846
江苏	31	16.175	0.522	0.557	0.748	81.253	0.502
江西	19	7.792	0.410	0.709	0.715	3.113	0.792
辽宁	26	11.296	0.434	0.686	0.765	18.895	0.605
内蒙古	17	7.919	0.466	0.706	0.702	2.847	0.824
青海	15	11.398	0.760	0.727	0.651	2.839	0.767
山东	10	3.895	0.390	0.907	0.622	1.076	0.800
山西	27	9.802	0.363	0.766	0.817	45.020	0.588
陕西	16	7.302	0.456	0.755	0.693	1.371	0.829
上海	27	14.608	0.541	0.574	0.689	28.874	0.593
沈阳	28	18.320	0.654	0.541	0.650	33.850	0.589
四川	1	1.000	1.000	1.000	1.000	0.000	
台湾	23	14.304	0.622	0.564	0.611	8.668	0.664
天津	9	7.031	0.781	0.789	0.370	8.533	0.694
西藏	24	7.475	0.311	0.796	0.805	11.406	0.659
香港	4	1.955	0.489	1.427	0.370	0.000	1.000
新疆	1	1.000	1.000	1.000	1.000	0.000	
深圳	17	10.673	0.628	0.585	0.565	5.658	0.765
云南	1	1.000	1.000	1.000	1.000	0.000	

地区	有效规模	效率指标	约束度	等级度	焦点中心	中间中心度	网络密度
浙江	16	12.980	0.811	0.520	0.467	18.213	0.692
重庆	24	12.851	0.535	0.603	0.682	16.157	0.672
南京	24	11.708	0.488	0.626	0.698	12.004	0.614
澳门	1	1.000	1.000	1.000	1.000	0.000	
青海	1	1.000	1.000	1.000	1.000	0.000	

根据表中的有效规模和效率指标可知，在我国文化产业数字化赋能组织升维的社会网络结构洞中，北京、广东、江苏、上海以及沈阳是社会网络中与其他地区关系较为密切的地区，与其他地区企业合作较多。它们属于社会网络中的复杂节点。反观约束度与等级度数值，约束度越低意味着该节点越会成为社会网络中的结构洞，即失去该节点，社会网络就会出现空洞情况。而等级度越高，则该节点在区域内的角色便越重要。故如表6-8所示，福建、河北、吉林、山西、西藏、天津是我国文化产业数字化赋能组织升维社会网络中的结构洞。其中，河北、天津是北京与其他地区之间的关键节点；吉林是连接沈阳和哈尔滨的关键节点；西藏是我国西南地区文化产业虚拟集聚社会网络的关键节点。因此，可以通过加强对上述地区的科技研发投入与文化资源倾斜，实现我国文化产业数字化赋能组织升维社会网络的完善与优化。

（二）我国文化产业数字化赋能组织升维的社会网络结构洞核心边缘分析

前文介绍了核心边缘结构分析是社会网络分析的重要组成部分。该结构可以细分为两类，即核心行动者与边缘行动者。居于核心位置的行动者，内部通常互相牵涉、关联紧密；而边缘行动者则彼此较为疏远，关系脉络不明晰。这与文化产业虚拟集聚的关键区域识别相一致。为此，本节继续在 Ucinet 软件中进行文化产业虚拟集聚网络核心边缘分析，结果显示，地区2与地区15为核心点，其余为边缘点。该结果表明，在我国文化产业虚拟集聚社会网络中，北京与江苏是社会网络中的核心节点，即该节点的辐射能力较强，能够成为文化企业跨区域虚拟合作的中心。因此，在我国文化产业虚拟集聚的过程中，可以通过政策引导与资源投入，不断扩大与提升北京和江苏的辐射范围与辐射强度，推动我国文化产业虚拟集聚效应进一步扩大，从而形成更广泛区域内的文化合作。就现实而言，江苏省文化企业与高校间的合作十分紧密，二者间的合作逐渐向云端和线上转移。2020 年，江苏省高校与文化企业就《关于推荐最新科技创新成果的通知》展开部署，相关平台已经促进江苏省内 10 所高校与文化企业对接。最具代表性的是，南通市与全国超 80 所高校创设合作机制，通过网络平台协作，促进文化企业与院校精准对接、高效融入，推进产教融合、协同育人。与此同时，江苏省还成立了产学研合作服务平台，诸如东南大学、中国移动互联网公司与北京临近空间飞行器系统工程研究所、咪咕互动娱乐有限公司与中国移动通信集团、国网江苏省电力有限公司电力科学研究院与清华大学、山东中惠仪器有限公司和上海奕润信息科技有限公司，在文化产品数据分析技术与制作、用于显示装置的图形用户界面、广告输送方式、可读存储介质、用于显示屏幕面板的音乐播放图形用户界面、游戏控制技术等诸多领域，实现了科技成果转化。

（三）我国文化产业数字化赋能组织升维的社会网络 CONCOR 凝聚子群分析

在现实的产业组织关系中，存在大量的小群体与非正式组织。对于这种关系网络来说，系统中矩阵对应位置之间的关系尤为重要。因此，可以通过凝聚子群分析来发现其中存在的多个小群体，以便捕捉群体内成员之间的互助行为，这也恰好与中国文化产业数字化赋能组织升维网络内的竞合关系异曲同工。通过 Ucinet 软件，本节得到如图 6-9 所示的结果。

图左侧数字为我国地区编码（参考表 6-7），而图上方的数字"3、2、1"则代表层次聚类的结果。根据图 6-9，可以将我国 31 个省区市划分为 6 个子群。其中，第一子群为安徽、辽宁、内蒙古、天津、青海、湖南、山西、浙江、江西、河南、四川、新疆和重庆；第二子群为湖北、山东、陕西、上海、甘肃、黑龙江、广东、福建和江苏；第三子群为广西；第四子群为河北、吉林、宁夏和海南；第五子群为北京和西藏；第六子群为云南和贵州。在凝聚子群内，相关区域专利申请合作频率较高，子群内信息分享与业务交往频繁。故子群内的主要节点均为关键节点。因此，可以通过该聚类结果，推动子群内合作或子群间合作，保证我国文化产业数字化赋能组织升维网络的稳定性。

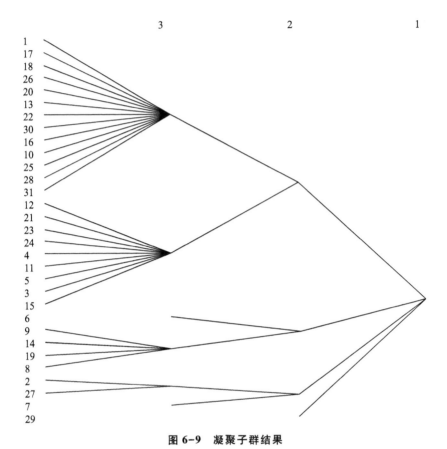

图 6-9　凝聚子群结果

注：图内仅显示了存在相对紧密合作关系的地区编码，未将其他没有呈现紧密合作关系的地区编码全部列示。

　　通过子群分析本节还发现，同一子群内省份间的文化企业合作更为密切。具体而言，第一子群中浙江、重庆和湖南的文化企业发展迅速，是第一子群中文化产业发展较为卓越的省市。其辖区内拥有以合肥美的智能科技有限公司与美的集团股份有限公司、鄂尔多斯市源盛光电有限责任公司与京东方科技集团股份有限公司等为代表的子母公司合作类型；也包含浙江大学、电子科技大学、天津大学、西北工业大学、东北大学、江南大学、河海大学与国家电网、浙江地区民办文化企业互联的校企合作类型。第二子群中合作以高校与国企为主。以湖北地区武汉城市仿真实验室技术联盟为例，其涵盖的科技企业包括阿里巴巴、腾讯、华为等，而高校则包括武汉大学、华中科技大学和武汉理工大学。同时，在第二子群内，湖北与山东之间的文化合作较为频繁。作为定向合作区域，湖北与山东共建了"双招双引"平台，促进了区域内文化产业联动。但本节也发现，第二子群内合作关系的自发性不如第一子群，第二子群内合作多以国企或政府单位牵头为主导，而非市场驱动。第三子群仅有广西一个，即在第一个合作层级中广西与其他区域合作较少。第四子群为河北、吉林、宁夏与海南。在该区域合作中，吉林与宁夏充分发挥多边合作机制，推动与微信公众号和创新信息服务相关的双边合作。在该子群内，吉林与海南还就经贸合作达成共识，签订了 5 个项目协议，用以促进吉林与海南智慧文旅产业的协同发展。第五子群为北京和西藏。近年来，西藏经济得到长足发展，文化产业逐渐成为西藏重要的经济来源。在深化北京与西藏的文化交流方面，北京大学与西藏自治区签订了高校战略合作协议；西藏还与京东集团签订意向，力图通过开展电商活动，夯实其文化产业的数字化基础。在第二层级合作中，贵州与北京、上海的文化关联较为密切。例如，2020 年 8 月，同济大学与贵州省人民政府签署了战略合作协议，双方将共建包括同济大学贵州乡村振兴研究中心、同济大学贵州山地建筑设计和城镇化促进中心、同济大学科技成果贵州转化中心、同济大学贵州实习实践基地在内的"三中心一基地"，以期在战略决策咨询、科技攻关、成果转化、交通运输和文化生态保护等方面开展合作。而广东与广西也在第二层级合作中达成了共拓大湾区文旅市场的共识。尤其是在疫情防控常态化时期，粤桂将进一步拓展合作平台，密切高层往来，深化产业合作，共同打造精品线路，打响文化和旅游品牌，并依托粤港澳大湾区、泛珠三角区域合作等国家战略，共同融入国内大循环、国内国际双循环相互促进的新发展格局，共同促进两省区文化和旅游合作高质量发展。

第五节　文化产业数字化赋能组织升维的消费空间构建

一　虚拟文化消费空间的典型化事实与特征

（一）虚拟文化消费空间的典型化事实

1. 虚拟文化消费空间的表现形式

基于鲍德里亚的空间生产理论，虚拟文化消费空间的构建至少需要具备三方面要素：一是数字技术作为骨架支撑；二是虚拟空间的文化营造；三是参与主体主观精神在空间中的交互沉浸。其中，虚拟空间既是文化的呈现载体，又是文化的生产场域。从定义上看，虚拟文化消费空间是以网络通信技术和虚拟现实技术等新兴数字技术为底层架构，依靠显示设备、建模设备等硬件设备进行虚拟文化消费平台搭建，以新传媒和符号传播为媒介，通过丰富的文化资源和文化营造，打造一系列虚拟文化消费场景，最终服务于用户终端，并针对消费者的不同需求提供个性化定制服务，形成需求主体和技术支持、硬件设备、消费场景相融共生的虚拟文化消费空间样态。由此，虚拟文化消费空间的表现形式如图6-10所示。

数字技术作为支撑虚拟文化消费空间建构的底层架构，主要包括全息投影技术、区块链技术、裸眼3D技术、互动体验技术、数字动画技术、人工智能技术、5G通信技术、VR技术、AR技术、MR技术等。这些数字技术不断在虚拟文化消费空间领域落地应用，加强虚拟文化消费空间与现实世界的联系，不断推动城市文化空间向符号化、平台化、个性化、多元化和去中心化方向发展。虚拟文化消费空间具有技术和文化的双重属性，数字技术将原本单一的图片、视频和音频重新编码、解码，通过特定的文化符号将其再现，进而实现对参与主体的文化渗透。与此同时，全息投影技术、裸眼3D技术、AR技术、VR技术、MR技术等数字模拟技术的嵌入也为消费者在虚拟世界和现实世界之间搭建了交互反馈的信息回路，增强用户体验的真实感。数字技术是转化物质文化资源、打造物理文化空间的手段和方法，也是实现虚拟文化空间生产、分配、交换和消费全过程的底层构架。借助移动通信技术、区块链技术、云计算、人工智能、物联网等科技成果，通过声光电和3D渲染以及VR/AR等技术为用户打造身临其境的沉浸式体验。

在新兴技术的应用领域，需要依靠硬件设备进行虚拟文化消费场景的搭建。现阶段虚拟现实中常用的硬件设备主要分为四类，分别是显示设备、建模设备、交互设备和声音设备。显示设备主要包括VR头显、双目全方位显示器、体验仓和投影系统等，因为用户的沉浸式体验主要来自视觉感知，因此显示设备是用户进行沉浸式体验的必要设备，VR眼镜、VR一体机等也成为目前市面上较受欢迎的虚拟现实显示设备。通过

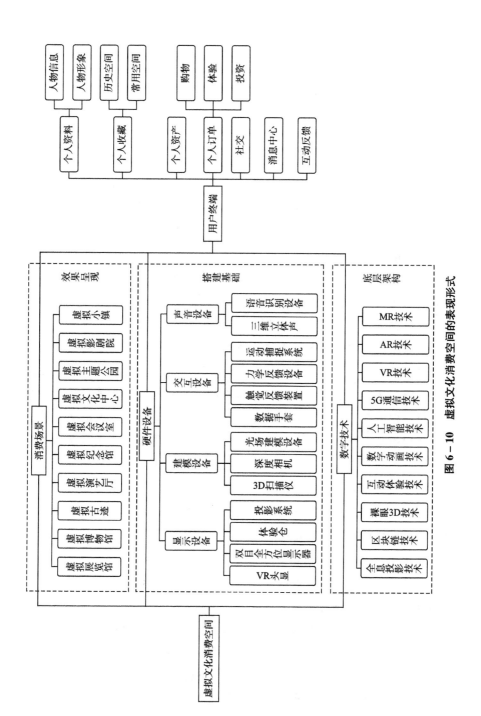

图 6-10　虚拟文化消费空间的表现形式

建模设备可以便捷地创建实物的数字化模型，如3D扫描仪通过获取物体表面的坐标创建物体的三维数字化模型，应用于3D影视动画、虚拟展览馆等多行业领域。交互设备是消费者进行沉浸式体验的重要交互工具，有数据手套、触觉反馈装置、力学反馈设备、运动捕捉系统等多种设备。声音设备从听觉方面增强用户的沉浸式体验，主要有三维立体声和语音识别设备等。

在技术底层架构和一系列硬件设备的共同加持下，建造出不同的沉浸式虚拟文化消费场景，如虚拟展览馆、虚拟博物馆、虚拟演艺厅、虚拟影剧院、虚拟文化中心等，满足用户不同的消费需求，也为消费者带来沉浸式的消费体验。虚拟文化消费空间中的消费场景为受虚拟现实技术影响的虚拟消费空间打破了原有的时间和空间上的限制，使消费者可以随时随地进入消费场景。且目前虚拟文化消费更多的是空间本身的消费。但文化消费的空间不再拘泥于物理载体，而更多的是借助互联网平台和硬件设备追求一种沉浸式的极致的消费体验。

底层架构的数字技术、搭建基础的硬件设备和效果呈现的消费场景三者最终都服务于用户需求终端。在用户终端部分，消费者可以通过完善个人资料建立一个虚拟化身，从而通过化身来进入各个消费场景，同时还可以根据个人偏好设置常用的消费空间。除此之外，虚拟文化消费空间还提供个人资产、个人订单等功能模块，使消费者在虚拟空间中也可以进行购物、体验和投资等活动。人们在进行线上虚拟文化消费的同时建立了新的生活方式和社会关系，拥有了一套完整的社交体系和规则，在一定意义上实现了虚拟文化空间的重构。用户也可以通过消息中心和互动反馈模块进行信息接收和意见反馈。

2. 虚拟文化消费空间的典型

互联网平台是人们进入数字化精神文化空间的虚拟通道，是文化与大众建立联系的关键桥梁。通过在线和云端的方式使用户能够不受时间和空间的约束，更加方便快捷地进入虚拟文化场域。目前，现有的虚拟文化空间包括数字公共文化空间［包括数字图书馆、数字博物馆、数字文化馆、数字展览馆（云展览）等］、网络游戏、网络视频、网络出版、网络广播、博客/微博、微信等。本节选取网络游戏代表《和平精英》和迪士尼流媒体平台作为虚拟文化消费空间的典型，原因在于。第一，网络游戏这类虚拟文化空间具有共享性、可参与性和可互动性。作为文化传播的新型空间媒介，给予了用户无限可能。它既可以是传统文化的传播载体，又可以是基于传统文化进行二次创作的生产场域。第二，迪士尼流媒体平台是迪士尼完整的线上产业链布局。作为近年来迪士尼投资的主要方面，迪士尼流媒体平台打破了院线电影的"寒冬"，为迪士尼公司带来了巨大的利润，稳固了其内容 IP 的地位，拓宽了新型传播渠道，同时生产出众多衍生品来反哺其品牌形象，形成了"内容+渠道+衍生品"的全产业链模式，进而建成了"IP+媒介+科技"的商业生态圈。

（1）网络游戏《和平精英》

网络游戏需要虚拟现实、3D 扫描等数字技术搭建底层架构，与传统单机游戏的相异之处是，它需要借助互联网平台，以网络游戏运营商采用的专业的游戏服务器和用户的计算机、手机或其他硬件设备等作为处理终端，以网络游戏客户端软件、网页、小程序或其他可穿戴交互设备作为交互窗口打造的一个集休闲、娱乐、社交等全方位功能于一体的虚拟情景式网络空间，它也是目前最典型的虚拟文化空间之一。随着元宇宙时代的来临，网络游戏所打造的不仅仅是一个休闲娱乐的空间，更多的是一个能够进行社交且具有现实社会属性的开放虚拟社区。用户之间可以随时进行沟通交流和虚拟物质交换。游戏世界是与外界现实世界平行的一个虚拟文化空间，但二者之间仍存在关系纽带，可以不断地进行文化内容的交换和渗透。尤其是在后疫情时代，由于物理空间活动受限，又恰逢中国传统节日来临，五湖四海的人们只能通过云端"相见"。故云端的虚拟文化空间在一定程度上削减了人们因疫情无法线下聚集的苦闷。2021 年春节前夕，《和平精英》推出新年新模式"四圣觉醒"（见图 6-11）。"四圣"即中国古代传统文化典故中的四大神兽，以青龙、玄武、朱雀、白虎为主角划分出四个领地，根据其相应的属性具有不同的加成效果。如玩家进入对应领地范围便可获得不同属性的提升，使玩家在进行游戏娱乐的同时对中国传统文化有一定的了解和认识。除此之外，《和平精英》在中国其他传统节日来临之际也会推出多种多样的活动，如中秋节赏月、制作月饼，端午节赛龙舟等。它通过沉浸式的游戏体验将人们带入传统节日的热闹氛围，并在做任务获得物资的过程中让人们充分了解中国传统文化习俗。借助数字技术、数字创意手段、虚拟空间媒介推动传统文化走出书本，走进云端，将传统文化元素融入游戏场景的搭建、游戏角色的设计、游戏道具的收集和游戏剧情的发展等各个环节，以更加生动的形式渗透进人们的日常生活。

图 6-11　《和平精英》"四圣模式"游戏截图
资料来源：和平精英官网。

（2）迪士尼流媒体平台

迪士尼公司打造的流媒体平台（见图 6-12）改变了原有的传统影视传媒方式，注入了新的内容生态。流媒体平台依靠流媒体技术、5G 通信技术等数字技术，借助计算机、手机等移动设备，使用户可以随时随地观看迪士尼旗下影片，这一举措更加稳固了迪士尼在媒体融合渠道的重要地位。迪士尼以动画电影起家，兼顾线上线下文化消费空间。线上，迪士尼向电视、网络媒体等虚拟文化消费空间拓展，宣布了有线电视网络计划，收购了美国广播公司（ABC）及其电视网络，打造了 Disney+、Hulu 和 ESPN+三大流媒体平台，扩大了内容储存库，获取了线上发行渠道，满足了消费者不同层次的需求。截至 2021 年 3 月，Disney+全球订阅人数超过 1 亿人，形成了可观的二维收入。迪士尼流媒体矩阵得以壮大发展，主要依据迪士尼核心 IP 资源这一价值源泉。其能够依靠原创 IP 奠定优质资源基础，通过不断并购丰富 IP 资源库，获得更广泛的目标消费者，借助网络媒体渠道将其音视频直接发送至用户终端，并运用大数据技术针对消费者偏好进行精准推荐。迪士尼流媒体平台还可以直接记录消费者的行为反馈，这有利于迪士尼更好地了解其受众群体。迪士尼专门成立了技术研发部门，重点研发视频处理、人机交互、VR、AR、

AI等技术，致力于传媒产业技术赋能，并付诸实践。例如，"真人+CG"动画已成为迪士尼动画电影的一大卖点。线下，迪士尼通过声光电、3D/4D技术打造了虚拟现实的动画世界，使迪士尼乐园成为世界上最具知名度和人气的主题公园，进一步放大的品牌价值形成了其三维收入模式。通过线上线下渠道的相互融合，收入模式多元化为迪士尼创造了高额的利润，同时也建立了高度可信的品牌形象并拥有良好的口碑，获得了广大消费者的追捧。迪士尼适时采用多渠道的线上线下相结合方式，稳固了其在流媒体平台、主题乐园等多媒体的垄断地位，使用户之间形成了良好互动，增强了用户的体验感和参与热情，在通过其IP形象获得利润的同时又反哺了它的IP内容库。迪士尼流媒体平台为迪士尼主题公园提供了内容丰富的主题娱乐项目，主题公园又给流媒体平台带去了更多的观众，扩大其知名度，这也在一定程度上带动了周边区域经济的发展。

图6-12　迪士尼流媒体平台界面

资料来源：迪士尼流媒体平台官网。

（二）虚拟文化消费空间的特征

虚拟文化消费空间具有技术和文化的双重属性，它既是文化的呈现载体，又是文化的生产场域。在数字技术的加持下，虚拟文化消费空间可以将原本单一的图片、视频和音频重新编码、解码，通过特定的文化符号将其再现，进而实现对参与主体的文化渗透。与此同时，增强现实（AR）、虚拟现实（VR）、人机交互等综合技术的嵌入也驱动消费者感知从二维产品目录转向三维虚拟空间，最终形成了主体和技术相融共生、与现实物理空间平行的崭新空间样态。虚拟文化消费空间为文化消费的地理"脱域"提供了可能。具体而言，虚拟文化消费空间的构成要素包括虚拟空间成员、虚拟场所、虚拟结构、认同与归属感、信息交流方式、虚拟规则与规范6个部分。在此基础上，虚拟文化消费空间与物理空间具有相似的运行逻辑，但其拥有独特的内驱力与空间策略。虚拟文化消费空间讲求以知识—科技成果为内在动因，通过技术服务日常生活、满足精神文化需要，强调消费者的主体性，还需符合公众意愿等。据前文所述，目前典型的虚拟文化消费空间有数字公共文化空间、网络游戏、网络视频、网络出版、网络广播、博客/微博、微信等多种细分。但作为不受时间和空间限制的虚拟文化消费空间均具有符号化、平台化、个性化、多元化和去中心化等特征。

1. 符号化

在消费社会中，相比于使用价值和交换价值，商品背后的符号价值得到了更大的关注。虚拟文化消费空间的消费体验呈现"从在空间中消费转变为空间消费体验、从物质消费转变为符号消费"的特征。从符号消费角度来看，近年来，符号化建构逐渐得到消费者认同，符号逐渐代替了物的功能性而成为人们消费的主要目的。人们开始关注消费空间中的符号意义，任何产品都可以被赋予符号价值，进而转变为符号消费。因此，符号化趋势正在成为虚拟文化消费空间的重要特征。虚拟文化消费空间作为一种新型消费空间，其所对应的消费者是广大网民，尤其是年轻人。他们更注重消费过程中的价值和体验，符号化的建构过程是虚拟文化消费空间这一新型空间作为一种消费符号从形成、传播到被认同、被消费的过程，也是消费者进行符号消费的重要前提条件。虚拟文化消费这种以互联网为平台的新型消费方式、生活方式逐渐被大众选择和认同，也是对"虚拟文化消费空间"这一符号价值的体现。总之，消费不再仅仅是一种经济行为，更被赋予了某种社会文化意义。

2. 平台化

从空间消费角度来看，空间不再是消费者进行消费活动的必要场所和媒介，更多的是借助互联网平台追求一种沉浸式的极致的消费体验。由于消费者需求的不断升级迭代，消费对象逐渐从实物商品向服务和体验偏移，空间消费的内涵也逐渐从简单的使用和购买（即在空间中的消费）扩散到游玩、体验、互动、参与等深度消费层面（即空间本身的消费），并且有越来越多的空间本身也成为重要的消费内容和可供大众消费的商品。网络游戏作为平台化虚拟文化消费空间的代表，最看重的是"到场性"。游戏对于边界的划分十分明确且拥有一整套独立的宇宙观，用户通过虚拟化身进入平行于现实世界的虚拟空间，通过声光电和3D渲染等技术实现身临其境的沉浸式体验。因此，游戏空间有着明显的可感知性、可视化、可参与化等特点，且具有独特的伸缩性、可变性、接入性，可根据各种需求融入不同时代的艺术风格。

3. 个性化

虚拟文化消费空间的诞生依托于多种互联网技术共同搭建，致力于满足广大消费者不同程度和不同层次的文化需求。互联网利用数据挖掘和智能推荐算法等，针对用户的个人信息进行捕捉和分析，从而为用户提供个性化的产品和服务，实现精确的信息传递，并优化用户的消费体验。这种个性化推荐功能在一定程度上打通了"信息孤岛"，根据用户在不同虚拟文化消费空间的兴趣偏好，建立了基于全网的兴趣偏好轨迹分析模型，形成了个性化大数据中心，可以在不同平台为用户提供更精准的智能化推荐，如新闻推荐、娱乐推荐、学习推荐等。但虚拟文化消费空间的个性化特征也存在一定的弊端，如用户隐私泄露、大数据"杀熟"等。

4. 多元化

虚拟文化消费空间所覆盖的面积越来越广泛，包括公共文化、视频、游戏、出版、社交等多个领域。文化产品的内容和质量不断优化，所提供的服务类型增多，服务水平也有大幅度的提升，呈现多元化的趋势。数字技术能够丰富文化内涵，并为文化消费创造出全新机遇。数字公共文化空间借助互联网平台和虚拟现实技术，推出了云游览、云看展等新型虚拟景区游览方式，借助数字化平台的构建，为消费者提供了沉浸式的交互模式，使一些文物、字画以及非物质文化遗产生动形象地展示在虚拟文化消费空间，也使多元化的文化消费逐渐被大众接受，更为文化遗产的传承和保护提供了多种方式。

5. 去中心化

去中心化是相对于"中心化"而诞生的一种新型网络内容生产形式和社会关系形态。Web 3.0 用来表述一个运行在区块链技术之上的去中心化的互联网平台，用户可以在互联网上拥有一个数字身份体系，从而将自己的互联网信息在不同平台上交互使用。相对于 Web 1.0 来说，其互联网内容不再是仅由专业网站和特定人群生产，而是由所有网民共同创作。当下，以 IP 化、互动式为特征的用户生产内容模式（User Generated Content，UGC）正在兴起。曾经处于被动接受地位的消费者开始成为内容创作者。人们在网络上获取信息的同时，也可以在虚拟世界中公开表达自己的观点，由用户贡献的内容甚至可以支撑互联网平台上的大部分内容。这种具有双向感知的传播行为，正随着技术的发展逐步演变成一种带有万物互联特质的特殊文化活动景象。因此，虚拟文化消费空间所打造的服务让用户更加容易地进行内容生产创造，使互联网更加扁平化、内容生产也更加多元化。

二 虚拟文化消费空间形成机制的理论分析

空间生产理论通过空间性的三元辩证法强调了空间的重要作用，无论是"感知的""想象的"还是"生活的"都是空间性存在物。通俗来说，我们所生存的空间由物质空间、精神空间和社会空间三个维度构成。空间并非静态不变，也不是光靠单纯想象便可产生，而是由社会关系产生。虚拟空间可分为三类：一是基于虚拟现实技术层面的虚拟空间，其建立在特殊的技术和装置上；二是基于网络技术层面的互联网空间；三是基于虚拟社会层面的虚拟空间。现有研究所探讨的虚拟文化空间皆基于第三种理解，即网络信息技术与市民社会的融合，催生出的一个新的虚拟文化空间范畴。从功能角度来说，虚拟空间是一个"信息交流和共享的地方"，而基于社群关系，虚拟空间则是"一系列社会关系的总和"。在此基础上，虚拟文化空间与物理空间具有相似的运行逻辑，但其拥有独特的内驱力与空间策略。虚拟文化空间讲求以知识—科技成果为内在动因，通过技术服务日常生活、满足精神文化需要，强调消费者的主体性，还需符合公众意愿等。因此，本节在梳理相关文献的基础上，仿照王聪和徐刚（2016）对文化科技融合创新系统的建构过程，通过投入、产出、需求和环境四个方面来描述虚拟文化消费空间形成机制的建构。具体来说，投入包括科技投入、基础设施建设、文化产业投入、复合型文化人才等为资源转化、空间建设所提供的技术支撑；文化资源要素是指虚拟文化空间形成的物质基础，也是产出的对象；文化环境要素则是指满足人们消费体验和为空间建设提供保障的社会场域。

（一）虚拟文化消费空间形成机制建构的投入子系统

虚拟文化消费空间形成机制建构的投入主要是指在虚拟文化消费空间建构过程中所需要的各种资源并对资源进行合理分配。技术是空间形成的第一驱动力，而资金、人才则是技术投入资源转化必不可少的要素。因此，本节将主要从科技投入、资金投入和人才集聚三个维度介绍虚拟文化消费空间形成机制建构的投入子系统。

1. 科技投入

虚拟文化消费空间依托于互联网技术、移动通信技术、人工智能技术、虚拟现实技术等新兴数智技术，打造互联网平台，营造沉浸式消费空间。因此，科技是虚拟文化消费空间建构的第一驱动力。数字技术赋能传统文化产业，丰富了文化产品的表现形式，增加了文化产品的商业价值，催生了新型文化业态。国家也在加快布局新型基础设施建设，加大力度支持5G、工业互联网、大数据中心等投入建设。新基建的投入也为虚拟文化消费空间的建构提供了技术支持。

2. 资金投入

党的十九届五中全会提出到2035年建成社会主义文化强国的伟大目标，在部署"十四五"时期经济社会发展任务中强调"繁荣发展文化事业和文化产业，提高国家文化软实力"。文化事业和文化产业"双轮驱动"、全面发展是我们党推进文化建设的重要内容，是建设社会主义文化强国的重大任务。近年来，国家加大对文化产业的资金扶持力度，为文化产业发展提供了坚实有力的保障。

3. 人才集聚

人才是创造财富的根本来源，而虚拟文化消费空间的创作主体和使用主体也都是人。从人的需求出发，为人的需求服务是消费空间的本质所在。因此，人才集聚可作为虚拟文化消费空间建构过程中的关键影响因素。虚拟文化消费空间得以快速发展依靠人才集聚，人才集聚取决于政策环境因素和资源因素的共同作用。对于政府来说，人才的任用可以大大提高政府的管理效率以及宏观政策的制定和调控效率。对于企业来说，人才是创造经济效益的主要来源，任人唯贤，保证企业的正常运行和经营事关重要。而科研院所及高校是大多数人才集聚的场所，因此更加重视人才的培养和发展，有利于提高其科技创新能力和文化成果转化能力。故本节将人才集聚作为投入子系统的重要影响因素。

（二）虚拟文化消费空间形成机制建构的产出子系统

虚拟文化消费空间的产出子系统是虚拟文化消费空间发展的基本目标。它包括经济效益增长、文化传播能力、成果转化能力与文化内容创作生产能力。经济效益增长是虚拟文化消费空间发展的直观展现。文旅部2020年便提出了关于推动数字文化产业高质量发展的意见，要求重视文化原创能力建设，提高文化内容创作生产能力和文化成果转化能力。因此，本节将从以下三个维度探讨虚拟文化消费空间形成机制。

1. 经济效益

经济效益是文化消费空间产出的重要评价指标。我国文化产业快速发展，文化新业态发展势头强劲，虚拟文化消费的优势在后疫情时代得以彰显。随着数字技术的不断成熟，虚拟文化消费也逐渐被广大消费者熟知，且符合当下消费者的消费观念和需求。这有利于带动多条产业链共同发展，创造出一定的经济效益。上述都是文化产业成果的直观体现，也对虚拟文化消费空间的形成具有一定的影响。文化产品是否满足消费者的需求，虚拟文化消费空间是否给予消费者满意的消费体验，都会影响到人们对虚拟文化消费的需求。因此，经济效益是衡量产出子系统的重要指标。

2. 文化传播能力

数字技术的普遍应用革新了文化传播方式，打破了传统的"一对一"传播方式，而逐渐呈现传播渠道多、辐射范围广、传播速度快等特点。文化传播能力的提升使人们接收文化相关信息变得轻而易举，也在一定程度上使人们适应了"文化快餐"所带来的便利。面对新形势和人们日益增长的文化需求，我国大力加强文化传播体系建设，不断提高文化传播能力和水平，虚拟文化消费空间相对于传统文化消费空间具有更大的提升空间和发展前景。

3. 文化内容创作生产能力

文化内容是文化生产的核心，而原创的优质内容才是文化产业发展的制胜法宝。根据国家统计局数据，2022 年上半年全国 6.8 万家规模以上文化及相关产业企业实现营业收入 56052 亿元。其中分行业类别看，内容创作生产 12380 亿元，与其他 8 个行业类别相比在文化产业收入中占比最高。在文化产业"内容为王"的时代，内容创造是关键也是前提。缺乏自主原创内容，就等于缺少核心竞争力。为了实现可持续发展并构建自身的核心竞争能力，各企业不得不纷纷提高内容创作生产能力，这一指标在建构虚拟文化消费空间形成机制和推动文化高质量发展中占有绝对地位。

（三）虚拟文化消费空间形成机制建构的需求子系统

根据马斯洛需求理论，人们在满足物质需求这类低级需求之后，便会出现精神需求这类高级需求。且任何事物产生、发展的原动力都来自人的本能需求，虚拟文化消费空间也不例外。因此，需求子系统对虚拟文化消费空间的形成机制建构是十分必要的。而文化消费水平取决于人们的工资水平和消费需求，故本节从以下三方面进行阐述。

1. 文化消费需求

在解决了温饱问题且物质生活满足人类的基本需求的前提下，人们才会产生文化消费方面的需求，这是文化产业产生和发展的前提条件，同时也是人类社会文明与进步的重要标志。且文化消费需求和自身收入水平和文化水平息息相关，在满足人们日常生活所必需的物质需求后，剩余的个人可支配收入会根据个人的文化消费需求被应用于文化消费空间，人们的文化消费需求也直接影响到文化消费支出的总额。

2. 消费认同感

在政府支持、个人需要、平台推动的全民消费时代，人们对互联网平台虚拟文化消费的认同度和信任度不断攀升，尤其是后疫情时代更加速了虚拟文化消费活动的发展，虚拟文化消费符合当下人们的消费观念和消费方式，虚拟文化消费空间布局的不断完善也激发了消费者付费体验的意愿，愿意为虚拟文化消费空间付费的消费者人数不断攀升。认同感和信任度拉动消费，消费在一定程度上带动投资，由此形成了闭环。

3. 人均可支配收入

居民可支配收入是居民可用于最终消费支出和储蓄的总和，即居民可自由支配的收入。随着人民生活的不断向好，人均可支配收入不断增多，人们可用于文化消费的收入不断增多，文化支出占人均可支配收入的比重不断上升，因此人均可支配收入直接影响人们对文化消费的需求。

（四）虚拟文化消费空间形成机制建构的环境子系统

营造良好的消费环境是虚拟文化消费空间形成机制建构的外在条件，其主要分为政策支持环境和消费平台环境。近年来，国家大力支持发展文化产业，出台了一系列相关政策，为虚拟文化消费空间形成机制建构提供了政策支持；不断完善互联网消费平台，加强对文化知识产权的法律保护，从各方面推动文化产业不断向前发展。

1. 政策支持环境

一系列相关政策的出台形成了良好的政策支持环境，虚拟文化消费空间的迅速发展也离不开政策的支持。2016 年 12 月，国务院发布的《"十三五"国家战略性新兴产业发展规划》将数字创意产业列为"十三五"时期我国五大战略性新兴支柱产业之一。2017 年，文化部发布的《关于推动数字文化产业创新发展的指导意见》明确提出，数字文化产业已成为文化产业发展的重点领域和数字经济的重要组成部分，并鼓励培育新型文化业态。2020 年底，文化和旅游部发布的《关于推动数字文化产业高质量发展的意见》提出，扩大优质数字文化产品供给，促进消费升级。党的十九届五中全会明确建成文化强国目标的时间点为 2035 年，而"十四五"时期的主要任务之一是推进社会主义文化强国建设。一系列政策的出台为虚拟文化消费空间建设和数字文化产业发展提供了强有力的支持。

2. 消费平台环境

消费平台环境是保障消费者进行正常网络交易而营造的一种安全、方便、快捷的互联网消费环境。2021 年，国家市场监管总局将加强网络交易监管与保护消费者合法权益有机结合起来，开展"聚焦平台经济健康发展，开展网络交易保公平行动"。对互联网平台加大监管力度，规制不正当竞争行为，禁止网络消费侵权行为，从源头促进网络消费环境改善。

三 虚拟文化消费空间形成机制的实证检验

（一）系统动力学模型

系统动力学是一门综合性的学科，主要解决动态性、反馈性和耗散性的系统问题，同时结合其他学科的理论分析系统内部知识、信息的流动，通过计算机语言呈现出来。系统动力学被引入研究创新系统形成机制的问题，成为学者们考虑的重点。虚拟文化消费空间的形成又是一个复杂的过程，根据实际情况确定虚拟文化消费空间的边界是系统动力学模型建立的前提。系统动力学模型可在理论基础上厘清其动力因素间的逻辑关系并绘制因果回路图，有助于洞察虚拟文化消费空间系统内部的作用回路，进而完整还原其形成机制的基本构架。

因此，本节选择系统动力学模型，在梳理相关文献的基础上，结合上述理论支撑，模拟目前虚拟文化消费空间发展的实际状况，通过投入子系统、产出子系统、需求子系统和环境子系统四个子系统来检验虚拟文化消费空间形成机制。

（二）指标体系构建

根据实际情况确定虚拟文化消费空间的边界是系统动力学模型建立的前提。上文已经指出虚拟文化消费空间的形成是复杂的动态过程，因此本节在梳理相关文献的基础上，结合有关虚拟文化消费空间的研究现状，参考杨春宇等（2016）的模型设计，按照投入子系统、产出子系统、需求子系统和环境子系统四个层面，进行虚拟文化消费空间形成机制的解析。其中，投入子系统主要包括基础设施建设投入、高科技产业与文化产业投入以及创新人才投入；产出子系统包括经济效益增长、文化传播能力、成果转化能力与文化内容创作生产能力，这也是虚拟文化消费空间发展的基本目标；需求子系统则包括文化消费需求、虚拟文化消费需求、文化消费认同感和人均可支配收入等要素；环境子系统表征了虚拟文化消费空间建构过程中所需要的文化资源环境、政策支持环境、知识产权保护环境以及虚拟消费平台环境的支持。故虚拟文化消费空间形成机制的系统结构如图6-13所示。

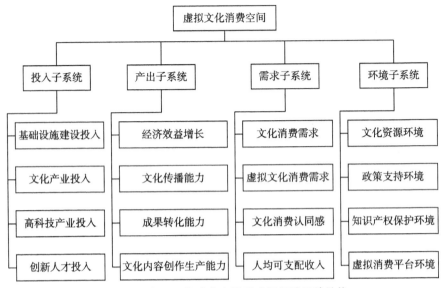

图 6-13　虚拟文化消费空间形成机制的系统结构

综上，虚拟文化消费空间包括投入子系统、产出子系统、需求子系统和环境子系统。其主要涉及文化经济、文化资源、政策环境、市场需求等维度的要素变量。将各子系统中要素之间按内在逻辑关系进行排列，可形成相互作用、相互影响的内在关联。为了更加准确地描述虚拟文化消费空间形成机制系统内的逻辑关系，本节基于系统动力学分析，利用Vensim PLE 软件绘制了虚拟文化消费空间形成机制的因果回路图，如图6-14 所示。通过因果回路图可以具体分析系统内部各要素之间的作用关系，从而直观反映虚拟文化消费空间形成机制的反馈结构。

（三）结果分析

具体而言，在投入子系统中形成了"财政支出—文化产业投入—文化传播渠道—文化成果转化能力—虚拟文化资源总量—虚拟文化消费空间建构—虚拟文化产业增加值—文化产业增加值—文化产业收入—财政收入—财政支出"等多个闭环。其中"+"表示此回路为增强回路。随着政府为高科技产业、文化产业、教育等领域提供财政支持，基础设施建设日益完善，5G 基站、大数据中心等新基建迅速崛起，创新能力、成果转化能力迅速攀升，丰富了创新人才储备和虚拟文化资源总量，为虚拟文化消费空间建构提供了基础动力。而人才是创造文化与经济效益的

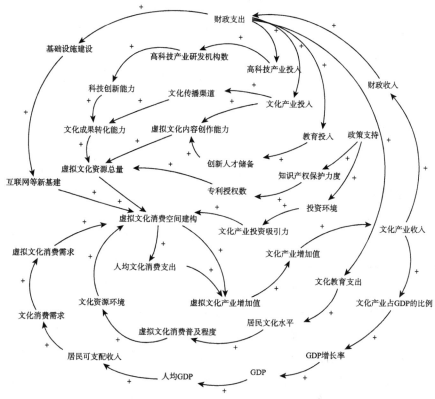

图 6-14 虚拟文化消费空间形成机制的因果回路

基础，人才集聚也成为虚拟文化消费空间形成的重要因素。不同领域的创新人才储备为虚拟文化消费空间的形成提供保障，其中高科技人才能够提升科技创新水平；政府管理人才可以提升管理效率；高校科研院所人才有助于文化科技产品研发和成果转化。由此可见，系统投入为虚拟文化消费空间的形成赋予了新动能。

在产出子系统中，经济效益是虚拟文化消费空间形成的重要评价指标。随着人们生活水平的不断提高，文化消费逐渐在人们的日常消费中占据举足轻重的地位。加之疫情等原因，众多线下消费转为线上消费，虚拟文化消费也借此契机迅速崛起，创造了不容小觑的经济效益。与此同时，促进文化产业高质量发展、推动中华优秀传统文化创造性转化也是我国竭力追求的目标。因此，坚定文化自信，提升文化传播能力至关重要。国家注重文化传播能力，政府注重经济和社会效益提升，科研院所注重成果转化水平，而"内容为王"的市场需求则注重内容创作生产能力。故各领域产出效应的叠加，也是虚拟文化消费空间形成所追求的重要目标。

在需求子系统中，形成了"虚拟文化产业增加值—文化产业增加值—文化产业收入—文化产业占 GDP 的比例—GDP 增长率—GDP—人均GDP—居民可支配收入—文化消费需求—虚拟文化消费需求—虚拟文化消费空间建构—虚拟文化产业增加值"，即以 GDP 增长带动需求产出的增强回路。GDP 增长引致居民可支配收入的大幅增加，2021 年上半年全国文化消费数据报告显示，人民群众文化消费需求旺盛，人均文化消费水平相对平稳。其中，城乡居民单次人均文化消费主要集中在 200 元以下、201~400 元，较 2020 年比重有所增加，且文化消费对交通、餐饮、商业等周边产业发挥积极带动作用，呈倍增趋势。同时，线上与线下文化消费场景已深度嵌入居民日常生活，后疫情时代更是加剧了这种趋势。线上文化消费活动的丰富和完善也激发了消费者付费体验的意愿。愿意为线上展演和文化场馆云体验付费的受访者比重较高，人们的文化消费认同感和消费信任感也在一定程度上促进了虚拟文化消费空间的形成。

环境子系统为虚拟文化消费空间的形成提供了重要保障。它具体包括政府政策支持、财政支出以及正确的调控和引导。例如，科技部等六部门印发的《关于促进文化和科技深度融合的指导意见》、文化和旅游部发布的《关于推动数字文化产业高质量发展的意见》《"十四五"文化和旅游科技创新规划》等一系列助力数字文化产业高质量发展的政策性文件，为虚拟文化消费空间的形成提供了强有力的制度支持。与此同时，我国也越发注重知识产权保护，在不断完善相关法律法规的同时，也呼吁广大内容创作者和消费者提高知识产权保护意识。这不仅有助于激发数字内容生产者的创作热情和创新能力，更为虚拟文化消费空间的形成提供了坚实的法律保障。而伴随互联网平台消费环境的日趋完善，安全、便捷、成熟的环境营造也为虚拟文化消费空间赢得了更多的市场青睐。虚拟文化消费空间可以给予消费者更好的消费体验，增强的现实体验感使消费者自愿为文化产品付费，在享受数字技术带来便利的同时更好地体验文化产品的特殊魅力。安全、便捷、沉浸式的虚拟消费平台环境为虚拟文化消费空间赢得了消费者的芳心。

第七章 文化产业数字化赋能的制约因素

第一节 路径依赖视角下文化产业数字化赋能的制约因素

一 文化产业轨道跃升过程中的技术路径依赖

所谓技术路径依赖是指文化产业数字化赋能过程中存在的产业对既往技术的"惯性"，即不愿采纳新技术的情形。本节将分别从产业现行技术竞争力不足、技术自主创新能力薄弱、技术转型成本过高三个维度呈现文化产业轨道跃升过程中的技术路径依赖。

（一）产业现行技术竞争力不足

在技术发展的过程中，由于技术发展的连续性，产业形成了拥有自身技术特性的技术存量，该技术存量由产业技术主轨道的核心技术以及次要技术、其他分支平行轨道中较主轨道而言迟缓发展的基础技术与创新技术构成。在针对技术的研究中，我们发现新技术是在产业原有技术存量的基础上发展演化而来的。同一个产业主体如果想跃升到新的技术轨道上，有以下三种方式。

第一，某科技创新行为以原科技轨迹为主要科研方向开展了创新性研发工作，而在其创新过程中由于对重要技术问题的重大发现，技术价值含量和经济效益都极大地超过了原来产业科技主轨道所产生的技术效益，最后甚至形成了一种全新的科技范式，并借此实现了原产业科技轨迹的巨大飞跃。这种方式下的跃升被称为沿着原有技术主轨道的创新突变。第二，某些沿着产业平行技术轨道领域探索的技术在创新上取得了重大发现，并由此构成新的技术范式。另外，对比产业的发展主轨道来看，平行发展轨道的演进更加适应未来科技范式的要求，因此该技术轨道的发展迅速超过原主轨道，进而代替原主轨道，使该技术轨道实现跃升。在这种形态的新技术轨道跃迁中，新技术体系的发展依附于平行轨道的原始技术储备，而平行轨道发展与延伸所产生的新科技体系则以产业的发展基础为根基，由此我们认为技术基础是技术轨道跃迁成功的核心。第三，当具备竞争优势的技术由于技术创新突破跃升到新的技术轨道，并形成新的技术范式时，技术相对落后的产业主体为了获得竞争优势，努力争取新技术轨道初级阶段的机会窗口，采取合作创新、引进技术等手段学习新的技术范式并介入新的技术轨道，以此达到自身产业技术轨道跃迁的目的，并期望借此一举超过技术领先产业。在这种方式下，自身的技术储备显得尤为重要。由此可见，产业的技术储备是促进产业技术轨道跃迁的坚实基础（张越、赵树宽，2014）。

对于我国文化产业而言，产业技术轨道跃迁类型更多为第一种途径，即沿着原技术主轨道的创新突变。但我们仍需考量文化产业本身的技术因素、文化产业原有的技术基础以及技术储备是否足够。就我国当前的文化产业技术水平而言，我国在产业科技创新环境、科研创新实力、文化科研成果竞争力方面还存在明显不足。① 虽然我国文化产业的技术创新水平已经有了大幅提升，但与日韩等文化产业发展迅速的国家相比，发展差距依旧显著。国外文化建设思路清晰、结构完善，且重点集中于网络、电影、动画等创意新奇、技术含量高的新领域，产业整体朝着信息密集、技术密集、内容创意等方向发展。反观我国文化产业的科技创新能力却参差不齐，核心企业技术创新能力较弱。除此之外，我国文化产业资源分布不均，优等资源集中在传统的新闻出版、电视广播、文化设备生产等领域。而在数字技术方面，症结在于简单地将互联网与传统文化产业进行表层整合，由此陷入原创能力不足、规模小、竞争力弱、资源分散的困境，这也影响了整个文化产业竞争力的提高。

（二）技术自主创新能力薄弱

与通过技术引进以及技术模仿的技术创新方式不同，科技自主创新是指技术创新参与者进行的具有自主知识产权的新技术的研发活动，其最后的结果将通过新科学技术、产品、品牌等方式展现。科技自主创新的途径有以下三类：自己创造的以前没有发生过的科技原始发明、与已有科技的融合形成新科技和新产业的集成创造、消化吸收引进技术后的

---

① https://m.thepaper.cn/baijiahao_12797622.

再创造。科技自主创新建立了全新的科技模式，构建了新技术轨道，实现了对原有产业技术轨道的替换，并且为新技术轨道的发展提供了后续支持，进而实现了产业技术轨道的跃升。产业技术轨道跃迁的机会窗口是产业现行技术主轨道到达衰退期后的一段时期，此时自主创新能力强的产业可能通过上述方式形成新的技术轨道。在新技术轨道形成初期，我国文化产业仍需加大自主创新投入，从而加快转型升级速度，确保技术轨道跃迁顺利实现。

与此同时，优质的数字文化产业必须强化科技和内容创作两方面的融合。技术是形式，创意是内容。发展数字文化产业不仅需要技术的支撑，也需要创意的补充。科技发展更多是基于技术理论和实际产生的，而创造力发展则要求更丰富的想象和创意。所以，文化产业的数字化发展就要求科技和创新的双向结合，既要重视技术，又要兼顾创意。然而，我国文化产业在游戏、动漫等领域与国外先进的文化产业差距明显，在这方面的行业话语权亦受到限制。① 一方面，外国掌握了先进的数字技术，并且在技术研发方面投入了大量资金，掌握了数量可观的知识产权；另一方面，先进的文化产业技术体系将给文化产业发展提供充足的保障。尽管我国近几年文化产业发展迅速，但高质量的文化产品数量仍显不足。所以，技术自主创新能力薄弱、文化创意缺乏等均是阻碍我国文化产业实现技术轨道跃迁的技术路径依赖因素。

（三）技术转型成本过高

文化转移成本是指文化从某种形态转化为另一种形态所带来的成本以及必须承担的风险。文化科技转移成本则是指在文化产业内部，将一项技术转化为另一项科技的费用和所需要缴纳的税费。在文化产业内，创新可能造成企业工程人员和技术员工既有的专业知识与技术老化，进而使得部分技术员工无法驾驭创新科技，故文化产业内的技术员工存在结构性过剩。与此同时，科技创新容易造成原有的配套协调生产系统、资源供应系统、信息网络和产品供应网络系统失灵，且原有的技术组织体系转换存在时滞，这些都将引致文化产业技术转型成本过高。最后，文化产业的创新也将影响原有科技体制所产生的较为固定的行为习惯、

---

① http://www.chinazjph.com/chanyequshi/4788.html.

认知方式和心理状态。短期内所产生的不适应与困扰，必然会造成一定的效率浪费。除去投入损失之外，文化产业技术创新也将带来转换价值的损耗，具体表现为购买文化基础产品时，因为创新的积累性，文化产品无法凭空产生；购买专用设备时，创新应用需要相关设施的投入；培训公司内员工、遣散劳务过剩员工时，新技术和设备由于需要更熟练技术的员工来使用，按照社会责任需要对遣散员工予以赔偿；建立适用于新技术或新产品开发的文化监管系统，不仅需要漫长的时间周期，还需要巨额经费投入（范金花，2008）。综上，正因为面临上述巨大的转换成本，文化企业通过转向某种新技术开发而取得的利润存在远低于技术转换成本的可能性，这便会产生效率锁定效果。也就是说，尽管新技术比原来的旧技术更加具有优越性，但这些优越性所产生的超额利润是有限的，甚至有可能无法充分弥补技术转换所引致的各种成本。在这个前提下，即便创新产品能够获得消费者的肯定，理性的文化企业还是只能采用原有的产品，这便产生了技术路径依赖（丁继锋，2010）。例如，强精密度三维虚拟实境的象征——由履历完备的美国游戏开发机构 Rockstar Games 制作的《荒野大镖客：救赎 2》，研制期限为八年半，总研制花费为 8 亿美元。这个过程须匹配高科技存储、高技术成本和长耗费时间的发展路径，因此无法快速进行类似文化产品的社会化开发。除此之外，Meta 公司旗下元宇宙社交应用产品"Horizon Worlds"，在研发了一年半后，付出了高达 160 亿美元的开发成本，但在视觉上还是属于相当粗糙的三维元宇宙形态。这也说明技术转换成本过高是抑制文化产业数字化赋能的关键原因。

二　文化产业轨道跃升过程中的制度路径依赖

所谓制度路径依赖是指文化产业数字化赋能过程中存在的产业对既往制度或政策的"惯性"，即政策的转换与更新存在时滞。本节将重点阐释文化产业轨道跃升过程中制度路径依赖的成因。社会制度标准通常是指建立在特定经济社会生产力发展水平基础上，以体现该社会的价值评判与价值导向，由活动参与者（国家或国家机构）所形成的协调交往活动主体间及其社交来往关系的带有正式形式与强制性性质的标准系统。而政策措施则是指我国政权机关、党派机构或者一些社会政治组织为达到自身利益所体现的等级、群体的一致社会利益和愿望，以权力形态标准化地规定了在一定的历史时间内所必须实现的历史交汇阶段、贯彻的具体行动准则、实现的具体明确任务、采取的具体工作方法、实施的具体一般过程及其措施等。由此可见，政策措施在根源上是对领导阶级权益的观念化、核心化、实际化表现，是制度的具体表现形式。因此，本节中的制度路径依赖将着重从文化产业政策层面来进行分析。

产业政策是指国家根据国民经济发展目标的内在需求，为促进产业结构转型升级而制定的，对产业发展进行干预的策略举措。产业政策对产业的影响涵盖产业的形成与演化发展，具体包含产业技术发展、产业组织结构、产业整体布局等。产业政策对产业技术体系发展的作用包括引导技术发展方向、调整产业技术结构、保护技术专利及知识产权、扶持或抑制产业技术发展等。不适应产业政策的产业技术轨道将失去其发展优势，不得不寻找新的出路。而符合产业政策扶持标准的产业技术轨道由于获得丰富的资源、发展空间大、技术创新活动范围广等原因，产业技术轨道跃迁的可能性会更高。从目前文化产业相关政策来看，我国存在知识产权保护意识相对薄弱、行业监管力度不够、侵权成本较低、行业标准不完善等方面的不足，这也使数字技术介入后我国文化产业技术轨道跃升行为存在一定的制度路径依赖，具体表现如下。

第一，文化产业的知识产权保护措施不完善。通常，问题出现在前，而办法出现在后。数字文化产品的特殊性也使有关数字文化产品、服务的知识产权保护存在滞后性，相关立法对于文化产业数字化所呈现的新模式和新问题解决，效率不高。数字文化产品作为一种无形资产，其专有性与互联网的开放共享观念存在矛盾。如果对数字文化产品过度保护就会损害互联网的共享理念，但遵从互联网的理念就会使数字文化产品开发者的利益受到侵害。二者间的冲突使文化产业数字化赋能过程中有关知识产权保护的政策成为"双刃剑"。保护过度则会制约发展，而保护不足则利益受损。

第二，文化产业数字化的融资政策尚未完善。作为"智慧城市"的重要组成部分和文化未来发展的大趋势，数字文化产品将成为我国文化产业对数字化赋能的最直接应答，其在前期的开发过程中必须投入巨大的人力、物力。而在社会防疫因素影响以及国家产业战略积极调控的大环境下，2021 年文化领域的投资集资踊跃度同 2018 年对照，存在明显差别。2021 年文化领域投资集资总计不过是前三年的一半。故新发展阶段，政府对文化投融资市场在有序性、合规性、安全性和管理能力等方面都提出了更高的要求。同时，2021 年后文化投融资市场的积极表现也反映出政府对防止文化市场无序融资膨胀的管控决心。① 因此，文化产业的融资问题急需更多的资本投入、更灵活的金融工具组合与政府及时的政策配套。

第三，政府监管与产业发展速度不一致。当下，人工智能、大数据、云计算、VR、AR 乃至元宇宙，数字技术的演进与迭代太过迅速，这也使文化产业数字化转型常常存在政策真空，即文化产业新业态不能得到及时监管与治理。政策出台往往滞后于产业发展，这也拖延了文化产业的发展步调。与此同时，以文化强省江苏来说，其文化产业体制改革未能深入源头治理、文化市场培育与发展后劲不足等问题，都是制约江苏文化产业进步的关键因素。除此之外，甚至还存在部分政府部门习惯于从本地区和本部门利益出发，让产业政策实施只停留在表面，还有些政策执行者把执行重点仅放在短期目标上。这不仅影响了江苏文化产业数字化发展，还会造成大量重复建设以及文化资源的浪费。② 因此，化解政府监管与产业发展间的矛盾将是文化产业实现数字化赋能的关键。

第四，数字化变革需要全新的管理理念和模式来与之匹配。在传统文化企业里，大多数从业者会在既定的环境中懈怠、故步自封，他们的心态、期望和价值理念都早已成形。用过去的成功经验处理当下面临的问题，是所有企业管理者最普遍的选择，但这也是传统文化企业数字化变革失效的重要原因。由于这套行为逻辑有一个最基本的假定，即变革过程是线性的、可预见的，将过去的成功放在未来依然可行。但实际上，这个时代的变革早已大大超出了人们的想象。社会环境的变革往往是非线性的，而过去的成功即使放到今天也可以是导致错误的"催命符"。虽然这个道理并不难懂，不过要摒弃传统的思维模式也并非易事。其一，文化企业内部人员的思维方式必然是基于传统的思维模式和习惯。而创

---

① 　https://baijiahao.baidu.com/s? id＝1730798437331657245&wfr＝spider&for＝pc.

② 　https://baijiahao.baidu.com/s? id＝1744016844446737759&wfr＝spider&for＝pc.

新的经营管理方式也必然会对他们的传统思维模式产生影响和冲击，故如何让他们接受并认可新的管理理念是一个难题。其二，文化企业内形成的管理体系、组织架构、业务流程都是采用传统的模式。莫说调整起来要伤筋动骨，就算调整成功了，如何在保证文化企业绩效的同时切换到新的管理方法，也是一个难题。例如，元宇宙已成为文化传播的新空间，众多公司、政府部门等均开始高度重视元宇宙对文化传播的带动效应。但是，由于元宇宙不管是在理论体系还是产品形态上，都处在发展的初期阶段，在与文化产业结合的进程中，一定会产生许多需要重视的问题，比如，在元宇宙中的商业炒作现象、元宇宙与文化产业结合的路径如何实现、通过元宇宙与文化产业结合而实施的造假或欺诈现象，还有元宇宙与文化产业结合所产生的信息泄露、隐私泄露、沉迷成瘾等问题。因此，及时出台相应的政策措施对文化产业发展进行监督与调整是极为必要的。截至2022年，已有14个省份共发布了28条政策措施明确扶持元宇宙产业发展，其中浙江也成为全国第一个出台元宇宙政策的省份。但我们也关注到，吉林、内蒙古等经济实力相对偏弱的地区，尚未染指元宇宙这个新生领域，故还没有对应的管理理念和政策措施与之匹配。

第二节　非耦合视角下文化产业数字化赋能的制约因素

一　文化产业技术轨道与文化产业技术体系耦合度不足

（一）技术因素

产业现行的主轨道会产生锁定效应，即无论产业技术体系的发展现状究竟如何，最终都会受到产业技术轨道的制约，因此产业的技术水平与经济收益无法顺利提升。在这样的情境下，产业需要通过技术创新、技术引进和技术改造等方式构建新的技术轨道，并利用产业自身拥有的技术储备以及经济实力为新的产业技术轨道的发展拓展空间。如果当前的产业技术体系发展步入衰退期甚至进入停滞状态，此时技术水平落后、技术储备基础薄弱，那么即便产业技术轨道拥有良好的预期收益，但由于技术体系的制约，技术轨道也仍然难以实现跃升（张越，2015）。文化产业涉及许多分支领域，不同领域进行数字化的方式也有所不同，且各种方式对文化融合提出的要求亦各有千秋。比如在三维印刷行业，因为三维打印技术具有快速制造产品的优势，所以文化艺术数字化改造的最大优势便在于制造效果。与此同时，大数据可以更精准地助力文化商品选择安利，能够更有效地了解潜在顾客的消费行为与购买倾向，进而增加交易成功的机会。文化产业还在尝试将实体设备和线上 App 相关联，从而有效降低产品制作成本、提高生产效率。加之具有控制硬件使用特性的软件在近年来不断涌现，在全新的应用场景下，文化产业数字化将为消费者提供一个崭新的生活方式。综上，文化产业各领域应当根据自身的优势、特性和目标选择适合自身发展的数字化融合模式，毕竟模式选择是影响我国文化产业数字化发展的重要指标。因此，文化产业需要将技术轨道的发展方向作为指引方向，积极对产业技术体系进行建设与完善，加强与信息通信产业的合作往来，促进文化产业内部的良性竞争。除此之外，文化产业还需要寻求社会及政府的大力支持，从根本上转变文化产业技术体系的落后现状，使其具有与文化产业技术轨道发展相适应的能力。

（二）资金因素

产业技术轨道的跃升构建了新的产业技术轨道，在跃升完成后持续优化新出现的产业技术轨道，同时构建与新技术轨道相适应的新产业技术体系，需要大量资金投入作为保障。故资金投入能力是实现产业技术轨道跃升的必要条件。资金投入效率也是影响产业技术轨道跃迁成功与否的重要经济指标。就目前文化产业的融资情况而言，文化产业经费支持方面存在的问题较为严重。文化商品是特定的消费品，但因为它本身具有创造性、差异化和个性化特征，这使得文化商品如果不能实现大批量标准化的生产制造，就很难对消费者进行正确的估测研判。而电影、动画、网络游戏等细分行业中的中小文化企业由于存在业务起伏很大的特点，其经营债务管理以及股票投资都面临着很大的困难。此外，由于中小文化企业往往缺少有效的担保抵押物，即使这些企业所持有的都是专利、版权等重要的无形资产，但因为没有可信的权威价值评估标准，传统金融机构也无法对其做出有效判断，因而这样的无形资产往往面临着处置困难、变现难的窘境。由此可以看出，金融机构为文化企业提供资金支持的积极性较差，我国文化产业整体经费投入存在巨大缺口，这也是文化产业技术轨道与文化产业技术体系耦合度不足的典型表现。

（三）收益与风险因素

价值创造、获取收益是产业技术轨道跃迁的动力源泉，新技术轨道的未来经济收益预期是影响技术轨道跃迁的重要因素。经济收益预期从根本上反映了市场需求。新技术轨道的构建以市场需求为动力，新技术轨道越符合市场需求，技术轨道跃迁的成功性越高，由此将会达成更高的经济收益预期。故经济收益预期可以体现市场需求对技术轨道跃迁的推动作用。如果将产业技术轨道跃迁产生的经济收益预期概括为新的产业技术轨道可能产生的经济收益和产业技术轨道跃迁成功概率这两个指标的综合作用，那么当预期经济收益高、产业技术轨道跃迁成功概率大时，产业技术轨道跃迁的动力将会十分充足；如果这两个指标中有任何一个没有达到理想效果，其结果都会对产业技术轨道的跃迁造成很大的风险，进而会减慢技术轨道跃迁的进度。依据产业技术轨道自身能级的演化过程分析可得，产业技术轨道跃迁的经济收益预期取决于以下因素：新技术轨道研发的核心产品在市场中的预期规模、预期利润率，核心产品的形式、产品的市场接受度和完全适应市场的时间预期。以上因素分别说明了技术轨道跃迁的收益与风险，然而以上因素大多是预期值，所以我们只能通过产业发展先前的经验或者进行实地市场调查去获取预期估值。具体而言，文化产业的资金需求规模相对较小，需求期限较长，再加上缺乏有效担保物，对于传统的金融机构来说，为文化企业提供支持所获得的收益远不及为其他行业客户提供相应支持所带来的回报。而金融服务的规范要求使得金融机构提供的风险控制措施不可更改，提供服务的成本具有刚性的特质。资金是数字文化发展的力量来源，资金的运作是数字文化的外在力量。因此，文化产业技术轨道与文化产业技术体系的耦合程度会受制于产业收益与风险之间的博弈结果。

（四）竞争因素

产业技术轨道的跃升必定会给产业原技术轨道带来一定的冲击。产业新技术轨道的技术水平也将普遍高于产业原技术轨道。但是由于新技术轨道产生的经济效益具有延时性，所以产业技术轨道跃迁后形成的新技术轨道在短时间内并不会替代原技术轨道中的核心技术。这便会演化为两条轨道之间的竞争，进而改变产业技术的竞争形势。熊彼特曾提出"技术变迁产生竞争"，他认为产业中的主导技术会作为衡量标准，无法达到这一标准的企业会处于竞争劣势，而技术超过标准水平的企业会取得竞争优势。因此，具备更多优势、技术创新能力更强的企业才能够在发展产业技术主轨道的同时，致力于新技术、新轨道的探索。在产业技术轨道跃迁的初始阶段，部分技术领先的大企业会致力于新技术轨道的探索，而另一部分企业则会选择维护原技术主轨道，从而形成竞争态势。当前，中国文化市场便面临着这种竞争局面。中国传统文化业态一直占有非常大的份额，而数字文化业态还没有完善的生产集群，且在内容创作、生产开发、技术升级、市场推广、商品贸易等层面均离不开大数据科技的支撑。因此，由于我国数字文化产业还没有建立完善的生产体系，加之我国传统文化产业的市场风险也不可小觑，所以数字文化产业的跃迁还需要进一步完善。例如，数字文化产业生产集群资源的不足导致了数字文化市场缺乏产品竞争力和定价权，无法产生更大的品牌价值。因此，在新老技术的替代与竞争下，文化产业技术轨道与文化产业技术体系的耦合度提升仍任重而道远。

二 文化企业与数字技术耦合度不足

（一）产品竞争力不足

在我国数字文化产业的成长过程中，中高端市场供给也是一项急需突破的瓶颈。虽然目前动漫游戏类文化企业占有一部分市场份额，但上述市场仍处于上升时期，国内的数字文化企业生产尚未具有全球竞争力，无论是质量还是产品精度都有待提高。除此之外，我国传统文化产业的数字化转型还处于试探阶段，创意性文化产品不足，同时还缺少满足输出中国传统文化价值的创新产品。由此可见，我国数字文化产业在国际分工中正处于价值链的中下游，一方面缺乏竞争力强且拥有自主知识产权的创新文化产品，另一方面尚未发挥出我国所拥有的社会力量和媒体力量，整体文化内容仍缺乏足够的原创性和品牌力。而随着信息化的不断普及，数字内容产品的全球化态势已然形成。近年来，中国版权出口呈现扩大趋势，不少网络文学和影视作品已迈出国门，并深受欧洲以及其他地区消费者的喜爱。虽然我国传统文化元素的感召力和吸引力都较强，为中国数字文化产业"走出去"提供了良好基础，但目前还是缺少富有中国文化、中国风貌和中国气派的数字创意作品来引爆海外市场。同时，鉴于中国数字创意产业总体规模较小、公司发展方向与模式分化严重、缺乏核心竞争力和比较优势，故我国文化企业在国际数字文化市场竞争中尚无法顶住巨大风浪，这也进一步限制了我国数字创意产业的进阶式发展。因此，我国数字文化产品的全球竞争力仍有待增强。我国需要在最有吸引力的电影、歌曲和动画等文化内容上原创更多具有全球影响力的IP，从而改变我国IP净输入国的地位，以提高文化企业与数字技术的耦合度。

（二）大数据价值挖掘不充分

文化产业数字化后将带来大量的信息流动，数据的获取往往需要投入巨大的人力、物力，然后通过对所收集到的大量信息进行统计分析获得准确的结论，并借此挖掘出价值容量大、相关联意义强的数据。实现可视化管理，融合数据流，涵盖诸多方面，包括供应链控制、行业信息规划和产品生命周期控制等。当前，文化产业缺乏进行大数据深度发掘的能力，直接影响数字文化产业的发展效率和开发速度。例如，目前我国文化企业普遍存在不能及时发现客户诉求的问题。国内大多数文化企业的大数据挖掘也仅仅只能从历史数据中发现客户需要，无法及时发现客户需求的转向和变化。因此，文化企业的大数据挖掘技术较差，缺乏有效的算法模型来发现客户需求和消费习惯变化，这是我国文化企业与数字技术耦合度不足的重要原因。

（三）缺乏复合型人才

我国文化产业数字化转型程度不高，复合型人才存在巨大的供需缺口。与传统文化产业不同，数字文化新业态开发要求同时掌握数字科学技术和文化双重基础知识的人员，而当前数字文化企业的人才架构也显示，传统文化产业领域里的从业人员往往无法同时具备上述两类业务能力。尤其值得注意的是，数字文化技术人员尽管掌握了先进的技术开发手段，却没有一定的文化创新敏感度。这种从业人员文化精神与文化内涵的缺失也影响着我国文化产业数字化建设的进度。文化产业数字化主要是为了将传统文化产品以及文化服务凭借数字化手段转型为新的产品模式，并以视觉等新型体验形式传输给终端用户。文化产业数字化突破了空间的限制，使更多终端用户能够以较低的成本获得丰富的文化体验。除此之外，文化产业数字化有利于保护文化遗产与古迹，延长文化产品的存续期限。因此，为了加速推动文化产业数字化进程，培养复合型人才势在必行。但现实情况却表明，我国文化产业与数字技术之间的连通仍然存在障碍，关联程度尚且不足。例如，苏州数字文化公司目前以动漫游戏、创意设计和互联网视频为主营业务，近 5 成的公司服务在中国境内开展，近 2 成的公司服务已扩展至世界范围。但苏州数字文化公司仍然认为，公司的人力资源问题是阻碍其自身成长的最大原因，其最稀缺的便是复合型人力资源。[1]

（四）伦理冲突

从专业制造信息内容（PGC）、用户生产信息内容（UGC）到 AI 制造信息内容（AIGC），信息创作水平不断迭代提升，对社会生产力的发展也产生着越来越重要的影响。人工智能由辅助信息创造的工具逐步变成了创造主体，对传统人工创造方式形成了极大的冲击，甚至加剧了巨大的创作与伦理矛盾。例如，一则名为"呼叫 AI 帮我画"的话题引发了大家的广泛讨论。玩家只需描述自己想要看到的场景，人工智能便会自动模拟生成对应的场景。不过，随着这一行为的逐渐发酵，网络开始出现关于"AI 绘画是否会让画师失业""游戏美术正在被 AI'杀死'吗"等一系列讨论。尤其是对于 AI 绘画是否存在侵犯著作权的问题，也已经成为互联网内容版权争议的焦点。这不禁让我们反思，AI 绘画到底是艺术创作还是窃取艺术？波兰概念艺术家格雷格·鲁特科夫斯基对 AI 的绘画能力便曾感到忧虑。作为以油画风格恢宏奇幻而闻名的他，最近却成了 AI 绘画时最受欢迎的模仿对象。他在网上搜索自己的名字时，蹦出的都是 AI 绘制的图画，而自己的作品却被淹没了。在采访中，鲁特科夫斯基曾感叹"感觉自己的职业生涯受到了威胁"。在日本，AI 绘画软件"mimic"上线后，也招致了一批漫画家的集体声讨。他们要求开发者禁止让 AI 模仿自己。越来越多的国外艺术家们也开始组建联盟，希望推动

---

[1]   http://www.subaonet.com/2021/szms/0903/350898.shtml.

新的政策法规出台，整治因伦理冲突而造成的文化企业与数字技术耦合度不足的弊端。

（五）商业模式与产业链尚不成熟

当前，我国文化企业的内部管理设计、绩效考核、薪资筛选、资产监管和运营推广等环节正处于数字化转型的关键时期，其尚未建立一套成熟的数字化商业运作模式。加之在文化企业数字化转型的初级阶段，数字内容易于获得的特点，往往会导致"免费获取"成为使用数字内容的先入观念。因此，随着年轻群体对数字文化产品的接纳度逐渐提高，数字文化消费观念越来越流行，为本可以"免费获取"的数字文化内容付费，开始成为大多潜在用户放弃数字文化产品的最大阻碍。归根结底在于互联网文化企业的盈利模式选择。文化企业要更好地平衡消费者的受众偏好、招商与广告投放策略和产品营销推广模式，以形成更完备成熟的商业服务市场。在产业链构建层面，科技禀赋、人力资源、资本投入等均制约着数字文化产业的成长。而完整的数字文化价值链应包含前端数字文化产品与数字文化服务的开发、中端数字文化艺术项目的推广和宣传，以及后端数字文化商品与数字文化服务的消费和售后。然而当前，我国数字文化产业还缺少完善的价值链。数字文化产品的制作过程，包括创意构想、产品开发、技术支持、市场营销、产品交易等都需要数字化改造。因此，尚不成熟的商业模式与产业链条是我国文化企业与数字技术耦合度不高的归因，它们抑制了我国文化产业的数字化赋能效果。

三 文化消费与数字技术耦合度不足

（一）数字文化产业受众群体的异质性

数字文化产品的受众人群规模庞大，年龄范围广，任何年龄都可以得到符合他们喜好的数字文化产品。与传统文化互动模式不同，数字文化能够让消费者在感受传统文化理念与精神价值的同时，也享受到由娱乐因素带来的幸福感以及由科技力量带来的工具便利。自 20 世纪 80 年代以来，世界科技文化飞速发展，犹如"催化剂"一般促进我国文化产业成长，大型龙头文化企业纷纷步入了数字化转型赛道。即便如此，"数字鸿沟"以及数字基础设施的城乡差异、区域差异却在一定程度上抑制了我国的数字文化受众。具体而言，数字鸿沟是指在全球数字化进程中，不同国家、地区、行业、企业、社区之间，由于对信息、网络技术的拥有程度、应用程度以及创新能力的差别而造成的信息落差及贫富进一步两极分化的趋势。加之我国人口老龄化问题严重，故数字文化产品的受众存在"年轻化"和"城市化"趋势。老年人以及农村地区的文化消费者并不能同等且公平地享受同质化的文化服务，这也造成了我国文化消费与数字技术的耦合度不足。

（二）信息茧房

信息茧房是指在我们生活的资讯区域中会习惯性地被我们自身的好奇心所吸引，进而把自身的衣食住行束缚在如同蚕茧一样的"茧房"之中。因为互联网带来的更自主的思考空间以及其他各种范畴的丰富内容，一些人甚至可以规避社交，变成与世隔绝的"孤独人"。信息茧房概念最初由桑斯坦提出，他指出在网络时代，公众的信息需求并不是全面完整的，他们往往将注意力集中在能使自身愉悦的事物上，久而久之就会将自身局限在"茧"中。随着数字文化产业的兴起，在互联网环境下，消费者更愿意将有限的时间和精力花费在自身感兴趣的领域。相应地，一些文化企业一味地迎合受众喜好，在满足消费者需求的同时降低了消费者的思考能力，使得消费者自身视野逐渐狭隘，思想趋于简单化，只能针对自身偏好的领域提出见解，对于其他问题一概不知。在这个过程中，由于受众的经济能力、受教育程度、社会阅历等方面的不同，信息获取程度参差不齐，差距逐渐扩大。例如，通过小红书 App，用户可以选择性地接触感兴趣的内容，通过点赞、评价、转载、关注等行为和他人展开深度互动，并在一次次的交流中逐渐产生情感连接，进而构建自己的兴趣圈。而"圈子化现象"实际上是社群"信息茧房"的外在体现。在类似小红书的网络空间里，使用者的所见所闻都和自己的选择有关，即在封闭的小圈圈里产生"回音室效果"。

（三）道德过载

随着智能时代的到来，信息的获取更加便捷。但伴随众多社会热点问题而来的是道德悖论、司法困境等对现有伦理标准及法律制度的挑战。同时接触大量信息，而这些信息却远远超过了受众自身所需要的和所能承受的范围，并且这些信息的真实性还不能得到保证。因此，受众很可能会被误导。此时，信息接收者认定或被认定接收的信息与承担的道德责任成正比。故在当前的网络环境下，对于热点事件的讨论，受众总是站在道德制高点去标榜他人，凭借所谓的"大势"将某类观点推向极端，拒绝接受其他表述。在这样的网络环境中，往往会出现道德绑架或道德麻木等极端现象，对社会文化产生不良影响。例如，外国的录像网络 YouTube 上就时常充斥着极端和误导性的录像信息内容。而 YouTube 也一直由于未能制定相应的文化内容管制举措而饱受诟病。YouTube 认为，每天上传到 YouTube 上的录像总时长达到了 450 个小时，如此巨大的信息量无法依靠人工进行完全筛选和审核。因此，YouTube 以此为借口规避了所承担的法律责任与行业义务。这也是技术在文化产业实际运用的过程中所存在的典型的"道德过载"问题。

（四）区域差距过大

与传统产业依靠资源与技术的发展路径不同，文化产业的发展路径源于丰富的文化储备、自由平等的社会风气以及大量高素质的复合型人才。然而，我国经济发展呈现二元经济结构，东西经济、南北经济发展差距很大。习近平总书记早在党的十九大报告中便明确指出："中国特色社会主义进入新时代，我国社会主要矛盾已经转化为人民日益增长的美好生活需要和不平衡不充分的发展之间的矛盾。"因此，对于我国来说，文化产业的区域发展差距在数字化趋势下还将愈演愈烈。充足的文化储备和庞大的高质量人才是发展数字文化产业的基础和保障。其可以为数字文化产业提供多样的要素资源，也可以为文化产品的市场需求以及文化产品的消费群体扩张提供源源不断的动力。同时，自由平等的社会环境是文化创意内容发展的基础。但实际上，上述文化产业发展的必备要素在我国均表现为明显的二元结构。这不仅阻碍了地方文化产业的发展前途，更导致国家对文化产业的布局规划无法协调统一。因此，区域差异在一定程度上抑制了我国文化产业数字化赋能效果。

（五）文化失语

数字时代，信息创作者、发行商与消费者的判断和决定会产生过度依赖数字技术的矛盾。在更加注重精神文化生活，追求品质化、个性化消费的今天，数字文化创意产品逐渐变成了大众文化需求。但同时，也产生了一些开发者对自身文化产品内涵挖掘不够，注重数字技术而不注重文化创意的现象。文化从业者将文化产品与数字技术强行关联，却对文化产品精神与意蕴属性没有任何深度挖掘，致使部分数字文化创意产品科技感重，而文化内容"失语"，即文化产业存在重技术、轻文化的现象。文化的价值超越性与批判性逐渐被科技工具性价值超过和掩盖，而数字文化的社会效益和经济性价值也在数字科技工具理性的滥觞中遭到侵害。当对数据的科技崇拜和工艺异化逐渐超越文化价值时，就会导致行业泛娱乐化和用户美学评判迷茫。文化产品也易在数字技术的带动下逐渐走向庸俗化、贫乏化和趋同化。这使得部分文化产品不但无力适应群众日益增长的精神文化需求，更对数字文化的竞争性和文化产品的可持续性造成了重大冲击。例如，科幻影视作品中常常出现高端先进的未来人工智能应用场景。当我们现有的硬件不足以展现其"高科技性"时，就需要用后期处理手段将其变得又炫又酷。适当的美化修饰可以起到锦上添花的作用，但如果整个影片都靠炫技来撑起而忽略演员的表现力、情节的严谨性和逻辑性，那将注定成为一个空洞无实的"花架子"。就如同非线性特效制作软件 After Effects 能够协助电影创作，更好地表现 AI 使用情景，可是却无法取代 AI 作为对某种后现代情景的描绘工具。豆瓣评分 2.9 分、史上一星差评达到七成的电影《上海堡垒》的科技投资和创作队伍与"叫好又叫座"的电影《流浪地球》是一道量级。可是最后播映的具体效果却让观众感到华而不实，称其为玄幻、奇特、神秘的"大杂烩"。这也表明，影片的叙事水平不够，唯有借助眼花缭乱的科技来遮掩。科幻片需要有好的情节来支撑，要不然只会是一具空壳，观众绝不会买单。

四 文化政策与数字技术耦合度不足

（一）政策存在监管盲区

数字文化产品一部分可以在网络上以免费的形式被大众获取，而另一部分则需要通过收费的方式获取收益以维持正常运作。因此，上述数字文化产业的特性极易使文化产品的版权无法得到保障，这也容易造成政策监管上的盲区。目前，我国针对数字文化产品知识产权、专利等出台的政策还十分有限，现有版权保护对象也多为书籍或影视作品等。因此，众多新兴的数字文化产品及其相关业态在严格意义上来说，并非政策保护对象。文化产品的新门类、新形式也使我国数字文化产业政策存在一定的监管真空，这极大地危害了我国数字文化市场的正常秩序。例如，一名女玩家在体验由欧美著名科技企业 Meta 研发的元宇宙世界网络游戏《地平线世界》时，遭到男子虚构角色的"侵害"，此案在业内掀起热议。类似惊悚场面，俗称"擦边球"事件，亟待引起相关治理与监管部门的重视。在自由开放的元宇宙情境中出现这种不平等现象，从侧面也体现出各国有必要对数字文化产业新业态所产生的新奇事物加强管制和处理，从而提升文化政策与数字技术的耦合协调程度。

（二）政策实施存在障碍

我国现行的数字文化政策一方面存在政策体制机制不健全的弊端，另一方面也存在政策落实不到位的问题。尤为典型的是，我国经济发展整体呈现二元结构，文化发展亦不协调，科技基础也参差不齐。因此，国家为谋求文化产业高水平高质量发展，必须克服文化政策实施上的区域非同步性。例如，由于自然禀赋、经济条件、历史传统等原因，各区域公共文化资源配置尚不均衡。因此，国家需要在制定并完善基本公共文化服务指导标准的基础上，通过加大投入、政策倾斜、转移支付等方式，支持革命老区、民族地区、边疆地区、脱贫地区公共文化服务体系建设。但需要注意的是，"均等化"并不是平均化，应从公平正义的价值立场出发，着重保障不同区域、不同民族、不同年龄、不同人群享受服务的权利均等、机会均等。特别需要注意保障残疾人、外来务工者、农村"三留人员"等特殊群体享受公共文化服务的权利。

第八章　文化产业数字化赋能的经验借鉴

通过研读《国际文化市场报告 2018》，可以了解到 2015～2018 年各国文化市场的整体繁荣趋势有增无减。其中，网络游戏领域的发展尤为突出。截至 2018 年，其增长率超过 13%，由网络游戏带来的净收入也十分可观，超过了 1379 亿元。手游正逐步成为网络游戏领域的中坚力量，获得了越来越多消费者的认可和青睐。同时，数字音乐的发展也在不断进步，流媒体在各国音乐市场中的占比增至 80%，有更多的消费者愿意为之交付费用。基于《国际文化市场报告 2018》的相关数据，本章发现，随着科技、网络、智能化的发展，数字化对文化产业的渗透在不断加深，促进了文化产业的有效稳定进步。当前，欧美各国数字内容产业不仅成为促进出口、推动旅游业发展的中坚力量，更成为推动传统产业转型升级、培植经济新增长点的引擎。因此，对国外文化产业数字化赋能的发展模式、政策措施等进行分析与借鉴，取长补短，对于我国文化产业高质量发展具有重要价值。

第一节　美国文化产业数字化赋能的经验借鉴

早在 20 世纪 30 年代，美国就开始对文化产业进行探索与深耕；50 年代，美国文化产业步入了发展的快速通道；80 年代，美国文化产业在国际上已经具备了一定的先发优势；90 年代，美国文化产业随着经济全球化的浪潮，开始进行大规模文化输出。21 世纪，美国文化产业在全球已经达到了绝对高度。在文化产业数字化赋能方面，美国凭借其强大的经济优势、数字技术研发能力以及政策优势，拥有非常成熟的文化产业体系、强大的文化产业价值链与庞大的消费者群体。其在技术、人才、资本等方面的投入非常之大，这也使文化产业一举成为美国国民经济发展的重要支柱。其不仅为国家创造了丰厚的经济回报，更在国际上产生了强大的文化溢出影响。所以，对美国文化产业数字化赋能经验进行分析，对指导我国文化产业高质量发展具有一定的借鉴意义。

一　政策借鉴

美国文化产业数字化赋能的成功与美国完善的法律制度、政策扶持与发展战略设计密不可分。早在 20 世纪 60 年代，美国最高立法机构就审批了第一个保障人文及艺术行业发展的法律规范。在此基础上，美国政府成立了国家人文基金会和国家艺术基金会，这是美国首批以发展人文和艺术为宗旨的服务性组织。同时，美国出版产业水平也位居世界前列，其非常注重对知识所属权的保护。早在 1790 年，美国就出台了首部《著作权法》，积极维护文化产品及其创作者的个人权益。在此基础上，美国还在不断扩大著作权的国际影响。例如，与商贸相关的著作权协定《保护文学艺术作品伯尔尼公约》的达成，不仅提高了著作权的国际化水平，更为美国文化产业开辟国际市场起到了非常重要的作用。1999年，美国《域名权保护法案》的提出，为创造公平的域名市场提供了坚实保障。而随着文化产业数字化进程的加快，为了更加准确地对数字文化产品的版权进行保护，以防止侵权事件的发生，《反盗版和假冒修正法案》和《反电子盗版法》相继出台。《反盗版和假冒修正法案》和《反电子盗版法》尤其加强了对数字版权的保护。由此可见，美国对于文化产品的数字化更新与迭代给予了及时的关注与预警，这也为数字文化产品的开发与流通提供了更公平、规范的法律环境。也正是得益于此，美国文化市场开创了不断创新、不拘泥于传统形式、不墨守成规的崭新局面，继而创作了诸多令人瞩目的文化产品。

21 世纪，数码发行突破了时空限制，发行行业迎来了以世界化、互联网化、科技化为特征的全新时段。全美发行行业科技化改革开启，六大发行社均研发出了富有亮点和发展特性的数字发行物。在此过程中，美国出台了一系列推动数字文化产业进步的法律法规。比如，保障文化内容生产的《国家艺术及人文事业基金法》《博物馆和图书馆服务法案》《联邦电信法》等；保护知识产权的《专利法》《音乐现代化法案》等；面对高新技术蓬勃发展带来的冲击，为促进科技和文化相结合的《数字千年版权法》《防范电子化侵犯及加强版权赔偿法》等。立法的健全是文化产业健康发展的基石。与此同时，美国文化数字化政策还常见于博物院、图书馆、美国国家艺术基金会、商务部等谋略策划文件。《版权2016~2020 战略计划》是美国为应对知识产权行业在数字发展时期遇到的挑战而专门制定的。该计划提出，将进一步增加知识产权领域的创新投资，支持网络、数字化、通信卫星等信息技术发展，使知识产权保护逐步与数字技术接轨。2022 年，美国博物馆与图书馆服务协会公布了2022~2026 年战略规划；美国商务部也公布了 2022~2026 财务年的战略行动计划，旨在提升美国 21 世纪的文化竞争力；同时美国国家艺术基金会也发布了 2022~2026 年战略规划，其将文娱数字化战略、图书馆资源的查询和获得、文艺与科教等均加入了规划。同时，美国不同文化主管部门也专设了博物馆数字化和契合特殊群体的文艺数字服务项目。另外，美国政府的公共类文艺项目也尤其注意文化产业服务弱势群体的基本数字化权利问题。

二　数字化赋能效果借鉴

美国国会图书馆在 1990 年便推出了"美国记忆"项目，这是一项对文献资料进行长期保护的计划。该项目选择并复制了部分文献、照片、胶卷、手稿、图片、文字记录，以及对了解美国国家历史与发展具有重要意义的藏品。内容涉及 100 余个品种，700 多万张文献、照片和胶卷等。美国已对此类藏品实行了数字化管理与保存，并将其编制成了系统专题。这些珍贵的藏品数据也以数字化形式逐渐流传于网络，被更多人知晓。该图书馆在 2013 年精选出 700 余张珍贵的照片制成了精美的电子书，并将其命名为《美国国会图书馆摄影珍品集》。也正因如此，我们现在还可以找到这些跨时空的历史藏品。随后美国启动的"下一代互联网"计划致力于提高互联网速度，这直接优化了美国的图书管理系统。美国芝加哥大学曼索托图书馆阅览室的地下空间是由 15 层高的高密度自动机器人构成的。这种非手动保存与搜索的体系叫作 ASRS，该技术近些年才在图书馆使用。通过自动人工智能装置迅速查找阅览者想要的书，仅需花费不到 10 分钟的时间。另外，图书馆还配备了一个 550 平方米的书籍储备防护系统，里面设有防护试验中心和数字化试验中心。它可以为世界网络供应数字化仓储书籍搜寻，也可以给予芝加哥大学等图书馆科技援助。而随着互联网的不断提速，美国虚拟图书馆建设也缓缓开启。

由此可见，美国数字公众图书馆不仅大大提高了本土图书搜索的精确度，更为世界各国的数字文娱工程搭建、战略规划及制度安排提供了参考蓝本。

为了将文化产业同数字科技进行有效的交融，美国当局在策略规划方面投入了很多。在数字技术建设方面，为了加强信息共享，美国当局曾公布众多不用付费的移动软件，其中涉及旅游、新闻等诸多文化产业分支。美国对数字基础设施建设非常重视，并致力于将其应用到文化领域。具体而言，美国数字电影、动漫的实力雄厚，拥有较为完整的产业链条，不仅成功带动了周边产品的创新发展，更催生出许多衍生行业，诸如从《哈利·波特》小说到风靡全球的影视剧作，从迪士尼动漫到主题公园、游乐园等。另外，美国的游戏市场和音乐市场在全球也有着重要地位。美国唱片业协会（RIAA）公布的数据表明，2019 年从 Apple Music、Pandora 和 Spotify 等流媒体业务产生的总收入为 88 亿美元，大约占美国音乐行业总收入的 79%。RIAA 在年度唱片音乐收入报告中指出，随着付费流媒体业务的增加，流媒体收入同比增长了 20%，行业零售额总计达到 111 亿美元，增长了近 13%。

综上，从美国文化产业数字化赋能的实践，我们可以得到以下借鉴和启示。首先，应加大对国家信息网络的投入，这是国家文化产业数字化稳固的地基。其次，美国对于文化产品知识产权尤为重视。这为文化产业数字化提供了良好的发展环境，能够促进产业良性竞争，是文化产业数字化赋能的先决条件。最后，在发展战略方面，美国善于抓住市场时机、准确把握市场走向。这有利于明确文化产品定位，同时规范文化市场操作。

第二节　韩国文化产业数字化赋能的经验借鉴

韩国经济在 20 世纪 90 年代亚洲金融危机中受到了严重打击，随后韩国开始寻找振兴经济的举措，也逐渐开始重视文化产业的发展。随着经济好转和科技成熟，韩国文化产业开启了数字化转型之路，数字文化产业也成为韩国经济的重要支撑。纵然不同国家对于文化产业的界定不尽相同，但韩国的数字文娱工业（也可称为数字内容工业）是指通过数字媒体、动漫、游戏、电影、电视、卡通等视像媒体进行流通和存储的文化艺术内容。它着重强调通过新媒体的方式进行内容传播，同时也非常注重传统文化和现代技术的结合。

一　政策借鉴

1992 年，韩国开始就本国文化产业的未来建设做出规划，要求韩国同世界文化接轨，明确提出"韩国文化世界化"和"文化产业化和信息化"，并出台了《文化畅达五年计划》，全力促进文化建设。1998 年，韩国明确提出了"设计韩国"方针和"文娱兴国"策略，把文化艺术视为兴旺其国家发展的重要力量，把文化艺术创作视为本国社会最关键的战略资源。1999 年，韩国政府为促进数字文化的蓬勃发展，出台了《文化产业振兴基本法》。此后，政府接连出台了几项围绕文化产业的战略举措。2001 年，文化振兴院在韩国设立。这一研究院的成立不仅能够系统地支持文化产业发展，也将文化产业视为经济的焦点。为了完善文化产业的结构和运行，全面推动文化产业数字化进程，为文化产业发展提供保障，韩国政府积极制定相关政策。2009 年，韩国成立了文化产业振兴院，以期更好地挖掘文化价值。政府也为文化产业财政和税收事项提供了一定的支持。为了让文化产业早日打开国际市场，韩国政府为其积极提供财政拨款、专项基金和多种税收优惠政策。例如，为了加快音像产业的发展，韩国政府提供了全额的制作和翻译费用；创新文化企业也会享受 5 年的税收优惠政策；为重视文化产业人才的发现与培养，韩国政府制订了相应的政策与综合性人才培养计划，韩国文化产业振兴院邀请了不同领域的专家进行授课和培训，致力于复合型文化人才的打造。而为了保证韩国文化产业拥有一个公正、合理的竞争市场，韩国允许进入市场的主体不受身份限制，确保了社会资本可以有效地投放到文化产业中，形成可靠的市场竞争力。除此之外，韩国还对文化产业的对外交流尤为重视，对外的文化交流开放程度较高。政府积极推进文化企业的战略性发展，扩大企业规模，并在对外交流过程中，扩大企业的国际影响力。

2020 年，韩国文化体育观光部制定了四大政策目标，并细分为 15 个议程项目，包括支持受疫情打击的行业、帮助内容制作者实现数字化、加强韩国内容产业的推广和加强海外韩国语言文化教育等。2021 年，韩国推进数码新政2.0。韩国政府决定，在整个产业领域使用人工智能和5G特色网。韩国科学技术信息通信部表示，到2025年将投入49万亿韩元，推进数码新政2.0。同时，韩国还将构筑提供积累数据的开放型Metabus平台，以便企业开发新的内容和服务。韩国政府计划让移动通信公司、媒体业界、供需企业等181家企业和机构参与"Metabus Alliance"，以共同构建Metabus生态系统。为促进数字化转型进阶，韩国重点推动了数字大坝、智慧政务、智能医疗、数字孪生等数字新政的核心建设项目。韩国还规划培训了10万名新一代人工智能与软件领域专业人才，并对全体民众进行了新一代人工智能教育。在信息技术层面，韩国政府开展了"内存处理器核心技术研究"与"新型人工智能研究"两大专项，以提高科学技术水准；至2050年，韩国将转化全部公共部门信息系统为云计算技术形式，以建立数字政府。在司法层面，韩国政府出台了《新一代人工智能社会伦理准则》和《新一代人工智能有关规定与法规指引》，以应对新一代人工智能技术范围扩展后可能产生的问题。2022年，韩国产业通商资源部宣布，2022年1月在韩国国会审议通过的《产业数字转型促进法》将从2022年1月5日开始执行。韩国希望借此机会推动产业信息的产生与运用，以提升韩国政府产业数据的转化效能。韩国政府还将选择行业推动效应较强的领头工程，向其提供科技与金融支援，推动财政、税务与法律限制等领域的改进，并将成立产业数字转型委员会，建立部门的综合计划和协作制度。为了早日步入文化产业强国的行列，韩国政府已将数字内容产业作为国家重点发展的战略性产业，大力支持其中具有市场竞争力的领域，例如2022年的韩国首尔市文化发展战略。一是打造"智慧、感性化文化城市"，让艺术家们能够利用新技术进行复合式的数字艺术形式创作。为此，韩国强化了硬件设施，在汉江岸边改造修建了韩国最大的沉浸式文化内容制作空间，设置了XR工作室、VFX工作室、录音室、编辑室、全息屏幕等，计划于2026年建成支持融合艺术发展的综合服务中心。同时，韩国还举办了媒体艺术节，2023年3月新设的全球设计大奖将首次强化数字部分。二是打造"市民文化共享城市"，计划在汉江岸边构建一个用数字技术打造的"妙趣空间"。

二　数字化赋能效果借鉴

韩国在短期内不断推动文化产业的数字化变革，取得了良好的成效，其数字内容产业主要包括游戏、动漫、影视等重要组成部分，以下是对游戏行业和动漫行业的分析。韩国国内文化内容产业出口额从 2014 年开始逐年上涨，至 2018 年已达 95 亿美元，年均增长率达到 16%。各产业在出口中的占比不同，其中，游戏产业方面的出口额近 64 亿美元，约占整体出口额的 67%；动漫形象方面的出口额为 7 亿美元，约占 7%。文化内容产业销售额高达 119 万亿韩元，其中，除了动漫行业销售额稍有下滑，其他行业的销售额均有一定的增加。① 此外，韩国文化内容行业的从业人员已达 65 万人，庞大的人才基数不断推进着文化产业数字化发展。而在这些数据的背后，是韩国政府大力推进文化方针政策的成果。综合而言，随着现代文化产业和数字科技的持续融合，韩国网络游戏行业、动漫产业以及电影行业在全球文化市场的出口份额也在不断增加。

在韩国文化内容产业中，占比最大的就是游戏产业。为了促进游戏产业发展，韩国政府专门成立了相关机构，即由国家情报通讯厅、产业资源厅、文化观光厅联合设立的"电子游戏技术开发中心""电子游戏科技开发援助中心""电子游戏综合支持管理中心"。同时，韩国颁布了与电子游戏行业发展有关的管理条例，并推出了各种措施以扶持游戏行业发展。"OSMU"是一个广泛运用于文化产业的项目管理平台，其全称为"One Source Multi Use"，译为"一源多用"。韩国在数码内容业的发展中坚持了"OSMU"的经营理念，把同一个原型素材以游戏、电影、动画等各种方法加以生产销售。而利用这个方法，同一种创意就能够运用于不同的生产项目，从而构成一个完整的产业链。例如，首先将动画形象在漫画、影视等初始领域中应用，然后在玩具、服装等领域推广使用，最后延伸到游戏等数字内容产业以实现更大的经济与文化价值。总体而言，"OSMU"是一个较为创新的理念，它为韩国文化产业价值链完善与生态圈构建提供了指导借鉴。除此之外，韩国还在多个国家开设了韩国文化院，介绍韩国语言和传统文化，宣传韩国的影视、游戏和饮食。1993 年，我国第一次引入韩剧《嫉妒》，而后播出了《大长今》，收视率一路攀升。从风靡中国市场的电视节目《黑话律师》《鱿鱼游戏》，再到收视率持续走高的综艺节目《奔跑吧，兄弟》，依靠数字科技的蓬勃发

---

① 　https://www.sohu.com/a/431997147_120012326.

展，韩国文化产业在世界文化市场中遥遥领先。

综上，谈及韩国文化产业数字化赋能给予中国的借鉴，本章认为我国应借助"走出去"的文化发展战略，及时制定强有力的政策措施，以法规的形式推动文化生产制造的高质量发展。我国还需要以财政税收优惠的方式支持文化产业数字化转型，鼓励引导文化企业迈出国门、走向世界。在人才方面，应借鉴韩国成熟的人才培养经验，储备我国文化产业领域的研发力量。例如在高校设立跨文化交流的课程、注重相关人才的培育、为人才提供学习和发展的平台，同时建立奖励机制，以期推动我国文化产业数字化发展。

第三节　日本文化产业数字化赋能的经验借鉴

20世纪末，日本经济呈现下滑趋势，为了摆脱这样的局面，日本开始寻找经济振兴的新方式。文化产业作为日本振兴的新引擎受到了极大的重视。日本政府为文化产业发展提供了强有力的法律保障，其颁布的各种法律和政策为数字文化产业的发展提供了基础保障和动力，而这也是推动日本成为文化产业强国的有效手段。目前，日本数字文化产业已经成为全球文化市场的佼佼者。未来，日本希望利用大数据分析、机器人、人工智能等新型科技和"超智慧社会"理念，开创出新的文化服务模式，以提升日本文化产业的国际竞争力。

一　政策借鉴

从1970年出台的《著作权法》，到2014年的《网络安全基本法》，日本文化立法经历了多年不断的调整和修改。除了出台相关法律，日本政府还专门制定了法律执行机构以保证条款的实施，为文化产业发展提供了有力的保障。另外，日本文化政策类别非常丰富，不仅有比较宏大的文化发展计划，也有比较微观的作品权、扶持措施、人才与消费市场培育，甚至还有地方文化发展政策等。日本已经形成了从创作、利用、保护到市场消费全产业链的文化政策体系。在制定了文化立国战略之后，日本开始出台各类政策和举措，以推动文化发展。其中，最重要的就是制定文化建设城市规划和推广方案，以引导文化建设。2002年，日本提出了《文化艺术振兴基本方针》，全面论述了文化艺术复兴的重要性，并指出文化艺术是人和人生活的精神食粮、人类社会共生的重要基石，能够推动实现高质量的文化建设，实现人性的真正开发，促进人类社会和谐。2007 年，日本第一次修订《文化艺术振兴基本方针》，确定日本文化产业的主要焦点是扩大文化力量。通过扩大的文化力量增强日本的文化实力，通过各国、地区、民众相互合作，发展日本的文化艺术。为此，日本开展了培育传承、开发、创新日本文化艺术的人才，促进文化宣传和交流，实施文化艺术发展的政策扶持及地方振兴，加强青少年文学表演活动，加强遗产的保护和利用等举措。2011 年，第二次修订的《文化艺术振兴基本方针》，明确基本焦点是培育成熟的社会成员、增强文化艺术的辐射力以及推进全社会文化艺术复兴。为此，日本规划了以实现文化艺术立国为目标的六大重要策略，即有效保障文化艺术活动策略、提高文化艺术人才培养策略、振兴幼儿与青少年的文化艺术策略、文化艺术新一代传承策略、加强中华文化宣传与交流策略，以及文化艺术运用与地域振兴、观光产业振兴策略。2012 年，日本颁布实施了进一步激发剧场、音乐厅活力的《剧场法》。《剧场法》强调了有活力的社会与文化设施建设的关联性。由于剧场、音乐厅等人人都能共同参与并找到共鸣，因此，它们可以作为"新的广场"，通过地域共同体的创造与再生促进地域发展。而 2020 年，日本国会常会则通过了关于《著作权法》的修正案，该法案强化了打击网络盗版措施、确保作品顺利使用的措施和确保适当保护著作权的措施。

除此以外，日本政府的文化政策还存在一定的优势。首先，日本实施特殊的公益性增进法人制，限定公益性增进法人由一般公益法人与独立行政法人共同组成，二人均能享受所得税优惠政策。对传统文化中从事科学、工艺、历史文化复兴的特殊非营利项目企业法人，政府同时予以税费优惠支持。同时，对提供给此类企业法人的资金减免所得税、企业法人税。其次，日本施行不同的文化税费优惠政策。不同的文化主体享有不同的财产转移税费优惠。对国有、地方共同组织、单独行政法人的有形民俗文化财产转让，缴纳 1/2 的个人所得税；对国家、地方公共团体、独立行政法人的财产转移减免个人所得税；对国家、地方公共团体、独立行政法人作为重要文化遗产、史迹名胜天然纪念载体的土地转移，以最高 2000 万日元为限缴纳法人税。最后，日本会针对特殊国情实施税制创新。日本已建立许多公益信托支持教育事业，并同时把公益信托资金引入国家税收。征收公益信托，是指由私人或公司将自身的资产委托给信托银行经营，由信托银行根据特定的社会公益目的经营和使用受托资产、为社会公共利益服务。因此，对文化事业开展信托可以为文化发展建设筹集资金，以推动社会文化事业进步。

二　数字化赋能效果借鉴

首先，日本在数字文化产业"走出去"方面实施了新路径。2012 年，日本政府提出了数字文化产业国际化战略，成立了数字文化产业国际事务协会，专门处理数字文化机构在参与国际竞争中存在的各种棘手问题。日本主动参与数字文化国际事务活动，这点与法国的做法类似，都是在政府部门的主导下成立专业的部门负责处理数字文化国际事务，这有利于数字文化产业的良性发展。在信息保障方面，日本成立了数字文化国际问题研究中心，会不定期派遣数字文化研究人员收集国际上最新的数字文化信息进行研究论证，为日本提供数字文化方面的发展建议和可供借鉴的发展模式。在外部竞争方面，日本以公私融资的方式创建了数字文化共享信息平台，保障了日本数字文化机构的利益不受侵害，净化了数字文化市场。在"走出去"方面，日本数字文化致力于打造特色发展之路，注重宣传日本文化形象，将日本特色地域文化作为打造题材，提出了日本数字文化形象国际发展战略。近年来，日本的数字动漫就是很好的案例，例如《千与千寻》、《哆啦 A 梦》、《口袋妖怪》、《名侦探柯南》（剧场版）等著名数字动漫作品，很好地将日本文化推向了世界。由此可见，日本数字文化在国际化战略方面走出了一条体系完善、产业分工明确、本国特色文化显著、产业链信息共享的国际化新路径。其次，衍生品研发也促进了日本数字文化产业快速发展。一部动漫的播出，通过后期的宣传、研发，会生产出漫画、电影、游戏、玩具等不同的衍生品。同时，文化产业数字化转型还反映在日本财经资讯播报上。2015 年 5 月，日本财经资讯电子版扩大了数字化呈现范畴，设定了新板块"可视化数据分析"（VisualData），致力于运用视频动画、信息图表，增强用户视觉效果以了解资讯。日经咨询充分发挥技术手段和表现手段的优势，针对焦点新闻增加了时间轴和"实况播报"的内容。日经咨询还在研究使用 VR 技术，通过虚拟现实手段进行新闻报道。VR 技术具备沉浸、互动、构想三方面的特性，被看作当今最重要的文化科技技术。体育类是日经 VR 技术最擅长表达的一种常规题材。比如重要的大型体育赛事，这种新闻周期长、具备稳定性特征的题材，更能够给 VR 新闻带来充分的制作时间，发挥 VR 新闻在沉浸式新闻报道中的优越性。

由此可见，日本文化产业依靠成熟的发展模式，取得了举世瞩目的成绩，用十几年的时间摆脱了经济危机的影响，并且形成了系统的产业结构体系，稳固了其经济强国的地位。我国文化产业可以借鉴日本的管理模式，建立一个权威的部门或机构，形成管理层级、统筹规划、决策和执行的协同发展。可以通过对业务进行整合，对行业进行规范指导，构建服务于我国实际的文化产业体系。我国还可以借鉴日本数字内容行业的发展制度与模式，尽快加入全球发展的洪流，积极拓展国际市场，努力使中国的数字内容行业更加国际化。在人才培养方面，技术创新与科技市场的竞争是中国数字内容行业的主要竞争力，其中就包括技术人才培养。所以，中国应该加速培育技术创新型人才，加快数字内容产业的可持续发展。在法律法规方面，完善的法律制度能够推动产业的高速发展。故要对现有法律进行调整和优化，对重复的法规进行剔除和精简，对不合理的法规进行修改，对不完善的法规进行填充，以此推进我国文化产业有序发展。

第四节　德国文化产业数字化赋能的经验借鉴

20 世纪末期，德国就已经对数字化发展有了税收优惠，鼓励产业向数字化转型。同时，德国政府对数字文化产业的发展非常重视，且具有长远的发展眼光。德国的人工智能研发水平已走在世界前沿，其国内最为顶尖的研究机构是人工智能研究中心，它也是世界上首屈一指的研究机构之一。机构的人工智能研究方向包括大数据分析、画面处理、语言处理、机器人等，研究中心的各成员都是来自各高校和部门的优秀人才，自身的知识储备非常丰富。正是如此丰富的技术结构与数字化积累，为德国的数字文化产业发展奠定了非常雄厚的基础。

一　政策借鉴

完善的法律体系为德国文化产业数字化赋能发展提供了良好的氛围。同时，政府对市场的监督极为严格，通过政府发布的《数字议程》可以了解到德国政府对文化产业数字化赋能的严格管理。2002年，德国法令真正确立了图书领域固定价格策略。书籍固定价格优惠政策有效保障了图书市场的物价平稳、书籍发行的质量以及书刊发行的多样性，有效提高了书籍作者的版权收入，激励了作者热情，还确保了各种书籍销售均能获取固定收益，防止图书市场的价格竞争，保障了那些小书摊和特色书屋的存在。2007年10月，德国当局出台"文娱创新产业倡议"，提出加深公民对文化意义的理解、发掘文化工业进步与稳就业潜能、增强文化工业角逐能力与全球感召力的三个主张。由联邦金融监管局、联邦文娱和传媒事业工作人员联合主持提出文化工业进步帮扶战略措施，外交部、财政部、劳动部与科教部联合参与，统筹处理文娱创新工业进步中所牵涉的税务政策、专利、社会保险、海外文化交流、职业培训等问题。"文娱创新产业倡议"也成为德国文化产业支持当局的总纲要。此后，德国在这个架构下出台了许多详尽的文娱扶持战略。如德国颁布了"德国电影基金指南"。2015年12月，该指南详尽规范了艺术基金的立项目的、扶持对象、申请者要求和补助数额等内容。例如，电影基金成立的主要目的包括推动德国影视设施的保护与建立、增加影视设施的利用率等。基金资助企业必须符合要求。比如，申请者必须是与国外影片企业联合摄制影片的德国影视企业、制作的影片长度必须与剧情片长度相同等。而且德国对单部电影和系列影片都有不同的资金额度要求。通常，单部电影的资金额度不得高于制片总成本的10%；对系列电影来说，资金数额的限制是电影成本的20%，而资金数额限制则是250万欧元。在德国的图书市场，书籍的商品税（7%）不仅低于其他产品税率（19%），并且也是固定书价，不得随意打折。为了促进数字化应用和发展文化经济，德国政府在2016年推出了"数字战略2025"行动计划。这一行动计划的成功推行，有效推动了德国文化经济产业各领域与数字技术的结合。文化科技融合也形成了德国独具特色的文化产品。其中，电视广播、游戏行业、广告行业、媒体行业等已成为德国数字文化产业的重要组成部分。

二　数字化赋能效果借鉴

德国传媒的数字化发展，涉及新旧媒体相互融合。随着智能化和数字化的推进，智能手机和平板计算机广泛应用，电子商务和社会化传媒亦蓬勃发展，越来越多的用户倾向于使用网络来获取信息。德国的媒体中心也在不断向着国际化发展，柏林、慕尼黑等媒体中心均处在世界前列。新媒体与数字技术的结合在各媒体领域普遍存在，报纸、杂志、广播等传统媒体都有特有的网站支撑。信息化时代对传统的媒体行业有一定的冲击，使用广播的用户在逐渐减少，但数字化的发展，也让这些传统行业以另一种方式前进。例如，全球疫情在让德国旅游行业遭受冲击的同时，也推动了该国数字科技的革新。疫情控制阶段，德国上线了各城市景区的虚拟导游页面。博德博物馆、柏林国立歌剧院、柏林爱乐乐团等单位都已相继上线了虚拟旅游、线上观看歌剧或演唱会等服务，使德国各地的参观者足不出户就可以畅游德国的自然景观、感受德国的人文艺术。虚拟旅游作为德国旅游业数字化建设的重要对象，数字信息技术在旅游观光方面发挥着越来越深入的作用。2016 年，德国游戏软件产业实现了 22 亿欧元的丰收；2017 年，德国游戏机、手机、电脑游戏收入颇丰，其中游戏软件收入同比增长 12%；2017 年上半年，德国的平板市场销售额近 5 亿欧元，2018 年上半年增长了 40% 左右；2019 年，游戏玩家的总支出达到 62 亿欧元，较 2018 年同比增长了 6%。[①] 2019 年，德国政府制定了"提高旅游业水平创新示范工程"。在这一项目的帮助下，德国石勒苏益格—荷尔斯泰因州的昌贝克湾公司研发出了"智能人员监控"的交通管理技术；德国西南部巴登—符腾堡州的黑森林国家公园也开展了相关工作，用于提取关于游客流动情况的即时数据。

而伴随文化产业数字化的高速发展，数字文化产品不断涌现，市场上出现了一股不良之气，盗版现象时有发生，这使得原版作者遭受了很大的损失。为了维护原创的权益，德国颁布了《反盗版法》，对侵权等不正当行为加以惩治。为适应市场的发展与产品的更新，德国陆续出台了《电信服务数据保护法》《数字签名法》《关于著作权及相关权益的法

---

① 　https://baijiahao.baidu.com/s? id=1655218521905631962&wfr=spider&for=pc.

律》等相关法律，分别对个人的隐私数据、文字签名安全认证管理及知识产权的保护加以规范。在文化产品数字化方面，德国政府也出台了相应的法律法规，制定《著作权法》《电信服务法》为数字化产品在社会上运转的各个环节提供保障。在政府的监督管理和法律约束下，德国的文化产品市场得到了有效发展。除此之外，一些非政府组织的加入，也使得德国的数字文化产品服务逐渐趋于标准化。

综上，德国文化产业数字化进程对我国的借鉴意义十分显著。首先，聚焦人才培养，用企业的文化魅力吸纳人才集聚，要求其具有优秀的素质，可以带动产业的良性发展，进而带动行业发展；其次，我国需效仿德国，加强对科技的支持，着力钻研数字化研发，努力提升其与文化产业的融合效果；再次，政府部门的支持以及非政府机构的配合；最后，制定文化法律法规。我国需要充分保护原版权益，严厉打击盗版，维护著作权；通过对文化产业数字化发展的严格规范，创造良好的发展环境。

第九章　文化产业数字化赋能的对策建议

第一节　完善相关法律法规体系

一　构建完备的法律制度体系

我国应重点加强文化产业数字化进程中的法律法规建设。首先，在文化创意的提供与生成环节，由于创意的创新性与独特性，以及网络的便捷性，更易出现抄袭创意的情况，在该环节应该制定更为严格和完善的法律法规，对法律法规进行补充并全方位地将抄袭行为纳入惩处措施。其次，在文化内容的研发与生产环节，市场中容易出现不良竞争以及个别企业垄断的现象，应对该类现象制定更为完善的法律法规。利用法律手段防止个别企业恶意压榨小企业的生存空间，并对市场上的垄断企业和相应的主管人员进行罚款，将市场上常出现的不良竞争纳入法律法规惩处条款，打造优质的良性竞争环境。再次，在文化产品的营销与传播环节，为节约成本，企业通过不正规的传播渠道进行宣传，应建立相关法律法规将不法传播渠道纳入监管范围，并着重将未成年人纳入传播接受对象的保护范围，对市场上的不法人员和企业加大惩处力度，以营造并宣传优质的文化内容。最后，在文化产品的消费与体验环节，捆绑消费和体验违背了传播文化精神的初衷。文化内容的生产主要是富足消费者的精神，使消费者文化知识富足，而捆绑销售等手段则使消费者被迫接受一部分不符合自身期待值的文化产品。因此，应通过法律手段规制市场上此类现象的出现，将进行该行为的企业及个人纳入惩处范畴。综上，我国应建立适合数字文化产业发展的法律法规，并对传统文化产业法律法规加以校正，使其适应文化产业数字化的发展进程，从而推动新时期文化产业健康、高质量发展。

二　提高执法人员的专业能力和素质

文化产业数字化进程的不断加快，自然也对文化市场执法人员提出了更高的要求。执法人员在执法过程中一方面要保证坚决打击文化市场上的不良行为，要阻止低质量的数字文化产品进入文化市场，抵制危害国家和广大人民群众利益的文化产品及服务的流通；另一方面又要保证执法力度的一致性，在执法过程中要平等地对待各违法主体，不能大搞区别对待，因此这也更加迫切地需要提高执法人员的素质和能力。同时我们需要意识到，我国各地区之间的文化市场情况不尽相同，执法人员的处理手段也存在差异。所以，一方面，我国可以定期举办邻近地区之间文化市场执法队伍间的交流和学习活动；另一方面，可以组织执法人员与高校相关专业进行交流，使执法人员与高校师生多接触，提升其在文化领域的见识和理解，从而提高自身的专业能力和素质。

第二节　优化数字文化资源配置

一　优化企业间的资源配置

在文化产业发展过程中，拥有资源优势的大企业是文化产业链中重要的技术储备，也是带动产业整体完成技术轨道跃迁的重要载体。故大企业应当积极攻克尚未解决的技术难题，塑造龙头品牌，积极进行技术自主创新活动以推动技术轨道的跃升。例如，为了响应我国文化产业数字化发展战略，大企业应当努力寻求外资合作方，在新技术轨道产品的研发和自身数字化转型进程中加大资金和人力的投入。就小企业而言，它们需要积极寻求技术创新合作，找到自身发展优势，不断提升创新能力与水平。目前，我国处于中等规模的文化企业较多，竞争异常激烈，故中小企业要在这样的环境下寻找出路，亟待进一步增强核心技术能力。只有与时俱进，把握市场中的前沿信息，提升自主创新水平，才能在数智时代与文化产业链的新技术轨道衔接得更融洽（朱一青、谢华斌，2019）。我国还需要继续促进文化企业间的合作与发展，从而形成创新资源集聚和规模经济效应，即只有不断贴合文化产业数字化进程中物质和人文精神的双重需求实质，才能使文化企业间信息、技术等资源更高效地进行配置，并最终实现新技术的"盈余型资源创新"。

除此之外，产业链上下游贯穿资本、内容创作、推广等环节的主体作为数字文化产业价值链中重要的组成部分，彼此合作伙伴关系的建立亦是产业价值链、供应链管理中的重要环节。因此，主体企业之间应当巩固良好的信用基础，保证稳定的长期合作伙伴关系，并通过不断磨合提升企业的核心竞争力。只有这样，才能更深入地挖掘合作价值，从而为文化产业的数字化转型提供助力。

二　优化区域间的资源配置

目前，我国文化产业的效率在不同地区之间的差距依然很大，文化产业的全要素生产率也不尽相同。为了促进文化产业发展，政府需要提供一定的财政和政策扶持，诱导资源有效配置，以鼓励东部发达地区向中西部欠发达地区进行人才和资金的输送。同时，我国应助力东中西部地区打破省域之间的地理区划界线，利用资本和技术的极化辐射效应，促进各地区文化产业间的合作与协同进步。

鉴于我国各地区间经济实力、文化产业能级以及文化科技要素的分配存在明显差异，所以在文化产业的发展过程中根据地区间发展情况的不同，需采取差异化的措施。具体而言，东部地区应保证其在文化产业数字化发展进程中的引领地位，应充分利用其强大的经济实力和宽松的政策环境，加强对高端数字文化人才和先进技术的持续引进，带动其数字文化产品质量和数量的提升，在不断拓展海外市场的同时，满足本土消费者不断升级的文化诉求。除此之外，东部地区还要协调好"共性"与"个性"之间的关系。应适当地进行企业兼并与资源整合等商业行为，从而使文化产业更具规模化和异质化。相应地，西部地区则要充分抓住机遇，在政府的财政和政策扶持之下，加快文化产业基础设施建设，采取积极的招商引资措施，凭借自身独具特色的自然和人文文化资源，因地制宜地打造当地特色文化产业。同时，西部地区还需要学习并引进东部地区先进的技术、优秀的企业管理经验以及高素质的复合型人才，不断打造出具有西部特色的文化产品，以提高本地区的文化产业效率。而中部和东北地区则应从其深厚的历史文化底蕴中寻找新的文化特色和适应潮流的文化内涵，在文化产业发展进程中充分发挥现代科技的优势。只有敢于创新、取长补短，才能打造出一批极具竞争力的文化品牌，才能以此为中心向外扩散，从而发挥其品牌效应和规模效应。

三　促进产业集聚的实现

我国要坚持鼓励文化产业集聚式发展，不断推动文化产业的地理集聚和虚拟集聚。在地理集聚方面，我国可以构建多种形式的数字文化产业园，打造数字文化产业发展的物理载体，例如，建立文化产业示范园区和示范基地等。产业园区可以发挥自身的孵化功能，并通过采取政策激励和其他措施，吸引具有高附加值的文化企业进驻。我国需要利用文化产业地理集聚，提高地区的文化科技资源和基础设施的共享度，降低集聚企业的数字文化产品生产成本，实现低成本、高质量的集约化生产。需要明确的是，文化及相关企业间地理上的集聚只是文化产业发展的表征。我国要更注重集聚园区企业之间的合作往来，实现人才、知识、技术资源和文化创意的溢出效应，不断提高文化企业分工合作的专业化能力，避免生产同质化的数字文化产品进行低价竞争，从而为文化产业数字化转型提供助力。同时，我国还需要鼓励文化资源、人力资源和科技要素向规模大、效益好的企业集中，提高龙头企业的竞争力，努力打造其在国内外的知名度和影响力，从而充分发挥这些重要骨干企业和标杆企业的窗口作用和辐射影响。

与此同时，数字信息技术的快速发展也促使传统的地理集聚开始转向虚拟集聚形态，文化产业虚拟集群正在建立。文化产业虚拟集群依靠网络平台等介质搭建，它使得分散在不同地域的文化企业因共同利益驱动，在云端形成文化产业价值链和高度化的合作分工。例如爱奇艺、腾讯等均是借助互联网平台实现文化产业线上和线下融合的典型文化产业虚拟集群。因此，我国应借助互联网平台信息传播的广泛性和实时性，快速分享信息，降低研发成本，从而调动各地文化企业参与虚拟集群的热情。同时，应充分发挥集群内部大企业的信息资源优势，通过大企业的知识溢出效应，带动集群内部小企业的发展，从而使得虚拟集群内部的文化企业协同进步。因此，文化产业虚拟集群的形成将不断提升文化产业数字化的颗粒感和细腻度，从而为我国文化产业打造出更优质的发展环境和空间。

第三节　注重数字文化人才培养与消费体验

一　注重数字文化人才培养

当前，文化产业缺乏精通数字技术与文化创意本领的复合型人才。采取提高复合型人才待遇、为人才提供充足的科研资源等措施来吸引相关经验丰富的优秀人才，可谓势在必行。而开发数字文化人才引进渠道，完善数字文化人才培养，建立人才培养、引进、安置和流动的完整人力资源链，亦是迫在眉睫。此外，为响应国家数字丝绸之路的号召，按照相关文件要求，对数字文化人才采取"引进来"和"走出去"的方式，引导本国人才与其他国家人才进行互动，开展合作办学，也是一个培养既掌握数字技术又拥有文化创意的复合型人才的可行路径。

具体而言，各高校应当加快引进高质量师资，以提高学校的教科研能力。通过打造一支兼具理论知识和实践经验的文化管理师资队伍，从而为文化产业培养出能够迅速察觉市场反应、掌握文化专业技能的多样化复合型人才。在此基础上，要积极推动高校与各文化企业之间的交流与合作，这样既能够让在校大学生提前踏入社会、熟悉业务领域，又可以为文化产业发展提供丰富的人才供给与智力支持。此外，文化企业也需要采取相应措施，重视人才的选拔和保留。一方面，要利用丰厚的薪资待遇确保人才能够进得来、留得住；另一方面，要根据相关指标建立一系列奖惩制度激发员工的工作热情，从而减少文化生产过程中的时间成本和人力成本，进而提高文化产品质量。从全局角度看，专业化人才的培养将为文化产业数字化发展打下坚实根基。只有强化数字文化人才培养，才能不断提升文化产业的生产力。

二　改良数字文化产品消费体验

扩大数字文化产品的供给规模，最大限度地提高数字文化产品的质量，提高人们对数字文化产品的社会认同度，进而增加数字文化产品的消费，将有力地推动我国文化产业实现数字化转型。依托地方文化特色和独特的文化资源,文化企业应该既立足于传统文化保护,又在其基础上进行创新。在保障数字文化产品市场性与时代性的同时,亦积极探索新的文化消费趋向。具体而言,我们应该从以下几个方面加以改进。第一,完善文化产业数字化进程中的平台建设,将已有的平台资源进行整合,以便更好地提高平台的服务意识和服务效率。第二,必须准确分析文化消费者群体,缩小待开发产品的受众范围。虽然我国数字文化企业大多以城市消费者为主,但在互联网通信技术的串联下,也需要关注农村文化消费群体。我们应该认识到农村文化消费市场的巨大利润空间,从而对农村文化消费群体进行精准开发。第三,数字文化产业的发展还需要区别目标群体中消费者的不同偏好。例如,开展市场调查,对阅读障碍者、聋哑人、被忽视的儿童、年轻人和老年人开发有针对性的数字文化产品和服务。通过消除数字鸿沟,提升不同阶层民众的文化消费享受。

第四节 提升数字文化产品的文化与精神价值

一 打造数字文化品牌

文化价值与精神价值最直接的体现便是文化品牌的知名度以及影响力。文化品牌承载着一个国家的商业文明,更是国家文化软实力的重要组成部分。通过打造并出口具有影响力的国际品牌,可以让世界了解该国的历史、文明和民族特性。品牌由于其个性化特征且具有独特的文化内涵,是文化认同的诠释者和承载者。故一个拥有国际知名文化品牌的国家也将是一个具有强大文化软实力的国家。因此,我国需要通过创造独特的、可识别的数字文化品牌来提高数字文化产品的文化价值与精神价值。例如,可以通过创建数字城市街区、非物质文化遗产数字藏品、历史建筑和品牌IP联名等方式,将中国数字文化品牌产品输出到国外。希望通过数字技术的嵌入与加持,数字文化产品可以更具审美性和东方价值观,从而令"中国价值"更具传播性。例如,2022年北京冬奥会期间,冰墩墩和雪融融两大吉祥物的IP形象深得人心。在这项全世界的体育盛会上,数字化的吉祥物产品为中国数字文化品牌知名度的打响提供了绝佳的平台与契机。将中国元素融入文化品牌基因，对消费者形成触动，是一种生动的文化价值和精神价值宣传方式。而"线上＋线下"的双重文化营销模式，也将使中国数字文化产品的魅力进一步彰显（段淳林，2018）。

二　营造数字文化场景

深厚的文化内容和文化内涵是文化价值的重要来源。基于场景理论，对不同文化场景进行数字化塑造，可以实现丰富多样的场景价值取向，进而实现文化体验价值和文化溢出效应的全面提升。例如，对博物馆、图书馆等场景采用潮流文化修饰，引入元宇宙等科技要素加持，吸引更多年轻人前来体验，将创造出巨大的经济价值和社会价值。文化创意产品和数字藏品的应运而生，不仅满足了消费者不断升级的精神需求，更将文化遗迹、藏品等通过数字形式进行展现，实现了文明的永续与传承。再如，在陕西西安，基于唐朝历史文化背景的"元宇宙"项目《大唐·开元》白天是旅游景点，晚上配合声光电技术成为时空隧道，使消费者可以沉浸于盛唐之中。又如，上海海昌海洋公园与 Soul App 携手打造了"海底奇幻万圣季——打开年轻社交元宇宙"主题活动，消费者可以通过使用 AR 贴纸合影搞怪获取"万圣灵魂派对"入园资格、乐园盲盒缆车惊喜互动等线上线下联动的创意玩法，实现现实与虚拟的勾连（陈波、延书宁，2022）。"元宇宙"是整合多种新技术而产生的新型虚实相融的互联网应用和社会形态。基于扩展现实技术提供沉浸式体验，基于数字孪生技术生成现实世界的镜像，基于区块链技术搭建经济体系，将虚拟世界与现实世界在经济系统、社会系统、身份系统上密切融合，并且允许每个用户进行内容生产和编辑，这是数字技术赋能传统文化产业转型升级的最好方式。

三　以优质数字文化产品提升文化认同

文化价值和精神价值的整合可以最大限度地提高一个国家或地区的文化软实力。精神价值整合了企业和社会价值观，植根于特定的文化中，并赋予其典型的特征，如历史继承性、阶级性、种族性和地域性。消费者可以通过购买反映特定价值的数字文化产品来表达自己，通过主动宣扬与自己价值观相对应的文化产品，达到文化价值提升的目的。文化价值的实现是从价值认知到价值共鸣的过程。通过数字文化产品进行从认知到认可、认同最后到共鸣的过程即实现了真正的文化输出。在非物质文化遗产中，京剧中的脸谱不同的颜色会有不同的寓意。在非物质文化遗产和文化遗产与各大品牌联名生产文化创意产品的过程中，可以通过扫描二维码将非物质文化遗产和文化遗产的历史传承、代表寓意进行输出。例如，皮影戏、脸谱、二十四节气等印制在衣服上只能呈现一个画面，但将二维码印制在服饰等文化创意产品上，通过手机扫描二维码，可以完整地呈现整个历史的由来，这可以增强文化消费者对非物质文化遗产的深度认知和了解。因此，通过打造文化特色产品，将技术与文化创意产品相融合，使其文化价值与精神价值相得益彰，是文化产业数字化转型的有效途径。

第五节　依托数字技术加强文化传播渠道建设

文化产业数字化的进程一方面受无形的文化理念和有形的文化产业影响，另一方面也依赖于文化传播路径的提升。文化传播路径由两方面构成：一是传统的线下实体传播，二是虚拟的网络化传播。随着信息技术的进步，文化传播主要是线上平台的传播。因此，信息传输的速度和范围直接影响了文化传播渠道的完善程度和传播效率。数字时代，文化传播具有"实时性、网络性、虚拟性"等特点，我国可以利用高科技手段，构建并完善数字文化传播体系，扩大中华民族文化的影响力和知名度。故依托数字技术加强行业创新和多渠道文化传播，势在必行。为此，我国需将线上与线下传播手段相结合，充分利用各种传播渠道和对外活动，定期开展文化宣传和创新型文化推广活动，不断塑造、提升民族文化形象。各主体可以采用"线上+线下"相结合的方式，将图书、影视、歌舞等文化形式一方面以线下实体演出的方式推进，另一方面以线上云直播等方式向海外以及落后地区推广。我国应充分利用各种新媒体快捷、方便、灵活和多样的特性，打造文化产业新业态，弘扬优秀民族文化。与此同时，在国民经济、文化、教育和科学研究领域开展各种文化和科研交流，建立并完善不同组织形式的文化机构，不仅会促进民族传统文化的继承，更有利于新兴文化的挖掘。故各级政府部门、大学、研究机构等团体组织应不断进行文化的弘扬和传播，各组织之间应充分发挥协同作用，进行文化交流。例如，通过举办研讨会、文化交流活动等方式，使公众亲身参与到文化的传承和发扬中来，提升公众的文化体验兴致。

综上，为了进一步加强文化传播渠道建设，首先，应注重网站平台的有效管理。一方面，网络平台必须有效调整其产品定位和功能设计，通过优化发布规则，完善其产品和功能；另一方面，网络平台的内部管理制度还需完善，应针对文化社区和文化产品生产群体改进其管理策略，规范其用户行为。其次，应加强网络平台的技术控制机制，纠正和限制平台上的不合理行为，遏制平台对商业价值的过度获取。对平台非法收集用户数据进行智能监测和预警，从事后监管转向事前技术预警。最后，应建立评价机制，评估网络平台的文化价值，加强对平台社会责任表现的信息披露，有效平衡网络平台的商业价值和文化价值。此外，还应定期公布网络平台评估结果，实行公平、公正、公开的追责制度，以确保文化传播渠道建设的规范性。

第六节　完善政策支持

一　加强顶层政策设计

现阶段，政府在确定文化产业的整体结构和竞争状况方面发挥着关键作用，采用适当的政策工具既可以保证行业内资源的合理配置，又可以促进企业之间良好的竞争与合作关系。政府提供的政策扶持，指引着产业技术轨道发展的方向，是产业技术轨道实现跃升的重要保障。故中央政府需要建立一系列的制度体系，保障数字文化产业的健康发展。而地方政府则应大力响应并了解上级部门颁布的政策，设立专门的政策实施部门，支持文化产业的数字化转型。具体而言，东部地区文化产业发展速度较快，经济发展水平较高，且东部地区对新兴文化产业的接纳程度较高。那么，在东部地区建设创新型文化试验基地、创新型产业园区等，便可以很好地发挥东部地区的资源和条件优势。而西部地区的文化产业发展则较为落后且经济发展水平偏低，因此在西部地区应制定一系列扶持文化产业数字化发展的政策措施，将重点放在数字文化水平的提升和完善层面上，从而为该地区文化提供更好的发展空间和相关资源。因此，文化产业的政策措施应根据地区发展的差异状况进行制定，只有这样才能加速我国文化产业的数字化转型进程。

除此之外，我国各级政府必须坚持建设"服务型政府"的总体原则，积极调整政府职能，尽可能减少对文化产业的行政干预，避免因过度干预而导致的市场失灵。我国应确保文化资源的市场化配置，要充分考虑到市场在文化资源分配中的主导作用。文化体制改革的另一个重要内容是鼓励和支持优质的外部资本和企业进入我国文化产品和服务领域，同时促进现有机构的重组，消除进入障碍和提供政策倾斜，从而增强企业的紧迫感和竞争意识，进一步激发市场活力。因此，文化经营者需要加快建立现代管理制度，明确任务和责任，合理分工，高效运作。应根据自身特点和市场规律制定文化产业数字化发展战略，给予研发和生产部门合理的自主权以激发其创造力。应建立科学适当的绩效评估体系以激励员工，进行技术改造和更新内部管理平台，加强对文化产品生产环节和流通环节的多元化管理，并推进文化企业传统业务的转型升级，以提高文化企业自身的管理能力。

二　多元资金投入

在文化产业数字化转型的过程中，我国各级政府应优化资金配置，引导部分资金转向本地区发展潜力巨大的文化企业，特别是文化创意企业。同时要加强对小微文化企业的支持，缓解其在融资方面的问题。我国还应加大对资本市场的引导力度，优先为本地区规划的数字文化企业引流社会资金，做好本地区文化产业数字化发展的资金保障工作，为本地区文化产业的发展和繁荣添砖加瓦。具体而言，首先，政府要增加对数字文化产业的资金投入，为数字文化产业以后的发展保驾护航，提供资金保障和政策扶持。其次，要使资金投入主体多元化。现行的资金投入主要集中在经营性文化产业，对公益性文化产业的重视度不足。因此，我国应加大对公益性企事业单位的文化资金投入，助力文化产业多元化、全面化发展。例如，我国应对博物馆、图书馆等公益性单位提高财政投入比重，而降低对电影等营利性产业的扶持比重。在此基础上，我国还应持续改进税收优惠政策，鼓励数字文化企业的产品生产。最后，我国应制定相关外贸政策，鼓励数字文化产业的优秀产品"走出去"，这也是我国数字文化产品提升国际竞争力的有效方式。

三　加强文化市场监管

第一，政府应强化文化及相关平台指导。严格落实属地监管职责，利用座谈交流等方式加强对平台内企业的管理，指导建立平台内经营者登记备案及资质资格审核机制，主动配合文化市场监管部门按要求上报相关信息。同时应强化宣传引导，营造良好环境。应充分运用新媒体手段，通过门户网站、微信公众号等平台集中发布个人隐私泄露、不良文化等警示，以增强文化平台的信息保护意识。第二，政府要扩大文化市场的管辖重点。政府需要加强对管辖范围内文化企业的基本情况掌握。利用互联网等信息媒介，加强对管辖范围内提供文化产品及服务的经营单位的行为约束。同时，还需明确对文化市场主体的监管重点。一方面，要将处于文化产业链上游的企业和个体列为重点监管对象，对于可以进行文化产品生产并在相关部门备案的单位和个人，重点管控其生产行为。另一方面，对于损害公共利益的个体或组织要加强惩戒，将监管重点放在其损害公共利益的行为上。第三，对政府单位执法人员的专业性进行提升。要加强执法队伍的技能和知识素养，提高执法人员的办案能力，通过知识讲座、业务交流等活动，让不同地区之间的执法人员互相学习和借鉴，取长补短，提高文化市场执法队伍的专业度。

第七节　有效应对文化产业数字化转型的伦理问题

数智时代，智能化的文化生产已逐渐成为时代主流。但我们应该意识到，人类艺术家是人工智能（AI）不可替代的。人工智能生产是基于对海量数据或是已有的人类艺术家作品的收集，运用算法对数据库中的素材不断学习，从而进行优化和创作的过程。不可否认，如果人类艺术家没有新的文化内容与创作灵感，那么人工智能的创作便会逐渐趋于同质化和模板化。当数据库中的内容不再进行更新，那么模仿出的内容也不会再有更大的创新。即使文化市场上存在大量人工智能代替人力进行创作的实例，但人类艺术家在文化生产和创作过程中的贡献是不容忽视的。与此同时，我们需要将人类艺术家的权益放在首要位置。由于人工智能的创作过程是通过不断借鉴并模仿生成作品，在此过程中生产的产品会产生相应的经济价值，但人类艺术家并没有获得相应的收益，人类艺术家的权益便被削弱了。因此，文化企业应在此过程中找到合适的补偿机制，不断明确人类与机器的作用和地位，从而优化文化创作环境。未来，将人工智能作品平台和人类艺术家的收益进行重新分配，将艺术家在该过程的地位凸显出来，使艺术家对人工智能的使用不再抵制，同时减少创作过程中的生产成本和时间成本，将是避免人工智能伦理问题发生的关键。

　　不可避免的是，数字技术渗透至文化领域，已致使其文化治理关系发生根本改变。这也直接影响了社会关系的形式和文化发展过程中的人文因素。因此，在文化产业数字化发展的过程中，我们不应只满足于数字技术的进步，而应更加平等地对待所有人，尤其是那些在应用数字技术时处于劣势地位的群体。我们需要有效地提升数字治理的伦理质量，只有这样才能真正确保文化价值的增加。在文化治理的过程中，我们不能只依赖于被动的责任，而应具有"预防性责任"和"前瞻性责任"。我们应以未来要实现的文化价值目标为指导，确保数字技术应用的目的、手段和结果无害以后，才能致力于文化治理效能的提高。

参考文献

毕秋灵：《文化产业价值链的技术赋能与社会风险》，《中国传媒科技》2019 年第 6 期。

曹元坤：《技术创新与管理方式变革》，《江西财经大学学报》1999 年第 1 期。

陈波、延书宁：《场景理论下非遗旅游地文化价值提升研究——基于浙江省 27 个非遗旅游小镇数据分析》，《同济大学学报》（社会科学版）2022 年第 1 期。

陈向楠、杨新海：《苏州中心城市文化创意产业园区发展研究》，《现代城市研究》2015 年第 7 期。

〔美〕道格拉斯·E. 科默：《计算机网络与因特网》，范冰冰、张奇支、龚征、郑伟平译，电子工业出版社，2017。

〔美〕道格拉斯·诺思：《经济史中的结构与变迁》，陈郁、罗华平等译，上海人民出版社，1994。

丁继锋：《技术创新中路径依赖的成因及破解分析》，《技术经济与管理研究》2010 年第 5 期。

杜跃平、高雄、赵红菊：《路径依赖与企业顺沿技术轨道的演化创新》，《研究与发展管理》2004 年第 4 期。

段淳林：《从工具理性到价值理性：中国品牌精神文化价值提升战略研究》，《南京社会科学》2018 年第 9 期。

范德成、王瑞：《企业技术能级的概念、测度方法与模型优化》，《哈尔滨工程大学学报》2017 年第 8 期。

范金花：《基于技术生命周期的技术创新转换成本分析》，《商场现代化》2008 年第 5 期。

范周、周洁：《"一带一路"战略背景下的中国文化软实力建设研究》，《同济大学学报》（社会科学版）2016 年第 5 期。

傅家骥、雷家骕、程源：《技术经济学前沿问题》，经济科学出版社，2003。

高宏存、纪芬叶：《区域突围、集群聚合与制度创新——"十四五"时期文化产业高质量发展的大视野》，《行政管理改革》2021年第2期。

顾江：《文化强国视域下数字文化产业发展战略创新》，《上海交通大学学报》（哲学社会科学版）2022年第4期。

郭贵春、王凯宁：《量子力学中的隐喻思维》，《科学技术与辩证法》2008年第3期。

郭庆旺、贾俊雪：《中国全要素生产率的估算：1979—2004》，《经济研究》2005年第6期。

和矛、李飞：《行业技术轨道的形成及其性质研究》，《科研管理》2006年第1期。

胡海波、管永红、胡京波、刘梦奇：《动态能力视角下共享经济的商业生态模式演化研究——设客网研发设计众包案例》，《中国科技论坛》2017年第8期。

胡隆基、马庆国：《技术跨越度的测量研究》，《管理工程学报》2008年第1期。

胡梅林：《传统遇见未来——传统文化的数字产业模式结构探讨》，《学术评论》2018年第2期。

黄鲁成、蔡爽：《基于专利的技术轨道实证研究》，《科学学研究》2009年第3期。

黄鲁成、石媛嫄、吴菲菲：《基于专利数据的太阳能电池研发态势及技术构成分析》，《情报杂志》2015年第2期。

黄蕊、李雪威：《文化产业虚拟集群的形态特征与空间解构研究》，《学习与探索》2021年第10期。

黄蕊、李雪威、朱丽娇：《文化产业数字化赋能的理论机制与效果测度》，《经济问题》2021a年第12期。

黄蕊、徐倩、李雪威：《文化产业数字化转型的演化博弈研究》，《财经理论与实践》2021b年第2期。

黄位旺：《产品供应链的演化机理研究》，《现代管理科学》2011年第5期。

江小涓：《网络空间服务业：效率、约束及发展前景——以体育和文化产业为例》，《经济研究》2018年第4期。

姜红、赵树宽、余海晴：《技术轨道理论研究综述及展望》，《科学学与科学技术管理》2011 年第 7 期。

姜劲、徐学军：《技术创新的路径依赖与路径创造研究》，《科研管理》2006 年第 3 期。

解学芳：《人工智能时代的文化创意产业智能化创新：范式与边界》，《同济大学学报》（社会科学版）2019 年第 1 期。

解学芳、陈思函：《"5G+AI"技术群赋能数字文化产业：行业升维与高质量跃迁》，《出版广角》2021 年第 3 期。

解学芳、何鸿飞：《"智能+"时代发达国家构建现代文化产业体系的经验——兼及国际比较视野中对中国路径的思考》，《华中师范大学学报》（人文社会科学版）2022 年第 4 期。

解学芳、臧志彭：《"互联网+"背景下的网络文化产业生态治理》，《科研管理》2016 年第 2 期。

可星、吴倩：《新兴产业突破性技术由路径向轨道演化的机制》，《科技管理研究》2019 年第 13 期。

兰娟丽、雷宏振：《基于演化博弈的文化产业离岸外包合作行为仿真分析》，《山东大学学报》（哲学社会科学版）2016 年第 1 期。

李柏洲、赵健宇、苏屹：《基于能级跃迁的组织学习—知识创造过程动态模型研究》，《科学学研究》2013 年第 6 期。

李凤亮、谢仁敏：《文化科技融合：现状·业态·路径——2013 年中国文化科技创新发展报告》，《福建论坛》（人文社会科学版）2014 年第 12 期。

李凤亮、赵雪彤：《数字创意产业与国家文化软实力提升路径研究》，《广西民族大学学报》（哲学社会科学版）2017 年第 6 期。

李凤亮、宗祖盼：《文化与科技融合创新：模式与类型》，《山东大学学报》（哲学社会科学版）2016 年第 1 期。

李怀秀：《网络数字化时代广播电视技术的发展研究》，《长江信息通信》2022 年第 6 期。

李利剑、郭新有、唐娟：《我国钢铁工艺技术创新模式》，《科研管理》2008 年第 1 期。

李喜岷：《管理创新与技术进步的关系》，《科技管理研究》1988 年第

5 期。

李炎、胡洪斌：《集成创新：文化产业与科技融合本质》，《深圳大学学报》（人文社会科学版）2015 年第 6 期。

李泽华：《人工智能时代文化产品供应链创新研究》，《山东大学学报》（哲学社会科学版）2019 年第 4 期。

刘海运、赵海深：《企业突破性技术创新的技术轨道与市场轨道分析》，《中南林业科技大学学报》（社会科学版）2011 年第 1 期。

刘平峰、张旺：《数字技术如何赋能制造业全要素生产率？》，《科学学研究》2021 年第 8 期。

刘雪梅、杨晨熙：《人工智能在新媒体传播中的应用趋势》，《当代传播》2017 年第 5 期。

柳卸林：《技术轨道和自主创新》，《中国科技论坛》1997 年第 2 期。

龙飞、叶青、李佳辉：《技术进步对文化产业影响的实证研究——基于数据包络分析与面板向量自回归估计》，《北方经济》2013 年第 Z1 期。

龙少波、丁点尔：《消费升级对产业升级的影响研究：理论机制及实证检验》，《现代经济探讨》2022 年第 10 期。

麻帅：《基于技术变迁的技术能级跃迁模型研究》，《商业经济》2012 年第 23 期。

孟凡生、赵刚、徐野：《基于数字化的高端装备制造企业智能化转型升级演化博弈研究》，《科学管理研究》2019 年第 5 期。

孟静：《网络数字信息化对提升文化软实力的效能》，《山海经》2015 年第 20 期。

缪小明、赵静：《基于专利数据的汽车产业技术轨道研究》，《科研管理》2014 年第 10 期。

阮娴静、周利：《技术轨道跃升与产业创新绩效关系研究》，《技术经济与管理研究》2019 年第 7 期。

施宇箭、李国旺：《产业升级路径研究——黄岩专题报告》，复旦大学出版社，2006。

宋立夫、范周：《生态化视角理解数字文化产业发展的必要性与可行性研究》，《出版广角》2021 年第 3 期。

孙守迁、闵歆、汤永川：《数字创意产业发展现状与前景》，《包装工程》

2019 年第 12 期。

谈国新、郝挺雷：《科技创新视角下我国文化产业向全球价值链高端跃升的路径》，《华中师范大学学报》（人文社会科学版）2015 年第 2 期。

陶庆先：《科技创新对文化产业发展的影响实证分析》，《金融经济》2013 年第 10 期。

田刚、李南：《中国物流业全要素生产率变动与地区差异——基于随机前沿模型的实证分析》，《系统工程》2009 年第 11 期。

田恒：《复杂科学管理思维下的产业创新与升级研究》，《生产力研究》2011 年第 6 期。

王聪、徐刚：《区域创新网络视角下的文化科技融合创新机制研究》，《海南金融》2016 年第 4 期。

王方方、杨焕焕、刘猛：《粤港澳大湾区空间经济结构与网络协同发展的实证》，《统计与决策》2019 年第 13 期。

王汉熙、马原：《国内外文化产业数字化平台表现探讨》，《传播与版权》2018 年第 2 期。

王家庭、张容：《基于三阶段 DEA 模型的中国 31 省市文化产业效率研究》，《中国软科学》2009 年第 9 期。

王胜：《消费需求与技术创新关系研究》，《科技管理研究》2007 年第 3 期。

王薇、郭启光：《西部民族地区文化产业高质量发展的实证研究》，《产业组织评论》2019 年第 2 期。

王周焰、王浣尘：《复杂适应系统》，《科学学与科学技术管理》2000 年第 11 期。

〔美〕威廉·麦克高希：《世界文明史——观察世界的新视角》，董建中、王大庆译，新华出版社，2003。

吴承忠：《5G 智能时代的文化产业创新》，《深圳大学学报》（人文社会科学版）2019 年第 4 期。

吴建军、顾江：《技术进步、技术效率与江苏文化产业生产率》，《文化产业研究》2013 年第 1 期。

吴生华、胡宇崙：《智能推荐在移动音频端的运用探索——以浙江广电集团新蓝网喜欢听客户端为例》，《中国广播》2021 年第 12 期。

邢海龙、高长元、翟丽丽等：《大数据联盟成员间数据资源共享动态演化

博弈模型研究——基于共享积极性视角》，《管理评论》2020 年第
8 期。

徐冕：《基于人工智能的图书出版发展分析》，《现代营销》（经营版）
2020 年第 2 期。

徐翔：《网络文化与城市文化软实力的建构》，《学习与实践》2012 年第
4 期。

徐勇：《加快新时代数字文化产业创新发展研究》，《中共济南市委党校
学报》2018 年第 3 期。

杨陈、徐刚、孙金花：《基于系统动力学的文化科技融合创新反馈机制研
究》，《科技管理研究》2016 年第 1 期。

杨春宇、邢洋、左文超等：《文化旅游产业创新系统集聚研究——基于全
国 31 省市的 PEF 实证分析》，《旅游学刊》2016 年第 4 期。

杨德林、陈春宝：《沿技术轨道创新与高技术企业成长》，《当代经济科
学》1997 年第 5 期。

杨武、陈培、Gad David：《专利引证视角下技术轨道演化与技术锁定识
别——以光刻技术为例》，《科学学研究》2022 年第 2 期。

杨毅、向辉、张琳：《人工智能赋能文化产业融合创新：技术实践与优化
进路》，《福建论坛》（人文社会科学版）2018 年第 12 期。

杨中楷、刘佳：《基于专利引文网络的技术轨道识别研究——以太阳能光
伏电池板领域为例》，《科学学研究》2011 年第 9 期。

余菲菲、张颖、孟庆军：《"文化-技术"融合视角下我国文化产业可持
续发展研究》，《学术论坛》2013 年第 1 期。

喻国明：《互联网发展的"下半场"：传媒转型的价值标尺与关键路径》，
《当代传播》2017 年第 4 期。

臧志彭、胡译文：《基于区块链的数字文化产业价值链创新建构》，《出
版广角》2021 年第 3 期。

臧志彭、解学芳：《人工智能时代文化产业主流价值传播：重塑与建
构》，《毛泽东邓小平理论研究》2019 年第 4 期。

张立超、刘怡君：《技术轨道的跃迁与技术创新的演化发展》，《科学学
研究》2015 年第 1 期。

张书勤：《AI 赋能文化产业的管理制度创新研究》，《出版广角》2020 年

第 6 期。

张新、李伟章：《数字电视技术发展综述》，《数字通信世界》2009 年第 4 期。

张越：《产业技术轨道跃升与产业技术体系演进的互动机理及耦合模型研究》，博士学位论文，吉林大学，2015。

张越、赵树宽：《基于要素视角的商业模式创新机理及路径》，《财贸经济》2014 年第 6 期。

赵儒煜、肖茜文：《东北地区现代产业体系建设与全面振兴》，《经济纵横》2019 年第 9 期。

钟廷勇、周磊、安烨：《技术异质性与文化产业技术效率测度方法研究》，《管理现代化》2014 年第 4 期。

周锦：《数字技术驱动下的文化产业柔性化发展》，《福建论坛》（人文社会科学版）2018 年第 12 期。

朱卫未、林华萍、叶美兰：《网络文化软实力的综合评价方法与应用》，《电子政务》2020 年第 9 期。

朱一青、谢华斌：《我国数字文化产业之发展障碍与路径选择》，《绍兴文理学院学报》（人文社会科学）2019 年第 3 期。

Arthur, W. B., "Competing Technologies, Increasing Returns, and Lock-in by Historical Events," *The Economic Journal* 99 (1989): 116-131.

Baumol, W. J., "Performing Arts: The Permanent Crisis," *Business Horizons* 10 (1967): 47-50.

Breschi, S., Malerba, F., Orsenigo, L., "Technological Regimes and Schumpeterian Patterns of Innovation," *The Economic Journal* 110 (2000): 388-410.

Chang, P. L., Wu, C. C., Leu, H. J., "Using Patent Analyses to Monitor the Technological Trends in an Emerging Field of Technology: A Case of Carbon Nanotube Field Emission Display," *Scientometrics* 82 (2010): 5-19.

Chen, C. M., Hicks, D., "Tracing Knowledge Diffusion," *Seiento-Metrics* 59 (2004): 199-211.

Choi, C., Park, Y., "Monitoring the Organic Structure of Technology

Based on the Patent Development Paths," *Technological Forecasting and Social Change* 76 (2009): 754-768.

Christens, B. D., "Toward Relational Empowerment," *American Journal of Community Psychology* 50 (2012): 114-128.

Christensen, C. M., Bower, J. L., "Customer Power, Strategic Investment, and the Failure of Leading Firms," *Strategic Management Journal* 17 (1996): 197-218.

Chung, P., "The Creative Industry of Singapore: Cultural Policy in the Age of Globalisation," *Media International Australia* 128 (2008): 31-45.

Comunian, R., "Rethinking the Creative City: The Role of Complexity, Networks and Interactions in the Urban Creative Economy," *Urban Studies* 48 (2015): 1157-1179.

David, P. A., "Clio and the Economics of Qwerty," *American Economic Review* 75 (1985): 332-337.

Dierickx, I., Cool, K., "Asset Stock Accumulation and the Sustainability of Competitive Advantage," *Management Science* 35 (1989): 1504-1511.

Dosi, G., Pavitt, K., Soete, L., "The Economics of Technical Change and International Trade," *The Economic Journal* 104 (1994): 211-217.

Dosi, G., "Sources, Procedures, and Microeconomics Effects of Innovation," *Journal of Economic Literature* 26 (1988): 1120-1171.

Dosi, G., "Technological Paradigms and Technological Trajectories: A Suggested Interpretation of the Determinants and Directions of Technical Change," *Research Policy* 11 (1982): 147-162.

Du, W., Pan, S., Huang, J., "How a Latecomer Company Used IT to Redeploy Slack Resources," *MIS Quarterly Executive* 15 (2016): 1-2.

Fare, R., Grosskopf, S., Norris, M., Zhang, A., "Productivity Growth, Technical Progress, and Efficiency Change in Industrialized Countries," *American Economic Review* 84 (1994): 1040-1044.

Gatignon, H., Tushman, M. L., Smith, W., Anderson, P., "A Structural Approach to Assessing Innovation: Construct Development of Innovation Locus, Type, and Characteristics," *Management Science* 48 (2002):

1103-1122.

Heimans, J., Timms, H., "Understanding 'New Power'," *Harvard Business Review* 92 (2014): 48 - 56.

Hervas-Drane, A., Noam, E., "Peer-to-Peer File Sharing and Cultural Trade Protectionism," *Information Economics & Policy* 41 (2017): 15-27.

Hsueh, S. L., Hsu, K. H., Liu, C. Y., "A Multi - Criteria Evaluation Model for Developmental Effectiveness in Cultural and Creative Industries," *Procedia Engineering* 29 (2012): 1755-1761.

Hummon, N. P., Dereian, P., "Connectivity in a Citation Network: The Development of DNA Theory," *Social Networks* 11 (1989): 39-63.

Jenkins, M., Floyd, S., "Trajectories in the Evolution of Technology: A Multi-Level Study of Competition in Formula 1 Racing," *Organization Studies* 22 (2001): 945-969.

Lee, J. Y., "Contesting the Digital Economy and Culture: Digital Technologies and the Transformation of Popular Music in Korea," *Inter-Asia Cultural Studies* 10 (2009): 489-506.

Lee, K., Lim, C., "Technological Regimes, Catching-up and Leapfrogging: Findings from Korean Industries," *Research Policy* 30 (2001): 459-483.

Lee, P. C., Su, H. N., Wu, F. S., "Quantitative Mapping of Patented Technology-The Case of Electrical Conducting Polymer Nanocomposite," *Technological Forecasting and Social Change* 77 (2010): 466-478.

Leibenstein, H., "Bandwagon, Snob, and Veblen Effects in the Theory of Consumers' Demand," *The Quarterly Journal of Economics* 64 (1950): 183-207.

Leong, C. M. L., Pan, S. L., Ractham, P., Kaewkitipong, L., "ICT-Enabled Community Empowerment in Crisis Response: Social Media in Thailand Flooding 2011," *Journal of the Association for Information Systems* 16 (2015): 174.

Nelson, R. R., "The Role of Knowledge in R&D Efficiency," *The Quarterly Journal of Economics* 97 (1982): 453-470.

Nelson, R. R., Winter, S. G., "In Search of Useful Theory of Innovation," *Research Policy* 6 (1977): 36-76.

North, D. C., "A Transaction Cost Theory of Politics," *Journal of Theoretical Politics* 2 (1990): 355-367.

Perez, C., "Technological Change and Opportunities for Development as a Moving Target," *Economic Journal* 9 (2003): 100-146.

Perkins, D. D., Zimmerman, M. A., "Empowerment Theory, Research, and Application," *American Journal of Community Psychology* 23 (1995): 569-579.

Pierson, P., "Increasing Returns, Path Dependence, and the Study of Politics," *American Political Science Review* 94 (2000): 251-267.

Schmidt, R. H., Spindler, G., "Path Dependence, Corporate Governance and Complementarily," *International Finance* 5 (2002): 311-333.

Smith, K., "Can China Liberalize Its Culture Industry?" *Wall Street Journal-Eastern Edition* 61 (2002): 243-259.

Soete, L., "International Diffusion of Technology, Industrial Development and Technological Leapfrogging," *World Development* 13 (1985): 409-422.

Spreitzer, G. M., "Social Structural Characteristics of Psychological Empowerment," *Academy of Management Journal* 39 (1996): 483-504.

Thomas, K. W., Velthouse, B. A., "Cognitive Elements of Empowerment: An Interpretive Model of Intrinsic Task Motivation," *Academy of Management Review* 15 (1990): 666-681.

Weeds, H., "Superstars and the Long Tail: The Impact of Technology on Market Structure in Media Industries," *Information Economics and Policy* 24 (2012): 60-68.

Ying, W., Jia, S., Du, W., "Digital Enablement of Blockchain: Evidence from HNA Group," *International Journal of Information Management* 39 (2018): 1-4.

后　记

历时三年，《文化产业数字化赋能研究：跃迁与升维》一书正式完结。从最初粗浅的研究设想到而今的成稿，其中的思考、编纂、修改与淬炼，无不令我感慨万千。在撰写的过程中，本书有针对性地将"技术创新"具体为数字技术，并将其与文化产业的耦合效应拓展为数字技术迭代所引致的文化产业能级跃迁影响。同时，鉴于本人多年来主持完成的各类项目均与"人工智能""机器人""数字经济"相关，故本人对数字技术属性、技术迭代规律、技术与产业融合方式等问题十分熟悉，这不仅有助于将其与文化产业发展建立关联，更有利于本书更加透彻地解析文化产业数字化赋能机制。

当然，书稿的完结并不意味着研究的终止。尤其是伴随中国文化产业数字化赋能的持续推进，越来越多的文化行业分支开始拓展数字化赋能场景。文化产业数字化转型问题将是本人今后持续探究的重点。

最后，本人还要感谢每一位为书稿提出过修改意见的师长、同门、朋友与学生。是你们的宝贵意见指引我不断查缺补漏、完善修正，在此真诚感谢你们的辛苦付出！

《文化产业数字化赋能研究：跃迁与升维》一书就像我的孩子，雕琢、打磨你，是我的责任。如果书中的部分观点能给予后生在文化产业研究方面些许启发，那将是我最大的荣幸。

将思想之火花与君分享，永远是一件乐事！

2023 年 3 月 2 日